intersections

intersections

Lectures littéraires et culturelles, 2ème Edition

Susan St.Onge
Christopher Newport College

Ronald St.Onge
College of William and Mary

Robert Terry
University of Richmond

Heinle & Heinle Publishers
Boston, Massachusetts, 02116
Heinle & Heinle Publishers is a division of Wadsworth, Inc.

Publisher: Stanley J. Galek
Editor: Petra Hausberger
Production Editor: Julianna Nielsen
Production Supervisor: Patricia Jalbert
Manufacturing Coordinator: Lisa McLaughlin
Internal & Cover Design: Jean Hammond
Cover Illustration: Craig Smallish

PHOTO CREDITS

Page **11** Andrew Brilliant; **13** Patricia Jalbert; **22** The Picture Cube; **29** Philippe Gonthier/The Image Works; **32** Peter Gould/FPG; **35** The Image Works; **38** The Picture Cube; **43** Stuart Cohen; **49** Andrew Brilliant; **54** Mark Antman/The Image Works; **60** LUC/The Image Works (left), Steve & Mary Skjold/The Image Works (right); **65** Stuart Cohen; **72** Andrew Brilliant; **84** Beryl Goldberg; **105** Philippe Gonthier/The Image Works; **125** FPG; **129** Stuart Cohen/Stock Boston; **147** Peter Menzel/Stock Boston; **149** Owen Franken/Stock Boston; **173** Judy Poe; **179** The Picture Cube; **182** Bernard Silberstein/FPG; **188** Stock Boston; **200** Andrew Brilliant; **201** Judy Poe.

Manufactured in the United States of America.

ISBN 0-8384-1972-0

Heinle & Heinle Publishers is a division of Wadsworth, Inc.

10 9 8 7 6 5 4 3 2

Contents

Preface ix

A Guide to Reading Skills Development 1

Chapitre 1 ***Bon Appétit*** 9

Les Achats alimentaires 10
- Saviez-vous que 10
- L'Hypermarché ou la fête obligatoire 13

A table 15
- De l'Atlantique à l'Oural 15
- Un Repas chez les Smith 18

La Restauration 22
- Fast-food: pourquoi donc un tel succès? 23

Chapitre 2 ***Qui sont ces Français?*** 25

Les Français du point de vue socio-professionnel 26
- Le Prestige culturel et le prestige financier 26
- Bourgeoisie et classes moyennes 28
- Les Petits Commerçants 32
- La Femme et le travail 34

Une Vue humoristique sur les Français 37
- Le Français moyen 38

La Jeunesse actuelle 40
- Quelques Mots clés 40
- Dis-moi comment tu consommes... 42

Chapitre 3 ***Moi, ta mère*** 47

La Vie moderne 48
- Pitié pour les parents! 48
- Chez Maman sans se fatiguer 50
- Les «Petits» Détails 51

La Vie de famille 53
- Le Jeu des quatre familles 53
- La famille nucléaire 55

Les Finances 57
- L'Education financière 58
- Un Job: La Solution idéale? 60

Chapitre 4 *L'Audiovisuel* 63

La Télé 64
Entretien avec un spécialiste des médias 64
La Télévision du futur 67
Le Monde est-il un téléfilm? 68
La Radio 71
Les Stations grandes ondes 71
Radio pirate des ondes? 73
Le Disque et les clips 75
Disque, disque rage 75
La Manie des vidéoclips arrive en France 78

Chapitre 5 *A la page* 81

L'Etat actuel de la presse 82
Journaux, hebdomadaires et périodiques 82
L'Eurodisneyland et la presse française 85
La «culture Disney» à la conquête d'un parc-tremplin en Europe 86
Disneyland: le grand méchant look 88
Mickey ronge tout 91
La Presse d'autrefois 92
Je suis le rédacteur de *La Vie Française* 93

Chapitre 6 *Y a-t-il des spectateurs dans la salle?* 103

Le Cinéma passé et futur 104
Le Septième Art 104
Comment voyez-vous le cinéma en l'an 2000? 107
Le critique du cinéma 109
La Critique: Pour ou contre le film d'Alain Resnais, I want to go home 110
Milou en mai 112
D'abord: Trois Hommes et un couffin, puis: Trois Hommes et un bébé 114

Chapitre 7 *On y va!* 117

Les Transports aériens 118
On meurt plus sur les routes que dans les airs 118
La Première Liaison Paris-Tokyo 121
Réseau aérien 125
Le Transport ferroviaire 127
Le Dinosaure et le train à grande vitesse 128
TGV: les nouvelles conquêtes du rail 131
Le Design pour combattre l'angoisse 135

La RATP (Régie Autonome des Transports Parisiens) 137
Exercices de style 137
Des Américains s'amusent dans le métro parisien 141
Pour le 31 mai 143

Chapitre 8 *Choisir ou être choisi?* 145

La Sélection dans le système scolaire français 146
Cursus d'obstacles 146
La Sélection au niveau universitaire 148
Le Cancre 152
La Lacune 154
Le Choc de deux cultures 163

Chapitre 9 *Ici on parle français* 167

La Francophonie 168
Du géographe Reclus au poète Senghor 169
L'Immigration 171
Qu'est-ce qu'un immigré? 172
Immigration: le grand débat 174
L'Islam: deuxième religion de France 178
La Fête du mouton 181
Les Echos du français dans le monde 183
Indépendants... 183
Cahier d'un retour au pays natal 186
Héritage 189
Speak White 190

Chapitre 10 *N'importe où...* 195

Evasion à New York 196
New York vu par un anthropologue 196
Le voyage 199
Voyager 199
Invitation au voyage 203
L'Invitation au voyage 206
Lecture Libre: Thanatos Palace Hotel 208
Appendix: Literary Tenses 221
Lexique français–anglais 227

Preface

intersection *n.f.* Endroit où deux lignes, deux routes, deux chemins, etc., se croisent.[1]

Intersections, 2e édition is an intermediate-level reader in which the development of reading skills intersects with French texts, leading to comprehension. It is also, in a real sense, a cultural crossroads.

It should not be assumed that students have learned how to read in most beginning-level French classes, even those in which a purported four-skills (+ culture) approach is used. There is a flurry of activity at the beginning level: the introduction of a variety of unknown grammar points and vocabulary lists, continuous practice using manipulative drills, communication activities to insure learning, and the study of cultural phenomena. There is indeed too much to do in too short a time, and reading proficiency is often neglected. *Intersections* is primarily devoted, therefore, to the development of these reading skills.

One of the essential elements of *Intersections* is a preliminary chapter in which students are directed through several stages of pre-reading activities to prepare them for the tasks they are asked to carry out in using the book most effectively. This preliminary chapter introduces students to skills that help them engage in a new activity: reading in French. It is divided into five parts:

What do we read?
Why do we read?
How do we read?
Reading in another language
A word of advice

Each of these aspects is devised to make students become aware of what is implied in reading, first of all, in their native language. Their first-language reading skills include visual literacy (reading graphic symbols), intensive vs. extensive reading, skimming and scanning, awareness of the role of context and logic coupled with advance organizers (the "mind-set" or focus of the text), recognition of grammatical and structural clues and cues, word families, and, most importantly, the use of these techniques in guessing the meanings of unknown words. By making students aware of the reading strategies they employ in their native language, *Intersections* will encourage them to transfer these same techniques to reading in French, using a variety of textual selections.[2]

---

[1] *Dictionnaire du français contemporain*, Paris: Librairie Larousse, 1966, p. 643.

[2] See the excellent article by Carol Hosenfeld, Vicki Arnold, Jeanne Kirchofer, Judith Laciura and Lucia Wilson, "Second Language Reading: A Curricular Sequence for Teaching Reading Strategies," *Foreign Language Annals*, 14, 5 (December 1981), pp. 415–422.

The body of *Intersections* includes both pre-reading and post-reading activities that incorporate the techniques mentioned above and apply them directly to the materials to be read. These reading materials include a wide range of authentic texts: some are excerpted from lengthier works (for example, Philippe Labro's *L'Etudiant étranger*, Maupassant's *Bel ami*, and Ionesco's *La Cantatrice chauve*); many are reproduced from major French periodicals (for example, *Le Nouvel Observateur* and *L'Express*); others are presented in their entirety (Ionesco's *La Lacune* and Maurois' *Thanatos Palace Hotel*). Each chapter has a predominant theme and two or three sections, each presenting a slightly different focus on the subject. Should one of the sections appear too easy, too difficult, or not relevant to the class, that entire section can be omitted. (It is not suggested, however, that any one text be omitted, since the activities within a given section are often interrelated.) Because the selections do represent a varying degree of difficulty, it is left to the discretion of the instructor or course supervisor familiar with the skills, talent and needs of their students to assess the relative difficulty of a given reading.

The comprehension activities in *Intersections* call for *global* understanding of the reading materials. Marginal glossing is intentionally kept to a minimum, thereby encouraging students to use their reading-skill strategies in understanding the texts. Furthermore, it is worthwhile for the instructor to refer often to the reading hints contained in *Intersections*'s preliminary chapter as students encounter obstacles in preparing the readings. Stumbling blocks of a linguistic, grammatical, or stylistic nature that sometimes hide the meaning of a text usually disappear or, at least, diminish in importance when counteracted by intelligent reading strategies.

PRE-READING ACTIVITIES. The pre-reading activities, called *Mise en train*, provide students with advance organizers for certain linguistic aspects of the texts as well as for comprehension of the content. They are a source of "warm-up" material and encourage the students to focus on cultural or social phenomena before tackling the job of deciphering a similar phenomenon as presented in the context of the reading. These preliminary discussions also provide an opportunity for recalling, reinforcing, or acquiring a lexical base for dealing with the subjects to be treated.

POST-READING ACTIVITIES. The post-reading activities, called *Mise au point*, offer students a wide assortment of exercises which assess the depth of their reading comprehension. They help evaluate how well students have applied the reading skills and strategies that they have developed and how well they understand what they have read. Post-reading activities focus primarily on the essential meanings of the text and not on incidental detail. True comprehension of reading materials cannot be assured by having students copy sentences directly from the texts in response to questions.

This "bottom line" evaluation is carried out through exercises based on vocabulary study (synonyms, antonyms, word families, thematic or topical lists, etc.), characteristics of the text (characters, theme, ideas, tone), general comprehension questions, schematics (graphs, charts) created by the students based on textual information, contextual guessing, inferences, résumés, sentence completion, true-false, and multiple choice items.

The final component of each chapter is the *Expansions* feature which allows for a recapitulation of the major themes presented in the readings. It is also a ready source of discussion topics for use in classroom presentations, debates, or essays. Satisfactory completion of this activity provides evidence of the students' comprehension of the texts and their ability to recycle the material in a personalized manner.

COMPANION TEXTS. *Intersections* is a developmental reader that trains students to read a variety of texts and styles of writing. As the title of the book indicates, pre- and post-reading activities *intersect* in the text itself, focusing on comprehension and the use of effective reading strategies. As such, it may be used autonomously as the single textbook in a course in intermediate French readings. As a part of a comprehensive intermediate French program which also includes the review grammar *Interaction* (or the all French version, *Passerelles*), it is intended to be used as a means of reinforcing the grammatical, lexical, and cultural issues presented in its companion text. Since each chapter of *Intersections* dovetails with its corresponding chapter in *Interaction* and *Passerelles,* the two books may easily be used in tandem. Many instructors have found it beneficial to intersperse these readings with the study of the language over a two-semester period thus providing the students with a full four-skills (+ culture) experience at the intermediate level. The cross-cultural reader *Interculture* offers a further opportunity for satisfying the students' curiosity of the target culture, already awakened by the readings in *Intersections.*

S.S. St.O.
R.R. St.O.
R.M.T.

A Guide to Reading Skills Development

What do we read?

What do the following items have in common?

a clock
a label on a bottle of aspirin
a calendar
a letter
a bill from the dentist
a newspaper
a phone dial
a TV schedule
a road sign
a recipe
a license plate
a report card
a book

As the title of this section states, we read all of these. Sometimes we don't read words by graphic symbols, but this is still reading. Everything we read has been "written" to convey a special message. It is our job as readers to decode the message because we need to understand some or all of it to get certain information for a certain purpose.

Why do you read all of the items listed above?

Why do we read?

When we read, we always read for a purpose, primarily for information or for pleasure. Sometimes we read for both purposes at the same time. We read *intensively* for information—to understand the factual meaning of the text, to understand its implications, to understand the relationship of ideas expressed—and we do this by relating what we read to our own particular knowledge and experience. Reading for pleasure is *extensive* reading. We do not need to understand every detail in the text. Pleasure reading involves speed and getting the gist of the material.

How do we read?

When we pick up a book or magazine, we most frequently look first at the table of contents. We skim read it, which means we glance at the table of contents to see what's there. Skim the following table of contents from a popular magazine.

PUBLISHED BY SCHOLASTIC INC.

VOLUME 4
NUMBER 5

FAMILY COMPUTING

FEATURES

31
EARN MONEY WITH YOUR COMPUTER
by Tan Summers
Make extra cash or start up a home business with the hardware, software, and skills at your command.

34
LET'S GO TO WORK! INTRODUCING BETTER SOLUTIONS FOR YOUR BUSINESS TASKS
by David Hallerman and Robin Raskin
Computers can perform the essential tasks that make small businesses tick. Investigate ways to computerize accounting, payroll, inventory, appointments, mailing lists, and correspondence.

39
THE REAL-LIFE MAGIC OF *WIZARDRY*
by James L. Mount
Find out how the popular adventure game, *Wizardry*, strengthened a father-son relationship.

40
BUYER'S GUIDE TO PRINTERS UNDER $600
by Roger Hart
See the fruits of your work on the computer without spending a fortune—there are low-cost dot-matrix and letter-quality daisywheel printers available.

44
HANDS-ON REVIEW: LEADING EDGE MODEL "D"
by Phil Wiswell
Check out this IBM-compatible computer: it's got all the speed, power, and flexibility of the PC, plus all the options are included in the sticker price.

46
HELPFUL HINTS
Edited by Roxane Farmanfarmaian
A panel of experts reveals the tricks, tips, and secrets they use to get the most from their computers.

K-POWER

71
Cartoonist Danny Marks Has a Mac Attack
A young California artist uses his computer as a graphics tool.

72
Game Strategies: *AutoDuel*
Your mission: Survive the highways of the future.

74
Microtones
With the original music program *Fanfare*, you can add a zippy program introduction, punctuate game points, or run it solo.*

75
Compucopia
Try to outsmart your computer with *Guess My Number!**

75
Contest
Win $25 in our Computer Masterpiece Contest.

PROGRAMMING

51
THE PROGRAMMER

52
BEGINNER PROGRAM
Have fun and improve your typing speed with *Letter Getter*. Program for Adam, Apple, Atari, Commodore, IBM PC & compatibles, Tandy, and TI computers.*

55
FEATURE PROGRAM
Maze Creator generates an almost inexhaustible series of mazes. Three levels of play for Adam, Apple, Atari, Commodore, IBM PC & compatibles, and Tandy computers.*

69
TIPS TO THE TYPIST

WHAT'S IN STORE

76
NEW HARDWARE

78
SOFTWARE GUIDE AND REVIEWS
Brief reviews of 24 new and noteworthy programs.

*See program for specific computers covered.

Page 52

DEPARTMENTS

4
EDITOR'S NOTE

6
LETTERS

8
HOME-SCHOOL CONNECTION
by Linda Williams
Technology helps bridge two generations in an innovative computer literacy program for senior citizens at an Evanston, Illinois middle school.

14
HOME/MONEY MANAGEMENT
by Lester Brooks
The future is here with home control—find out how to program your computer to save you time and money.

18
GAMES
by James Delson
Check out the state of the art in computer games.

22
TELECOMPUTING
by Nick Sullivan
Electronic bulletin boards offer a wealth of information to computer users.
PLUS: HOW TO START A BBS

26
COMPUTING CLINIC

89
CLASSIFIEDS

What kind of a magazine is this? How do you know? For what audience does it seem to be written?

Sometimes we scan the table of contents—that is, we quickly look for a certain piece of information. Now scan the table of contents. Is there an article on IBM-compatible computers? What's the title of the article? Based on the title, the information given, and what you already know about computers, what do you think the article is going to be about?

Let's say that you have just gotten a new job and are moving to a new town. You need an apartment. You might skim the newspaper looking for the classified ads. Then you would scan the ads looking for rental properties and, more specifically, for apartments available in the price-range you can afford. Once you had located the appropriate listings through extensive reading, you would read intensively to find out all about the apartments. Would you understand all the cryptic abbreviations used in such classified ads? How would you determine what they mean?

You often guess at the meaning of unknown words (or in this case, abbreviations). Your guess is not made at random. You have a clear context in which you are reading—this time, classified ads for apartments for rent. (What do you logically expect to find in an apartment?) This clear delineation of the context then enables you to guess intelligently what a certain word or abbreviation might mean. You might not be right at all, but at least you have arrived at the possible meaning intelligently: you have used the context to delimit the possible meanings and have used your own knowledge and experience because you know what logically can be found in an apartment.

In all reading activities, we take advantage of clues that are provided within the context of what we are reading. Most importantly, we obviously expect what we are reading to make sense. There is indeed a clear logic to the order and choice of the words. Sometimes, however, the logic is not apparent. Do you remember, for instance, items on the College Board Scholastic Achievement Tests (SAT) in which you were given a sequence of numbers and had to determine which number would come next? Words, too, are logically arranged to convey a certain message. Based on our knowledge of English, we expect the subject and predicate of a sentence to be close together. We know that most adverbs in English end in *-ly*. Even in texts with which we are unfamiliar, we can determine the grammatical function of the words. In the following poem, "Jabberwocky" by Lewis Carroll, put a circle around each verb, underline each noun, and put a square around each adjective.

Jabberwocky

'Twas brillig, and the slithy toves
Did gyre and gimble in the wabe;
All mimsy were the borogoves,
And the mome raths outgrabe.

"Beware the Jabberwock, my son!
The jaws that bite, the claws that catch!
Beware the Jubjub bird, and shun
The frumious Bandersnatch!"

He took his vorpal sword in hand:
Long time the manxome foe he sought—
So rested he by the Tumtum tree,
And stood awhile in thought.

And as in uffish thought he stood,
The jabberwock, with eyes of flame,
Came whiffling through the tulgey wood,
And burbled as it came!

One, two! One, two! And through and through
The vorpal blade went snicker-snack!
He left it dead, and with its head
He went galumphing back.

"And hast thou slain the Jabberwock?
Come to my arms, my beamish boy!
O frabjous day! Callooh! Callay!"
He chortled in his joy.

'Twas brillig, and the slithy toves
Did gyre and gimble in the wabe;
All mimsy were the borogoves,
And the mome raths outgrabe.

One of the significant clues that you should not overlook in reading is the *title* of the work. Most often the title prompts you into using your own general knowledge to establish the basic content of what you are about to read.

At the beginning of this chapter you were asked what a list of seemingly unrelated words had in common. It should not have taken you long to realize the relationship, provided you used certain strategic clues:

1. this book is a **reader;**
2. the title of this chapter is "A Guide to **Reading** Skills Development";
3. the heading of the first section in this chapter is "What do we **read**?"

These three facts establish the context; our personal experience and general knowledge lead us to assume its content.

Here are the titles of some books and articles. From reading these titles, what do you already know about the content?

Funk & Wagnall's Standard College Dictionary
Leading Edge Word Processing User's Guide
"Chicagoland's Delightful Delis"
"Hitting the Road, Seeing the Sights"

As you read, you often encounter new or unfamiliar words. Do you look them up in a dictionary? If you are reading for pleasure, probably not; if you are reading for information, you might look up some. Nonetheless, you find that not knowing every word does not detract from your reading. Subconsciously you guess at the meaning of these unknown elements, but you don't pause or slow down to guess. The context and other textual clues lead you to suppose what these words mean. For example, read the following paragraphs. Guess at the meaning of the words in boldface, but be aware of how you arrive at their meaning. What clues and/or cues help you out?

1. Now the earl had to swear an oath of **fealty** to the duke and promise to "employ all his influence and wealth to ensure that after the death of King Edward the kingdom of England should be confirmed in the possession of the duke." A scene in the Bayeux Tapestry shows Harold taking his oath, a grave **impediment** to his own royal aspiration. (*The National Geographic*)
2. One morning there I asserted my Englishman's rights to drink tea at breakfast. Americans, after that shameful **jettisoning** in Boston harbor, cut themselves off from tea-drinking cultures and joined the French and Italians in their vicious and **volitional** ignorance of the true technique of tea-brewing. *(Notes from the Blue Coast)*
3. That's not Monsieur de Rênal, he thought, he's too bad a shot for that. The dogs ran mute beside him; a second shot apparently wounded the paw of one of the dogs, for he began to howl **plaintively.** Julien leaped a terrace wall, ran under cover for fifty yards and then set off in another direction. He heard voices calling back and forth, and distinctly saw his enemy the manservant fire a shot; a farmer joined the shooting from the other side of the garden, but by that time Julien had reached the bank of the **Doubs,** where he put on his clothes. (Stendhal's *The Red and the Black*)
4. When the linguistic system constituting a language has become so altered as to be in essence a different system, and no one any longer uses the old system as a language of thought—nor are there any more first speakers—we may say that the language has 'died'. In a sense, though, languages, like old soldiers, don't die but only fade away. The study of the changes that take place in a language over a span of time is often called historical or **diachronic** linguistics. *(The Science of Language: An Introduction to Linguistics)*

Reading in another language

The skills and strategies that you have developed for reading English texts can be transferred to reading a text in another language. Of primary importance is the fact that all texts have meaning, and that even in reading in another language, there **will be meaning**! It is more difficult for you, the reader, to bring your own experience to these new texts because their context is culturally different, because your ability to recognize grammatical forms is not as refined as it is in English, and because you are not as familiar with the cultural context of the passage.

Nonetheless, there is still a planned logic to the text: words appear in an order that is considered normal for that language. In French, as in English, normal word order is SUBJECT + VERB + OBJECT(S). Just as most adverbs in English end in *-ly*, most adverbs in French end in *-ment*. Just as all English adjectives *precede* the noun they modify, most French adjectives *follow* the noun. Possession in English is most often indicated by *'s*, and in French by NOUN (the thing possessed) + **de** + NOUN (the possessor).

Function words (also called grammatical words) play particular roles in language. They link content words together. Content words can have a dictionary definition; function words are not easily defined because they primarily show the relationship of content words. Function words consist mainly of articles *(a/the)*, conjunctions *(and/but/or/however)*, prepositions *(to/for/of/in/now)*, and adverbs *(first/then/next/finally/last week)*. Understanding the function words helps you guess at what might logically follow.

In the following quotations taken from French texts, what probably comes next? What could the words in boldface mean?

1. Depuis huit ans, ils n'ont pas changé leur itinéraire. On peut les voir le long de la rue de Lyon, le chien tirant l'homme jusqu'à ce que le vieux Salamano **bute.** Il bat son chien alors et ______. *(L'Etranger)*
2. Cet homme, cet assassin, n'est plus un enfant. Il a vécu vingt ans, trente ans, ou ______ sans commettre de crime. Et tout d'un coup il se met à **tuer,** cinq fois en six mois. La question que je me pose est celle du commencement. Pourquoi, le soir du 2 février, a-t-il commencé à être un assassin? Le 1er février, c'était encore un honnête homme, le 2 c'était un criminel! *(Maigret tend un piège)*
3. Et en effet, sur la planète du petit prince, il y avait, comme sur toutes les planètes, de bonnes **herbes** et de mauvaises herbes. Par conséquent de bonnes **graines** de bonnes herbes et ______. Mais les graines sont invisibles. Elles dorment dans le secret de la terre jusqu'à ce qu'il prenne fantaisie à l'une d'elles de se réveiller. (...) Or il y avait des graines terribles sur la planète du petit prince... c'étaient les graines de **baobabs.** *(Le Petit Prince)*
4. Il était une fois une petite fille de village, la plus jolie du monde: sa mère en était **folle** et sa grand-mère plus encore. Cette bonne femme

lui avait fait un petit **chaperon** rouge qui lui allait si bien, que partout on l'appelait ______.

Un jour, sa mère, qui avait fait des **galettes,** lui dit: «Va voir comment se porte ta grand-mère, car ______.» *(Le Petit Chaperon rouge)*

Following is an anecdote. Read it through, do NOT look up any words, then answer the questions following it.

Le Testament

Dans un petit village dans le nord de l'Afrique habitent un fermier et ses trois fils. Le fermier est très âgé et sait qu'il va mourir. N'étant pas riche, il n'a qu'un troupeau de dix-sept chèvres, et voilà toute sa fortune. Avant sa mort, il écrit son testament:

5 A mon fils aîné, je laisse la moitié de mon troupeau, au cadet un tiers et au benjamin un neuvième.

Quelques mois plus tard, le pauvre fermier meurt. Après les funérailles de leur père, les trois fils se rassemblent et lisent son testament.

Problème! Comment peut-on diviser les dix-sept chèvres comme le père 10 avait voulu? Il est impossible de prendre la moitié, un tiers et un neuvième de dix-sept. Confus, ils ne savent que faire. Pendant qu'ils sont assis à contempler ce dilemme, un vieillard passe devant leur maison. Il a une chèvre attachée à une corde et la promène le long de la route.

— Aidez-nous, Monsieur! crient les trois fils.

15 — Quelle est la cause de votre confusion? Expliquez-la-moi. Je vous aiderai si je peux.

Alors, les trois hommes racontent les événements qui ont mené à la situation actuelle. Mais le vieillard, qui est très sage aussi, leur parle en disant: «En effet, c'est une situation assez compliquée, mais elle n'est pas impossible 20 à résoudre.»

Parlant ainsi, il prend sa chèvre à lui, l'ajoute aux dix-sept des trois frères et sourit.

«Maintenant, dit-il, divisez votre héritage selon le vœu de feu votre père. Mais, ajoute-t-il, je prendrai ce qui restera.»

25 Très surpris, les trois hommes font ce que leur suggère le vieillard. L'aîné prend la moitié du troupeau, c'est-à-dire, neuf chèvres. Ensuite le cadet prend sa part à lui—un tiers—ou six chèvres. Enfin, le benjamin prend le neuvième: deux chèvres. Mais... il en reste une! Le vieillard, toujours un sourire aux lèvres, prend la chèvre, y rattache la corde, et continue son chemin. Les 30 trois frères courent après lui, en lui offrant leurs remerciements.

1. What is a **testament?**
2. Give three clues that lead you to understand this word.
3. Is a **chèvre** animal, vegetable, or mineral? What makes you think so? What do you think a **chèvre** is?
4. These **chèvres** are grouped together in a **troupeau.** What, then, is a **troupeau?**
5. There are three sons in this story: one is the **aîné,** one the **cadet,** and one the **benjamin.** What do these three words mean?
6. What is the basic problem presented in this story?
7. The **héritage** of the father is to be divided. How? What portion does each son get? What, then, does **moitié** mean? And **tiers?**
8. **Feu** means *fire.* What could it mean in the phrase **"selon le vœu de feu votre père"?**
9. How does the **sage vieillard** help the three sons?

A word of advice

When you are reading a text in another language, rely on your own logic and the context of the material you are reading instead of using a dictionary or glossary to determine the meaning of unknown words. Looking up words is far from efficient: it is time-consuming and interrupts your train of thought. Once the context is clear in your mind, you can take a more intelligent approach to looking up unknown words: the context will often help you to eliminate many of the meanings you find in the dictionary, because certain definitions will be illogical and will make no sense in that context.

Rely on what you have learned about the second language: word families, verb and adjective endings, the normal order of words and positions of words in a sentence. For instance, if you know that **feuille** means *leaf,* what would the following words mean?

feuilleter	feuillage	feuillaison
effeuillé	feuillée	foliation

Alors, au travail... et amusez-vous bien!

Sur quelles qualités la publicité McDonald's insiste-t-elle pour attirer les clients?

Vous dînez au restaurant "L'Assiette au Boeuf". Que choisissez-vous comme dessert?

Chapitre 1

Bon Appétit!

Les Achats alimentaires

LECTURE 1

Mise en train

A. La plupart des familles en Amérique font-ils les courses: (1) dans un petit magasin? (2) dans leur quartier? (3) dans un supermarché? Expliquez vos habitudes ou celles de votre famille lorsque vous achetez vos produits alimentaires. Faites-vous souvent les courses? Où allez-vous? Comment y allez-vous?

B. Quelle est la situation des petits commerces en Amérique? Donnez quelques exemples de petits commerçants. Où les trouve-t-on? Fréquentez-vous quelquefois leurs magasins? Pourquoi?

Saviez-vous que...

Les supermarchés sont pour 51% des Français le lieu le plus fréquenté pour faire les courses. Phénomène tout nouveau puisque jusqu'en 1987, c'est le petit commerce qui assurait 51% des ventes alimentaires.

Journal Français d'Amérique

5 **En 20 ans, 2 millions d'emplois de commerçants ont disparu**

Le monde du commerce a connu en France un véritable bouleversement,° provoqué par l'énorme concentration qui s'est opérée. Les hypermarchés, relativement peu nombreux en 1968 (le premier fut le *Carrefour* ouvert en 1963 à Sainte-Geneviève-des-Bois, près de Paris), sont plus 10 de 500 aujourd'hui et couvrent la totalité des villes, grandes ou moyennes. La tentation était donc forte pour les clients de délaisser° les commerces de quartier, plus chers et mal adaptés aux nouvelles aspirations (gain de temps, liberté de circulation dans les rayons, etc.). Ce transfert de clientèle des petites vers les grandes surfaces a eu une incidence considérable sur les emplois 15 du commerce.

Certains commerces de proximité ont pourtant réussi à se maintenir en offrant des services que ne pouvaient pas rendre les géants de la distribution: commerces ouverts sept jours sur sept et tard le soir (les Maghrébins,° qui se sont fait une spécialité de la chose dans le domaine de l'épicerie, font

upheaval
abandon
North Africans

des affaires florissantes dans les grandes villes); activités très spécialisées offrant un choix plus vaste et des conseils (chaussures de sport, accessoires de salles de bains, etc.); boutiques «franchisées» bénéficiant de l'expérience et de la notoriété des grandes marques° nationales.

brands

Gérard Mermet, *Francoscopie*

Faites votre marché en France

Si vous faites votre marché en France, voici ce que vous paierez: 9,50 F pour 8 yaourts, 15 F pour une plaquette de beurre de 500 grammes, 30 F pour un poulet de 2 kilos, 9,50 F pour un litre de lait, 5 F pour un paquet de spaghetti de 500 grammes, environ 6 F pour un pot de mayonnaise et 4,50 F pour un pot de moutarde. Un bon fromage de chèvre revient à 8 ou 12 F la pièce. Le pot de miel de 500 grammes vous reviendra à 22 ou 25 F,

«C'est la fête quotidienne des temps modernes. Drôle de fête!»

une bouteille de Beaujolais village coûtera entre 25 et 30 F et vous trouverez des Bordeaux acceptables autour de 40 F. Si vous avez oublié votre brosse à dents, vous la paierez à peu près 6 F et le dentifrice de 5 à 10 F. Pour bébé,
35 la boîte de 52 couches ultra-absorbantes coûte dans les 80 F.

Journal Français d'Amérique

Mise au point

A. Que se passe-t-il en 1987 dans l'histoire des supermarchés en France?

B. Quel phénomène explique le fait que le monde du commerce connaît un bouleversement depuis vingt ans? Comment les habitudes des clients changent-elles? Pourquoi abandonnent-ils les commerces de quartier?

C. Les magasins de proximité sont «à proximité» de quoi, d'après vous? Parmi ces magasins, y en a-t-il qui réussissent? Justifiez votre réponse.

D. Cherchez dans le journal le cours de change du dollar en francs français. Utilisez cette valeur pour calculer le prix en dollars des produits mentionnés dans «Faites votre marché en France». Comparez les prix français et les prix américains de ces produits en consultant la publicité dans les journaux ou en faisant une visite au supermarché. Faites une analyse des résultats de votre étude.

E. Faites le résumé de ce que vous savez au sujet de la situation des petits commerçants en France aujourd'hui (10 lignes).

LECTURE 2

Mise en train

A. Si le mot **marché** veut dire «market», qu'est-ce qu'un **supermarché?** un **hypermarché?**

B. Le mot *supermarket* ressemble à quels autres mots anglais ayant le même préfixe? Faites une liste par catégories.

C. Quelle est l'importance du titre «L'Hypermarché ou la fête obligatoire»? Que peut signifier le mot **fête?** Pourquoi cette fête est-elle **obligatoire?**

Un hypermarché.

L'Hypermarché ou la fête obligatoire

daily holiday / strange
undergo

C'est la fête quotidienne° des temps modernes. Drôle de° fête. Surtout le dimanche. Tous les véhicules commencent à subir° l'attraction d'un phénomène irrésistible. Ils s'orientent vers des lettres monumentales qui crient le mot magique: HYPERMARCHÉ.

5 On ne sait plus qu'on a peut-être le choix. C'est le géant ou rien. Par son énormité, par ses prix bas, par son mythe: «On-y-trouve-tout-ce-qu'on-veut-et-on-y-est-libre», il séduit. A peine entré dans le parking de quelques cinq cents ou mille places, on regrette. Trop tard. Une voiture démarre? Dix attendent la place libérée. Regards de haine° sur le vainqueur.° Enfin le mi-
10 racle se produit: on stoppe. Episode suivant: la chasse aux petits chariots (les caddies). Une seule méthode efficace: suivre le monstre qui, poussant son petit caddie, va bientôt le libérer. Tranquille, mais exaspérant, on se plante à ses côtés pendant qu'il le décharge.

hatred / winner

Quand enfin on tient l'objet de son désir, tout recommence. Les caddies
15 s'entrechoquent° dans la foule dense, animée de mouvements contradictoires, immobilisée par le trafic. On s'impatiente dans la monotonie des paquets de nouilles, des boîtes de lessive, des fromages, des bas, des bouteilles. Tant de gens, tant de choses, autant d'obstacles. Pas de surprise; on

collide

connaît, on vient deux ou trois fois par semaine. Pour se faire un chemin, on écrase° tout sur son passage. Cependant, immédiatement, une voix rassure «Pour votre plaisir, pour votre confort, nous avons... » et mille autres douceurs.

On ne tue personne. On n'élève même pas la voix ni la main. Peu à peu le charme opère. La mère de famille la plus préoccupée, le travailleur le plus solitaire se transforment irrésistiblement en consommateurs. On ne se sent plus là pour acheter un certain produit, mais pour acheter simplement. On accepte la lenteur. On commence à examiner avec sérieux chaque rayon. Une espèce° nouvelle est née: l'individu-caddie, poussant devant lui son chariot comme un énorme abdomen supplémentaire qu'il remplit avec application, cédant° au moins une fois sur dix à la sollicitation d'un emballage,° d'une promesse, d'une vie nouvelle qui s'achète pour pas cher. Une surprise dans cette boîte, un cadeau dans l'autre, la chance de gagner le gros lot° sur cette étiquette.° On cherche des ciseaux,° tout bêtement. Il n'y en a plus? Tant pis.

Cependant, à mesure que le chariot se remplit, le cliquetis° des caisses annonce la fin imminente de cette fête. Les objets reprennent leurs médiocres dimensions quotidiennes. La sortie. Un nouveau-venu vous suit pour récupérer votre caddie. Sortir du parking est aussi difficile que d'y entrer. Le circuit est clos. Jusqu'à la prochaine fois. C'est le progrès. Faut-il regretter les magasins de quartier à prix élevés où l'on patiente en écoutant les voisins? Non. Simplement, on souhaiterait trouver des ciseaux quand on en a besoin. On souhaiterait avoir son mot à dire. On ne demande pas une fête. On souhaiterait contrôler le progrès.

Adapté d'un article de
Christiane Peyre dans
Le Monde

crush
kind
giving way / packaging
grand prize
label / scissors
clicking

Mise au point

A. Dans le texte, trouvez tous les mots utilisés pour parler des **caddies.**

B. Quels mots dans le texte décrivent les clients de l'hypermarché? Est-ce que la plupart de ces mots ont un sens positif ou négatif?

C. Mettez les phrases suivantes dans l'ordre chronologique pour décrire une visite à l'hypermarché.

_____ On attend une place libérée.
_____ On passe dans les allées en cherchant ce qu'il faut acheter.
_____ On cherche un caddie libre.
_____ On arrive à la caisse pour payer.
_____ On arrive dans le parking.
_____ On décharge le caddie.
_____ On quitte le parking.

D. Voici une liste de certaines caractéristiques de l'hypermarché. Est-ce que les Français ont une attitude plutôt positive ou négative envers ces caractéristiques? Pourquoi?

1. le parking
2. la variété des produits
3. les petits chariots
4. le nombre de clients
5. la circulation dans les allées
6. l'atmosphère
7. la rapidité
8. l'ambiance impersonnelle
9. les produits introuvables

E. Trouvez dans le texte tous les produits qu'on peut acheter dans un hypermarché. Lesquels ne sont pas des produits alimentaires?

A table

LECTURE 3

Mise en train

A. Lacoste, Perrier, Yves Saint-Laurent, Peugeot sont des **marques.** Quelles autres marques pouvez-vous relever dans le texte qui suit?

B. A votre avis, quelles marques américaines sont très bien connues dans les pays étrangers?

C. Quelles sortes de produits, orientés surtout vers les jeunes, s'exportent le mieux? Expliquez.

D. Quelle est la région géographique indiquée dans le titre «De l'Atlantique à l'Oural»?

De l'Atlantique à l'Oural

Quelques marques ont réussi à imposer un goût universel. Et, ô surprise!: il n'y a pas que des américaines.

Tommy jeta un œil depuis le bow-window de la maison paternelle. De l'autre côté de Smithwick Road, le McDonald's ouvrait ses portes. «Tiens, ras l'bol des Kellogg's au p'tit dej'. J'me taperais bien un Big Mac et un Coke», grommela°-t-il en mâchant son chewing-gum Hollywood.

muttered

5 Au même moment à Munich, Paris, Amsterdam ou Madrid, des milliers de kids se faisaient à peu près la même réflexion.

Les Américains Coca et Pepsi, McDonald's, Kellogg's, Hollywood (General Foods), mais aussi quelques dizaines d'Européens comme Mars, Nuts (Nestlé), Orangina, Schweppes et autres Toblerone (Jacobs Suchard) n'ont pas attendu 10 1993 pour s'étendre sur l'Europe entière et au-delà. «Nous avons un produit universel. C'est normal, nous visons les jeunes. S'ils ne sont pas les mêmes dans tous les pays, leur univers, lui, est identique», souligne-t-on chez Coca-Cola. «Le menu de base est le même partout», insiste-t-on chez McDonald's. «Le cahier des charges° est strictement le même. Simplement, les goûts peu-

specifications

15 vent légèrement différer. D'un pays à l'autre, la viande n'a pas exactement le même goût.» Conclusion tentante, pour un gastronome pessimiste: après le McDo et le Coca, les jeunes Européens imposeront leur goût, banalisé, uniformisé, à toute l'alimentation. Et encore... Prenez les corn-flakes du petit déjeuner. «Le goût des céréales Kellogg's est le même dans toute l'Europe, 20 note Cécile Bonnefond, directrice du marketing vente, mais le rapport aux produits varie d'un pays à l'autre. En Irlande, on mange cinq kilos de céréales par an et par habitant; en Grèce et au Portugal, moins de 100 grammes.» Maintenant, mettez le pied dans un McDonald's. «On a introduit les salades en France, en même temps qu'aux Etats-Unis. Il y en a plus et ce ne sont pas 25 les mêmes que dans d'autres pays. En Grande-Bretagne, nous proposons une gamme de produits de petit déjeuner, pour lesquels les Français ne sont pas mûrs.° En République Fédérale d'Allemagne, on trouve un produit à base de porc, McRib, et en Grande-Bretagne, un McChicken à base de poulet»... Ajoutez les législations nationales, qui interdisent dans tel pays d'enrichir les 30 céréales en vitamine D ou dans tel autre d'utiliser la saccharine pour sucrer le Coca light. Et n'oubliez pas, pour finir, les habitudes tenaces en matière d'emballage.

ready

Tous ces produits ont bel et bien une vocation universelle. Mais ils ont un plus: à leur manière, un coup de génie.° Le Coca? «Pour les jeunes, c'est 35 bon parce que, quelque part, c'est dangereux», analyse Jean-Pierre Fourcat, directeur à la Cofremca. Le McDo? Il est sucré, mou, se mange avec les mains. La régression parfaite. L'Orangina? «A chaque fois qu'on l'a fait déguster,° dans quelque pays que ce soit, les gens trouvent que son goût est l'un des meilleurs», affirme un dirigeant de la société. La barre Mars? La pre- 40 mière à s'être substituée à la tablette de chocolat.

stroke of genius

taste

P. B.-G. et S. C., dans
Le Nouvel Observateur

Mise au point

A. On parle dans l'article d'un goût universel. Mais ce goût existe-t-il? Quelle partie de la population accepte assez facilement les produits universels? Donnez des exemples tirés de l'article.

B. Que symbolise Tommy (lignes 1–4)? Il emploie des expressions assez populaires traduites ici en français («ras l'bol» = assez; «p'tit dej'» = petit déjeuner; «j'me taperais bien» = j'aimerais bien manger). En quoi Tommy est-il universel?

C. Que doit faire McDonald's pour adapter ses produits au marché européen? D'après l'article, les différences entre les pays sont-elles toujours une affaire de goût? Donnez des exemples.

D. On dit que le Coca, le McDo, la barre Mars représentent «un coup de génie»: le danger attire toujours l'attention! En quoi ces trois produits sont-ils subversifs?

LECTURE 4

Mise en train

A. Qu'est-ce que c'est que la comédie? Qu'est-ce qui vous fait rire? Dans cet extrait du théâtre de l'absurde, la comédie vient du fait qu'un couple anglais, les Smith, vit dans un univers totalement mécanique, stéréotypé et relativement illogique. Les personnages sont en train de parler d'un repas qu'ils viennent de prendre. En quoi le comique peut-il consister, étant donné ces renseignements?

B. Dans les indications scéniques du début de cette lecture (page 19), quel mot est répété plusieurs fois pour décrire la scène? Lesquelles des expressions sont illogiques? A votre avis, est-ce que ces indications établissent le ton de cet extrait? Y trouvez-vous de l'humour? Expliquez pourquoi.

C. Lesquels des termes suivants peuvent caractériser le stéréotype des Anglais selon les Américains?

passionnés	ouverts	fiers	contraints
distants	froids	ayant du sang froid	réservés
patriotiques	exubérants	pleins de joie de vivre	enfantins

Un Repas chez les Smith

(extrait de *La Cantatrice chauve*)

Eugène Ionesco (1912–), auteur dramatique français d'origine roumaine, symbolise le nouveau théâtre qui paraît en France dès les années 50. C'est un théâtre qui refuse tout réalisme et cherche à exprimer l'univers obsessionnel de l'auteur. La bourgeoisie traditionnelle forme souvent la toile de fond de l'action dramatique. Le dramaturge s'interroge, avec le spectateur, sur la bêtise de l'homme qui a tendance à se laisser renfermer dans un univers mécanique, grotesque, **absurde.** C'est par l'humour, souvent exagéré et burlesque, que Ionesco met en valeur

le langage vide, les gestes mécaniques, la pensée apparemment logique mais totalement incohérente de ses personnages. Le spectateur rit mais se sent gêné en même temps car, derrière la bouffonnerie et l'exagération qui marquent l'action de la pièce, il y a une vérité intensément destructrice.

armchairs
slippers
eyeglasses

Intérieur bourgeois anglais, avec des fauteuils° anglais. Soirée anglaise. M. Smith, Anglais, dans son fauteuil anglais et ses pantoufles° anglaises, fume sa pipe anglaise et lit un journal anglais près d'une cheminée anglaise. Il a des lunettes° anglaises, une petite moustache grise, anglaise. A côté de lui,
5 *dans un autre fauteuil anglais, Mme Smith, Anglaise. Un long moment de silence anglais. La pendule anglaise sonne neuf heures anglaises.*

MME SMITH: Tiens, il est neuf heures. Nous avons mangé de la soupe, du poisson, des pommes de terre au lard, de la salade anglaise. Les enfants ont bu de l'eau anglaise. Nous avons bien mangé, ce soir. C'est parce que nous
10 habitons près de Londres et que notre nom est Smith.

M. Smith, continuant sa lecture, fait claquer sa langue.

MME SMITH: Les pommes de terre sont très bonnes avec le lard; l'huile de la salade n'était pas mauvaise. L'huile de l'épicier du coin est de bien meilleure qualité que l'huile de l'épicier d'en face, elle est même meilleure que l'huile
15 de l'épicier du bas de la côte. Mais je ne veux pas dire que leur huile à eux soit mauvaise.

M. Smith, continuant sa lecture, fait claquer sa langue.

MME SMITH: Pourtant, c'est toujours l'huile de l'épicier du coin qui est la meilleure...

20 *M. Smith, continuant sa lecture, fait claquer sa langue.*

MME SMITH: Mary a bien cuit les pommes de terre, cette fois-ci. La dernière fois elle ne les avait pas bien fait cuire. Je ne les aime que lorsqu'elles sont bien cuites.

M. Smith, continuant sa lecture, fait claquer sa langue.

go to the w. c.

25 **MME SMITH:** Le poisson était frais. J'en ai pris deux fois. Non, trois fois. Ça me fait aller aux cabinets.° Toi aussi tu en as pris trois fois. Cependant la troisième fois, tu en as pris moins que les deux premières fois, tandis que moi j'en ai pris beaucoup plus. J'ai mieux mangé que toi, ce soir. Comment, ça se fait? D'habitude, c'est toi qui manges le plus. Ce n'est pas l'appétit qui
30 te manque.

M. Smith, continuant sa lecture, fait claquer sa langue.

MME SMITH: Cependant, la soupe était peut-être un peu trop salée. Elle avait plus de sel que toi. Ah, ah, ah. Elle avait aussi trop de poireaux et pas assez d'oignons.

35 *M. Smith, continuant sa lecture, fait claquer sa langue.*

MME SMITH: Notre petit garçon aurait bien voulu boire de la bière; il aimera s'en mettre plein la lampe,° il te ressemble. Tu l'as vu à table, comme il regardait la bouteille? Mais moi, j'ai versé dans son verre de l'eau de la carafe. Il avait soif et il l'a bue. Hélène me ressemble: elle est bonne ménagère, économe, joue du piano. Elle ne demande jamais à boire de la bière anglaise. C'est comme notre petite fille qui ne boit que du lait et ne mange que de la bouillie.° Ça se voit qu'elle n'a que deux ans. Elle s'appelle Peggy.

to guzzle

porridge

La tarte a été formidable. On aurait bien fait peut-être de prendre, au dessert, un petit verre de vin de Bourgogne australien, mais je n'ai pas apporté le vin à table afin de ne pas donner aux enfants une mauvaise justification de gourmandise. Il faut leur apprendre à être sobre et mesuré dans la vie.

M. Smith, continuant sa lecture, fait claquer sa langue.

MME SMITH: Mrs. Parker connaît un épicier bulgare,° nommé Popochef Rosenfeld, qui vient d'arriver de Constantinople. C'est un grand spécialiste en yaourt. Il est diplômé de l'école des fabricants de yaourt d'Andrinople. J'irai demain lui acheter une grande marmite° de yaourt bulgare folklorique. On n'a pas souvent de telles choses ici, près de Londres.

Bulgarian

pot

M. Smith, continuant sa lecture, fait claquer sa langue.

MME SMITH: Le yaourt est excellent pour l'estomac, et l'appendicite. C'est ce que m'a dit le docteur Mackenzie-King qui soigne les enfants de nos voisins, les Johns. C'est un bon médecin. On peut avoir confiance en lui. Il recommande exclusivement les médicaments dont il a fait l'expérience sur lui-même. Avant de faire opérer Parker, c'est lui d'abord qui s'est fait opérer du foie,° sans être aucunement malade.

liver

60 M. SMITH: Mais alors comment se fait-il que le docteur s'en soit sorti et que Parker soit mort?

MME SMITH: Parce que l'opération a réussi chez le docteur et n'a pas réussi chez Parker.

M. SMITH: Alors Mackenzie-King n'est pas un bon docteur. L'opération aurait 65 dû réussir chez tous les deux ou alors tous les deux auraient dû mourir.

MME SMITH: Pourquoi?

M. SMITH: Un médecin consciencieux doit mourir avec le malade s'ils ne peuvent pas guérir ensemble. Le commandant d'un bateau périt avec° le bateau.

goes down with

MME SMITH: On ne peut comparer un malade à un bateau.

70 M. SMITH: Pourquoi pas? Le bateau a aussi ses maladies; d'ailleurs ton docteur est aussi sain° qu'un vaisseau;° voilà pourquoi encore il devait périr en même temps que le malade comme le docteur et son bateau.

healthy / ship

MME SMITH: Ah! Je n'y avais pas pensé... C'est peut-être juste... et alors, quelle conclusion en tires-tu?

75 **M. SMITH:** C'est que tous les docteurs ne sont que des charlatans. Et tous les malades aussi. Seule la marine° est honnête en Angleterre.

navy

MME SMITH: Mais pas les marins.°

sailors

M. SMITH: Naturellement.

Adapté de *La Cantatrice chauve*
d'Eugène Ionesco, Acte I,
Scène 1

Mise au point

A. Voici une liste de sujets de conversations chez les Smith. Remettez les éléments de la liste dans l'ordre (de 1 à 10).

_____ ce qu'on a bu au dîner
_____ le médecin Mackenzie-King
_____ le poisson
_____ la marine, les marins
_____ les commandants de bateau
_____ l'opération de M. Parker
_____ les pommes de terre
_____ les docteurs
_____ ce qu'on a mangé au dîner
_____ la quantité de nourriture mangée par M. et Mme Smith

B. Nommez toute la nourriture mentionnée par Mme Smith. Classez ces termes dans les catégories suivantes: viande, légumes, boissons, poisson, soupe, dessert.

C. Quelle est l'importance de la phrase «Le commandant d'un bateau périt avec le bateau» vis-à-vis de la conversation au sujet du docteur Mackenzie-King?

D. Une grande partie du comique dans cet extrait vient de l'emploi illogique des adjectifs. Citez-en les exemples que vous trouvez dans ce texte. Par exemple, **soirée anglaise.**

E. Indiquez si les phrases suivantes sont vraies ou fausses d'après le texte. Si la phrase est fausse, corrigez-la.

_____ 1. M. et Mme Smith ont trois enfants.
_____ 2. Mme Smith trouve l'huile de l'épicier du coin la meilleure.
_____ 3. Le docteur Mackenzie-King fait des expériences sur lui-même avant de traiter ses clients.
_____ 4. La fille de M. et de Mme Smith s'appelle Mary.

_____ 5. Le fils de M. et de Mme Smith s'appelle Parker.
_____ 6. M. Smith a mieux mangé que sa femme au dîner.

La Restauration

LECTURE 5

Mise en train

A. D'après le titre de cet article, «Fast-food: pourquoi donc un tel succès?» est-ce que la restauration rapide, c'est-à-dire le fast-food, est acceptée en France?

1. Quelle est l'importance du mot **donc** dans le titre?
2. D'après ce que vous savez déjà de la cuisine française, quel va être le sujet de cet article?
3. Est-ce que le ton de l'article va être plutôt positif ou négatif? Pourquoi?

B. Pourquoi fréquente-t-on en général les fast-food?

C. Quels aliments fast-food vous attendez-vous à trouver mentionnés dans cet article?

Un déjeuner McDonald's dans la capitale gastronomique de la France, Lyon.

Fast-food: pourquoi donc un tel succès?

La France trouvait répugnants les fast-food et les hamburgers. Trop américain, disait-on, pour le pays de la gastronomie. Aujourd'hui, le nombre de ces «restaurants» double chaque année et leur popularité atteint même la province! Mais que signifie un tel succès?

Un petit pain rond, une pincée de ketchup, une pincée de condiments, trois fines tranches d'oignon, un steak grillé à point. Vous l'avez reconnu: c'est le hamburger! Depuis 1980, il est roi. Et aujourd'hui, les fast-food (en français: restauration rapide) font partie de notre vie. On y est habitué. Née aux Etats-Unis en 1954, la restauration rapide a démarré tard en France, car on a longtemps pensé que le pays de la gastronomie serait plus réticent à accepter cette nouvelle nourriture.

Et pourtant, les chiffres le confirment: elle devient de plus en plus importante. En 1970, on comptait 50 restaurants fast-food en France; en 1985, ils étaient 850! Cette cuisine standardisée est entrée dans les mœurs.° Nos habitudes alimentaires, elles aussi, s'américanisent peu à peu.

customs

Comment expliquer le goût des Français pour cette restauration qui paraît si opposée à leurs habitudes alimentaires? La raison en est simple: elle répond à leurs besoins. Et s'ils fréquentent tellement les fast-food, c'est essentiellement pour la rapidité du service (à 48%) et pour des raisons d'économie (à 49%). En effet, une famille de cinq personnes peut consommer un hamburger, des frites, une boisson et un petit dessert pour 150 F environ au total. Ces raisons reflètent bien les nouveaux modes de vie quotidienne dans les grandes villes (là où les fast-food sont le plus nombreux). On n'a plus le temps de rentrer prendre le grand repas du jour à midi, les restaurants sont trop chers, on demande un service rapide.

Les fast-food remplissent bien une fonction d'ordre économique et pratique. Ce qui explique la diversité de leur clientèle. Employés, cadres° et ouvriers fréquentent ces restaurants. Mais les fast-food remplissent une fonction sociale aussi, surtout chez les jeunes (68% des personnes de moins de 25 ans sont clients des fast-food). Pour eux, en plus de la possibilité de manger pour pas cher quelque chose qu'ils aiment, les fast-food représentent des endroits «new-look», «branchés»,° «clean». A la fois assez impersonnels et assez «relax».

executives

trendy

«Le hamburger, c'est la liberté», s'exclame Valérie, 15 ans, lycéenne. Et effectivement, pour les lycéens, c'est un bon moyen d'échapper à la cantine scolaire. «Et à tout âge, on y mange avec les doigts.» Mais c'est aussi l'endroit où, le samedi, on a le droit de dépenser ses premières économies en dînant avec les copains, sans les parents, surtout! Petit prix, rapidité, liberté, propreté, tous ces avantages, les chaînes de fast-food les ont systématiquement exploités. Résultat: une belle réussite!

Adapté d'un article de Muriel Asline dans *Femme actuelle*

Mise au point

A. Puisque le fast-food est un phénomène d'origine américaine, vous avez sans doute trouvé quelques mots anglais dans cet article. Lesquels?

B. Pourquoi l'auteur appelle-t-elle la cuisine fast-food «standardisée»?

C. Quels sont les avantages principaux des restaurants fast-food selon l'auteur? Pourquoi les Français choisissent-ils le fast-food au lieu de prendre un déjeuner «normal» à la française?

D. Un des avantages d'un restaurant fast-food est économique. Trouvez tous les mots dans ce texte qui font allusion à cet avantage.

Expansions

A. Composez une description de vos habitudes gastronomiques et culinaires (les provisions, les repas typiques, les visites au restaurant, etc.).

B. En quelques phrases, indiquez quelques-unes des façons dont les habitudes des Français changent par rapport à la cuisine, aux provisions, à la restauration.

Répondez aux questions de ce sondage. Comparez vos réponses à celles des Français.

DE QUOI AVEZ-VOUS PEUR?

Parmi ces événements, lesquels vous semblent les plus probables d'ici à l'an 2000? (1)

Le développement du chômage	57 %
La montée du terrorisme et de la violence	49 %
La faim dans le monde	38 %
Des catastrophes écologiques (nucléaire, pollutions, atmosphériques)	32 %
La montée de la drogue	29 %
L'aggravation de la crise économique	38 %
Le déclin de la France et de l'Europe	16 %
Une guerre atomique	10 %
La montée des dictatures	9 %

(1) Total supérieur à 100, en raison des réponses multiples.

L'ÉVOLUTION DE LA SOCIÉTÉ

Pensez-vous qu'en l'an 2000...

Il y aura plus de solidarité entre les gens	15
Il y aura plus d'individualisme	58
Il n'y aura pas de changement	20
Sans opinion	7
	100 %
La libéralisation des mœurs sera plus grande qu'aujourd'hui	26
Il y aura un retour à la morale traditionnelle	39
Il n'y aura pas de changement	26
Sans opinion	9
	100 %
La religion aura plus d'importance qu'aujourd'hui	19
La religion aura moins d'importance	43
Il n'y aura pas de changement	31
Sans opinion	7
	100 %
Il y aura un retour à la famille	43
La famille aura moins d'importance qu'aujourd'hui	22
Il n'y aura pas de changement	28
Sans opinion	7
	100 %

LA PLACE DE LA FRANCE

Pensez-vous qu'en l'an 2000 la France se classera...

Dans le peloton de tête des grandes puissances mondiales	28
Dans les grandes puissances mondiales mais de justesse	51
Ne sera plus parmi les grandes puissances mondiales	12
Sans opinion	9

Chapitre 2

Qui sont ces Français?

Les Français du point de vue socio-professionnel

LECTURE 1

Mise en train

A. D'après le titre de cet article, «Le Prestige culturel et le prestige financier», l'auteur va parler de deux sortes de prestiges. Trouvez un ou deux exemples pour chacun de ces «prestiges» dans votre propre milieu social.

B. Les mots suivants se trouvent dans cet article. Pour chaque mot, indiquez s'il évoque pour vous le prestige culturel (C), le prestige financier (F), les deux prestiges (CF), ni l'un ni l'autre (X).

_____ un médecin
_____ les nouveaux riches
_____ un «self-made man»
_____ la petite bourgeoisie
_____ les industriels
_____ les commerçants
_____ un professeur de lycée

Le Prestige culturel et le prestige financier

Le rapport avec l'argent est très compliqué. Dans une famille de petite bourgeoisie traditionnelle, par exemple, malgré les désastres financiers, on ne parle jamais d'argent. Il y a deux questions qu'on ne pose jamais en France d'ailleurs: «Combien gagnez-vous?» et «Pour qui votez-vous aux élections?» Maintenant on commence à en parler un tout petit peu plus. Quant au prestige culturel et au prestige financier, l'idéal c'est d'avoir les deux. Le médecin a donc un capital de diplômes *et* un capital d'argent. Mais pour les nouveaux riches nous avons un mépris profond. Si on veut donner une connotation favorable, on emploie le mot «self-made man». Je pense que le capital culturel est quand même plus estimé en France qu'aux Etats-Unis.

Si vous comparez les parents d'élèves des lycées du Quartier Latin, par exemple le célèbre lycée Henri IV, que je connais bien puisque j'y ai enseigné

pendant plusieurs années, et du lycée Janson de Sailly, qui est situé dans le
15 prestigieux seizième arrondissement, vous remarquez que la profession des parents est extrêmement différente. Vous avez à Henri IV un très grand nombre de fils de médecins, de professeurs d'université, de professeurs de lycée. Vous avez à Janson de Sailly un très grand nombre d'enfants d'industriels, de gros commerçants. Il y a beaucoup plus d'argent chez les parents des en-
20 fants de Janson de Sailly que chez les parents des enfants d'Henri IV. Je suis persuadé qu'il y a entre les parents des élèves des deux lycées un mépris réciproque. Un professeur d'université considère qu'un type° qui a gagné de l'ar gent en vendant des casseroles sans avoir lu un auteur comme Barthes est un minable,° et le marchand de casseroles considérera que ce type qui
25 afait des années d'études, qui a fait des bouquins° que personne ne lit et qui gagne 10 000 ou 12 000 francs par mois est un minable. Et ils ne se fréquentent pas. D'ailleurs, ils n'auraient rien à se dire.

guy
a nobody
books

G. Vincent dans *Société et culture de la France contemporaine*

Mise au point

A. Qui dirait les phrases suivantes, le parent d'un enfant au lycée Henri IV ou le parent d'un élève de Janson de Sailly?

1. J'adore lire Sartre. Je trouve la philosophie existentialiste fascinante.
2. Je crois à la libre entreprise. Les socialistes nous empêchent de gagner notre vie.
3. Il est peut-être riche, mais c'est un homme sans culture générale.
4. A quoi bon passer toute sa vie à étudier? Il n'y a presque pas de récompense monétaire.
5. Bien sûr qu'il a de l'argent, mais ce n'est qu'un nouveau riche!

B. Quel désaccord existe entre ceux qui ont le prestige culturel et ceux qui ont le prestige financier? Est-ce que ce même désaccord existe aux Etats-Unis? Citez-en quelques exemples.

C. Dans l'affirmation: «Mais pour les nouveaux riches nous avons un mépris profond, si on veut donner une connotation favorable, on emploie le mot «self-made man», lesquels des mots suivants peut-on substituer pour **mépris** en gardant le même sens de la phrase?

un dédain	un manque de respect	une estime
une admiration	une dérision	une fascination

D'après cette phrase, le mot **self-made man** est-il positif ou négatif?

LECTURE 2

Mise en train

A. Les mots **bourgeois** et **bourgeoisie** sont employés dans la langue anglaise. Dans quel contexte sont-ils utilisés d'habitude? Avez-vous l'impression qu'il s'agit d'un terme péjoratif ou favorable? Pourquoi la langue anglaise emprunte-t-elle une telle expression à une autre langue? Comment traduit-on habituellement en anglais le mot **bourgeois?**

B. Le titre fait-il croire qu'il faut confondre *(confuse)* les termes **bourgeoisie** et **classe moyenne?**

C. A l'origine, le mot **bourgeois** désigne quelqu'un qui habite un **bourg** (l'équivalent du mot anglais *burg*). Trouvez un synonyme pour le mot **bourg.** Historiquement, de quelle sorte de personne se distingue donc le **bourgeois?**

Bourgeoisie et classes moyennes

«A bas° les bourgeois!»

down with

L'un des mots les plus lourds de signification de la langue française est sans doute le mot «bourgeois». Epithète [adjectif] ou substantif [nom], quand il n'est pas vulgaire injure° [«sale bourgeois», «petit-bourgeois»], il est en tout cas utilisé dans des circonstances précises: confort bourgeois, appartement bourgeois, cuisine bourgeoise, salon bourgeois sont autant de réalités «bien de chez nous», comme disent volontiers les bourgeois eux-mêmes. Mais le terme prend souvent un sens péjoratif. A l'heure actuelle, «s'embourgeoiser», c'est—en gros—abdiquer devant les valeurs d'argent, renoncer aux idéaux de jeunesse, mal vieillir peut-être... C'est sans doute pourquoi le bourgeois contemporain, inquiet des connotations négatives du terme, refuse généralement de se reconnaître en tant que bourgeois.

insult

En quoi les «vertus bourgeoises» ont-elles pu paraître si odieuses? C'est avant tout à un certain genre de vie que se sont attaqués les censeurs de la bourgeoisie. Comment se caractérisait—et se caractérise encore dans une certaine mesure—ce genre de vie? «Le piano est la marque distinctive de la jeune bourgeoise, comme le latin pour le jeune bourgeois», écrit Régine Pernoud [dans son *Histoire de la bourgeoisie en France*], qui résume ainsi d'une formule l'essentiel des activités créatrices ou intellectuelles de la bourgeoisie. La fréquentation de l'église, très différente de la foi° véritable, est de règle. Le mariage est affaire d'argent autant et plus qu'affaire de cœur. La femme ne doit pas travailler mais rester à la maison pour surveiller l'éducation des enfants. La possession de biens matériels est le signe extérieur de la supériorité morale. La prudence, l'économie, le travail sont les vertus cardinales.

faith

«La possession de biens matériels est le signe extérieur de la supériorité morale.»

laziness

La paresse,° la malpropreté, les opinions extrêmes sont les vices par excellence. Quant à la culture, elle se réduit à la «culture bourgeoise».

A l'heure actuelle, la situation a évolué sans changer de nature: le bourgeois va au théâtre de boulevard [synonyme de théâtre commercial], achète les *best-sellers,* lit *Le Figaro,* roule dans de solides voitures françaises (Citroën, Peugeot) ou étrangères (Mercedes), possède sa «résidence secondaire», etc... C'est du moins ainsi qu'il est vu par les yeux des autres, par ceux qui ne se considèrent pas comme bourgeois. Mais ne peut-on pas dire que la plupart des Français rêvent au fond d'eux-mêmes d'accéder° à leur tour aux valeurs bourgeoises?

to have access

Les Cadres veulent «profiter de la vie»...

La notion de bourgeoisie, à l'époque contemporaine, se vide pourtant un peu de son sens. En effet, de nouvelles classes moyennes apparaissent. Elles revêtent° certains des anciens caractères de la bourgeoisie mais ont aussi des traits qui leur sont propres.

take on

Jusqu'à la fin de l'entre-deux-guerres, la notion de classe moyenne correspondait en réalité à des catégories fort disparates: petits patrons, commerce moyen, salariés de haut rang comme les ingénieurs, etc... La classe moyenne actuelle, elle, est née d'une situation économique différente. Elle se caractérise surtout par la multiplication du personnel d'encadrement: les cadres salariés, chargés de diriger un personnel d'employés ou d'ouvriers, représentent désormais 5 à 20% du personnel selon les branches économiques envisagées. Très nombreux dans les secteurs de pointe° comme l'industrie chimique ou le pétrole, les cadres se multiplient aussi au sein de° l'Administration.

peak
within

Ce qui sépare les cadres de la bourgeoisie traditionnelle tient à certains facteurs économiques et sociaux: a) ils sont salariés et non propriétaires des moyens de production; b) leur promotion a généralement été assurée par leur niveau d'instruction beaucoup plus élevé que la moyenne nationale: plus de la moitié des cadres ont un diplôme de l'enseignement supérieur. Ce qui les rapproche de la bourgeoisie tient à leur style de vie: a) attachement aux biens matériels; b) recherche de la sécurité. Certes, des différences peuvent être relevées. «L'attachement aux biens matériels, qui s'exprimait chez le bourgeois par le désir de la conservation, se manifeste chez le cadre par le plaisir de la consommation... Produit de l'éducation technique moderne, lancé dans la course° à l'avancement, il veut, au grand scandale du bourgeois *survivant,* profiter de la vie, tout de suite» [Pierre Bleton, *Les Hommes des temps qui viennent*].

race

Loin de chercher à accumuler, le cadre dépense rapidement. Les questions d'intérêt entre familles, les mariages de raison (c'est-à-dire d'argent) jouent un rôle restreint, la femme travaille souvent (surtout avant le mariage ou dans les premières années du mariage), une certaine liberté sexuelle est admise, on lit plutôt *L'Express* que *Le Figaro,* l'éventail° des intérêts culturels s'est considérablement élargi, etc...

range

Mais on doit faire remarquer que la bourgeoisie elle-même a évolué et s'oriente souvent vers un style de vie proche de celui du cadre. Certes la mobilité sociale a grandement augmenté, certes les différenciations matérielles sont considérablement atténuées, certes la recherche du bonheur et de la sécurité est commune à un grand nombre de Français. Mais les survivances du passé sont encore importantes. Est-ce une bonne ou une mauvaise chose? On pourrait évoquer à ce propos de nombreux problèmes: la résistance à l'«américanisation», l'individualisme politique français, le rejet vrai ou illusoire du conformisme sont dans une large mesure des résidus de valeurs anciennes. Le goût du progrès scientifique et des avantages matériels qu'il procure, le désir de promotion individuelle et le dynamisme économique relèvent° au contraire de choix beaucoup plus récents.

are ascribable

Adapté d'un article de
Pierre Christin et
Philippe Lefebvre dans
Comprendre la France

Mise au point

A. Quel est le but de la première partie de cette lecture, «A bas les bourgeois!»? A qui adresse-t-on l'invective «à bas» d'habitude?

B. Le mot **bourgeois** est-il nécessairement péjoratif? Que veut dire **cuisine bourgeoise** ou **confort bourgeois,** par exemple? Est-ce que **s'embourgeoiser** est employé de la même façon? Expliquez ces termes.

C. A l'époque actuelle, la définition du mot **bourgeois** comporte un certain nombre de vices (défauts) et de vertus (qualités). Faites une liste des vices et des vertus qui sont mentionnés dans le texte. Dites si vous êtes d'accord avec les catégories telles qu'elles sont présentées par les auteurs et justifiez vos remarques.

D. La grande majorité des Français aujourd'hui appartient à la classe moyenne. La partie intitulée «Les cadres veulent «profiter de la vie» vous présente l'image de la «nouvelle» classe sociale que constituent les cadres. Relevez dans la lecture les allusions aux cadres, puis préparez un exposé sur la classe moyenne en France. Quelles sont ses origines? Comment se sépare-t-elle de la bourgeoisie? En quoi ces deux classes se ressemblent-elles?

E. Existe-t-il dans votre propre culture un groupe social qui correspond à la bourgeoisie française? A la classe moyenne française? En vous servant de cette lecture comme modèle, faites le portrait de ces groupes tels que vous les voyez autour de vous.

LECTURE 3

Mise en train

Pensez à l'impression que vous avez des petits commerçants en France, c'est-à-dire les bouchers, les boulangers, les charcutiers, etc. D'après l'image que vous avez déjà de ce groupe professionnel, indiquez si, selon vous, les phrases suivantes sont vraies ou fausses.

_____ 1. Un petit commerçant possède son propre magasin et emploie une ou deux autres personnes.
_____ 2. Le petit commerçant a un niveau d'éducation assez élevé.
_____ 3. Assez souvent, le petit commerce est une affaire de famille.
_____ 4. Le petit commerçant est plutôt conservateur en politique.
_____ 5. Le petit commerce n'a presque plus d'importance en France et a été remplacé par les grandes surfaces, les hypermarchés.
_____ 6. Dans les petits magasins, la qualité des produits est meilleure et le contact avec les clients est plus important.
_____ 7. Le petit commerce représente les valeurs traditionnelles.

Les Petits Commerçants

Selon l'Institut national de la statistique et la Chambre de Commerce, les «petits commerçants» sont les actifs non-salariés qui tiennent un commerce et emploient moins de trois salariés. Le petit commerçant est très souvent le fils de son père, dans le sens où les petits commerces sont très souvent transmis de génération en génération. Leur niveau d'éducation est dans l'ensemble très bas. On apprend le métier dans la boutique de papa. Le petit commerçant habite souvent au-dessus de son magasin. Et comme il travaille avec sa famille, généralement c'est sa femme qui tient la caisse et ses enfants apprennent le travail sur place. La vie familiale est caractérisée, comme dans les milieux agricoles, par le fait que le père de famille exerce la double fonction de père de famille et de chef d'entreprise. Cela explique que les petits commerçants et artisans constituent un groupe dans l'ensemble traditionaliste et conservateur. Au moment des élections, ils jouent un rôle crucial, ce qui explique que l'Etat les protège contre l'extension du grand commerce et le développement des hypermarchés.

«Les petits commerçants s'adaptent par l'insistance sur la qualité des produits vendus.»

De 1966 à 1973, 18 000 magasins d'épicerie-alimentation ont disparu. Mais aujourd'hui encore 90% des ventes de produits de boulangerie, 80% des pâtisseries, 84% de la charcuterie sont assurées par de petits commerçants. Il faut comprendre aussi que les magasins qui ont fermé leurs portes
20 sont surtout des établissements ruraux là où il y a eu un exode rural. Par contre, dans les domaines «non-alimentaires» on voit leur nombre progresser spectaculairement.

Les pouvoirs publics ont toujours été pris dans la contradiction suivante: accepter les conséquences naturelles de l'expansion et de la concurrence ou
25 protéger le petit commerçant afin de recevoir son vote indispensable. Le petit commerce est, en fait, souvent protégé, et si l'annonce de la prochaine ouverture d'une grande surface dans un quartier provoque toujours une panique, cette panique est souvent sans raison. De plus, face à cette concurrence il existe plusieurs mentalités commerçantes qui expliquent la survie des petits
30 commerçants. Ils s'adaptent principalement par les aménagements d'horaires, l'insistance sur la qualité des produits vendus, les contacts personnels avec le client et éventuellement le crédit.

Il est aussi question ici des valeurs traditionnelles et conservatrices. Le petit commerce, c'est la famille, l'idée de l'économie, l'idée qu'il ne faut pas
35 gaspiller. Il y a une idéologie petit commerçant. On trouve la publicité scandaleuse, on estime que les grandes surfaces détériorent la moralité publique en incitant les jeunes à voler. Les petits commerçants s'estiment les défenseurs des vertus fondamentales (contre le vol, pour des achats raisonnables, contre le gaspillage, contre le progrès technique dévastateur et polluant) et
40 comptent jouer dans la société française le rôle de gardiens des valeurs traditionnelles.

G. Vincent dans *Société et culture de la France contemporaine*

Mise au point

A. Pourquoi l'Etat français protège-t-il le petit commerçant?

B. Dans quels domaines trouve-t-on le plus grand nombre de petits commerçants?

C. Les petits commerces existent toujours. Donnez quelques-uns de leurs aspects positifs.

D. Dans quel sens les petits commerçants sont-ils à la fois conservateurs et traditionnels?

LECTURE 4

Mise en train

A. Aux Etats-Unis, comment le grand public considère-t-il le mouvement féministe actuellement?

B. Dans le texte vous allez trouver la phrase «Il y a deux féminismes, celui qui a trouvé naissance en France et puis cette vague venue des Etats-Unis, avec son style tout à fait différent, portée par les mass médias de façon éclatante». D'après vous, quelle peut être la différence entre ces deux féminismes?

C. Aux Etats-Unis, quel est le pourcentage approximatif de femmes dans les secteurs suivants?

1. la médecine
2. la pharmacie
3. le secteur public
4. la chimie
5. l'enseignement
6. les administrations municipales

La Femme et le travail

Sociologue, journaliste, professeur, Evelyne Sullerot a publié d'importants ouvrages sur tous les aspects de la condition féminine. Ici, elle partage avec nous certaines de ses idées sur le féminisme et la présence des femmes dans le monde du travail.

5 Les explosions de féminisme se placent toujours dans une période où, pour une raison ou une autre, les femmes sont en train de se rapprocher du statut des hommes. Cela peut être le statut sexuel, familial, civique, politique ou le statut dans le travail. Il suffit qu'il y ait rapprochement dans un de ces domaines pour qu'on assiste à une explosion de féminisme.

10 Le mouvement, qui s'est déclaré vers 1970, avait été précédé d'un mouvement féministe français plus net qu'aux Etats-Unis, puis il a été littéralement porté par la vague° venue des U.S.A. et par cela affaibli. Il y a deux féminismes, celui qui a trouvé naissance en France et puis cette vague venue des Etats-Unis, avec son style tout à fait différent, portée par les mass médias de 15 façon éclatante. Je veux dire que tout le monde y a participé, les journaux, la radio, la télévision. Tous les modes de parler, de s'habiller, de chanter, de faire, de penser de cette époque se sont jetés sur le sujet, ce qui fait que quand on propose un thème sur les femmes aujourd'hui, personne n'en veut plus. On voit même se manifester un mouvement inverse. Les personnes qui

°wave

«L'habitude du travail féminin est...très ancienne.»

20 étaient restées dans de petites associations de «femmes au foyer» sont aujourd'hui dans un état d'agressivité.

La femme au foyer a complètement disparu des médias. Elle est devenue une personne qui semblait n'avoir aucune personnalité et qui dépendait de son mari. C'est tout juste si elle n'était pas considérée comme une prostituée 25 puisqu'elle vivait de l'argent de son mari.

En 1921, 50% des femmes travaillaient, en 1954–1962 on est tombé à 33–35%, et maintenant on est à peu près remonté à 47%. L'habitude du travail féminin est donc très ancienne. De plus, les Françaises travaillent à temps plein, 14% seulement travaillent à temps partiel. Quand on voit une 30 nouvelle génération de filles entrer dans la masse des occupations, on remarque qu'elles vont dans 120 métiers alors que les garçons se distribuent dans 500 métiers.

La présence féminine est majoritaire dans certaines branches comme la pharmacie, la chimie. On ne sait pourquoi. La médecine est un métier qui 35 commence à se féminiser (cela a commencé dans les pays de l'Est). En France, 25% de médecins sont femmes, et cette proportion augmente très rapidement. La France a une vieille habitude du travail féminin mais, si vous me demandez ce qui va se passer, je crois cependant que nous irons jusqu'à

un certain degré de féminisation qu'on ne dépassera pas dans certaines pro-
40 fessions libérales.

Dans le secteur public, les femmes sont majoritaires. Elles sont beaucoup plus de la moitié et progressent très rapidement en qualification. Il est à noter qu'on y entre par des examens anonymes. De ce fait, les femmes y sont beaucoup moins défavorisées que dans le secteur privé où on voit
45 d'abord la candidate avant de l'engager.

Chez les fonctionnaires, il y a 45% de femmes. Ce secteur comprend, en plus de l'enseignement, les Postes et Télécommunications, le Chemin de fer,° l'Electricité de France, les administrations municipales ou d'Etat.

railroad

Un aspect intéressant du travail féminin est la proportion de femmes
50 mariées qui travaillent. Ce sont les femmes d'agriculteurs qui travaillent en plus grand nombre, presque toutes. Ensuite, ce sont les femmes de ce qu'on appelle aujourd'hui le «milieu intermédiaire», celui des employés et des cadres moyens. En-dessous ce sont les femmes d'ouvriers et de cadres supérieurs qui travaillent le moins. Ce qui fait que les femmes qui restent au
55 foyer sont surtout les plus pauvres et les plus riches. Incidemment, c'est aussi parmi les salaires inférieurs et les salaires supérieurs qu'on trouve le plus d'enfants. Les raisons sont à la fois économiques et ethnologiques. Dans certains milieux ouvriers, traditionnellement, la femme ne travaille pas. Chez les mineurs, par exemple. Il y a donc là encore des diversités, des anomalies ré-
60 gionales dont il faudrait tenir compte.

E. Sullerot dans *Société et culture de la France contemporaine*

Mise au point

A. Faites une liste des mots du texte qui sont dérivés du mot **femme.**

B. Pour chaque paragraphe du texte précédent, créez un sous-titre qui reflète le sujet du paragraphe. Ensuite, indiquez la phrase de base *(topic sentence)* du paragraphe.

C. Dans le texte, trouvez un mot ou une expression qui est le contraire des mots suivants.

1. suivi
2. renforcé
3. la passivité
4. à temps plein
5. minoritaire
6. supérieur
7. ouvriers
8. éloignement

D. Pour chacune des phrases suivantes, choisissez la réponse qui la complète le mieux. Puis, justifiez votre choix.

1. Actuellement, la femme a un rôle...
   a. égal à celui de l'homme.
   b. inférieur à celui de l'homme.
   c. supérieur à celui de l'homme.
2. Le féminisme en France diffère du féminisme aux Etats-Unis...
   a. en ce qu'il est plus faible, parce qu'il en est une imitation.
   b. par son style, parce que les mass médias en ont fait une cause célèbre.
   c. car le premier est beaucoup plus défini.
3. Ce qui n'existe pas aujourd'hui c'est...
   a. un intérêt dans le mouvement féministe.
   b. la femme au foyer dans les médias.
   c. une profession exclusivement masculine.
4. Les femmes françaises ont au moins 25% des postes...
   a. dans la pharmacie.
   b. dans la médecine.
   c. chez les fonctionnaires.
5. La plupart des Françaises qui travaillent aujourd'hui...
   a. sont mariées.
   b. sont des femmes de mineurs.
   c. travaillent à plein temps.

Une Vue humoristique sur les Français

LECTURE 5

Mise en train

A. Cet extrait est basé sur une étude de l'Institut national de la statistique pour découvrir le Français moyen. Quelle serait votre impression du Français typique? Cet individu est-il...

1. homme ou femme?
2. célibataire ou marié?
3. père (mère) de quatre enfants ou de deux enfants?
4. grand ou petit?
5. gros ou mince?

B. Que pensez-vous des résultats des études basées sur la statistique?

Le Français moyen

Depuis plus de trente-cinq ans, l'écrivain et essayiste Pierre Daninos observe la France et les Français et montre, avec beaucoup d'humour, les faiblesses et les contradictions qu'il y découvre. Voici un extrait de son ouvrage intitulé La France dans tous ses états *où son enthousiasme ne* 5 *manque pas de souligner le ridicule d'une des passions de notre époque: la statistique.*

L'Institut national de la statistique avait pris la décision de découvrir cet animal mythique que personne n'avait jamais identifié: le Français moyen.

Il faut dire que l'usage des ordinateurs permettait aux chercheurs de per- 10 fectionner des approximations qui avaient demandé plusieurs mois d'études à leurs prédécesseurs. C'était quinze millions de Français que la machine

«Fernand Guarinou satisfaisait à toutes les normes, endives incluses . . .»

ingested / weight

ingurgitait,° digérait en ordre de grandeur, de poids,° d'âge, d'appétit, de famille, de métiers.

Au bout de huit minutes, une fiche de sept centimètres sur cinq livrait les
15 caractéristiques du Français moyen.

C'était bien un homme de 1,70 mètre et 70 kilos, marié, père de 2,3 enfants et qui, ayant observé l'abstinence périodique et consommé 400 kilos d'endives, devait mourir à 70 ans et 3 mois d'une maladie des voies respiratoires.

20 On comptait 987 532 Français répondant—sans avoir été consultés—à ces normes.

Mais si l'on tenait un compte rigoureux des deux questions capitales (2,3 enfants et 70,3 ans), le nombre descendait vertigineusement de 987 532 à 3.

seventy-year-olds

Ainsi, trois septuagénaires° restaient: l'un à Sisteron, l'autre à Angoulême
25 et le troisième presque entre les deux, à Paris. C'était Fernand Guarinou.

Fernand Guarinou satisfaisait à toutes les normes, endives incluses, et même au nombre exact de descendants, puisque, ayant eu deux enfants, sa femme avait fait une fausse couche. Quant à l'âge...

C'est là où allait intervenir le destin qui, on l'aura remarqué, intervient tou-
30 jours à un âge ou à un autre.

L'Institut de la statistique travaillait pour l'honneur et la recherche. C'était sans compter avec l'intervention de la presse: un journal en fit une compétition et décida de donner un million au Français qui, de tous, serait proclamé le plus moyen.

35 Voilà donc notre reporter galopant chez Fernand Guarinou. Il le félicite de sa belle santé pour un homme qui va bientôt entrer dans le quatrième mois de sa soixante-et-onzième année. Puis, avec ce manque de savoir-faire qui est souvent la marque de la jeunesse journalistique, il lui fait clairement comprendre que, s'il s'arrêtait là, il aurait la gloire... et le million.

crazy
gasp / breath

40 A ces mots, voilà Guarinou pris d'un fou° rire inextinguible, pris d'un hoquet° tellement considérable qu'il rend son dernier souffle,° en même temps qu'un suprême hommage à la statistique: par un ultime scrupule d'exactitude, il était mort, comme 72,7% des Français, d'un accident des voies respiratoires.

Adapté de *La France dans tous ses états* par Pierre Daninos

Mise au point

A. Reprenez l'exercice A de la rubrique **Mise en train** (page 37). Est-ce que votre impression du Français moyen s'accorde avec la description dans la sélection?

B. Donnez trois exemples de l'humour qui se trouve dans cet extrait. Expliquez ce qui crée le côté comique.

C. Que doit faire Fernand Guarinou pour gagner un million de francs?

D. Voici quelques caractéristiques du Français moyen, suivies d'une liste de mots tirés du texte. Mettez chaque mot dans la catégorie appropriée.

Taille	Poids	Age	Appétit	Famille	Santé

1,70 mètre	2,3 enfants	septuagénaire
70 kilos	endives	descendants
fausse couche	abstinence	maladie

E. Dans la liste suivante, on trouve des mots qui traitent de la statistique, mais il y a aussi des intrus *(intruders)*. Barrez *(cross out)* les mots qui n'ont rien à voir avec la statistique. Justifiez vos choix.

une norme	le destin	une approximation
un compte	une compétition	un chercheur
la santé	moyen	la recherche
l'exactitude	le savoir-faire	un hoquet
l'ordinateur	l'endive	la presse

La Jeunesse actuelle

LECTURE 6

Mise en train

Chaque génération a son propre vocabulaire pour décrire les gens. Quels mots avez-vous dans votre vocabulaire personnel pour décrire des gens célèbres? Ecrivez une phrase pour décrire chacune des personnes suivantes.

1. Madonna
2. Sylvester Stallone
3. Mick Jagger
4. Michelle Phillips
5. Robert Redford
6. Clint Eastwood
7. Grace Slick
8. Milli Vanilli
9. Sting
10. Bruce Springsteen
11. Kevin Costner
12. Candice Bergen

Quelques Mots clés°

°key words

baba *(adj.)* à la fois hippie, archi-libéral, non-conformiste; goût pour la psychanalyse; cheveux longs et sales; aimant l'écologie, la politique d'extrême gauche, Neil Young et le folk rock.

B.C.B.G. (Bon Chic Bon Genre) *(n.)* le bécébégé classique, discret, préfère le
5 bon goût au confort. En gros, l'équivalent du «preppie» américain.

branché *(adj.)* qui croit avoir compris son époque; se tient au courant de tout ce qui est à la mode sur le plan des vêtements, de la musique, des idées.

classe *(adj.)* jugement de valeur favorable, initialement fondé sur l'appa-
10 rence, pour qualifier l'élégance B.C.B.G.

clean *(adj.)* [clin] bien élevé, raisonnable, straight; propre, de style «clinique»; exact, précis, sans flou.

cool *(adj.)* [cwl] à la fois détendu, antiformaliste, ouvert aux autres et convivial. Contraires: **hard, straight.**

15 **fun** *(adj.)* [fœn] faire artificiellement trop pour produire un spectacle de grande couleur; exubérant et gai, mais avec un enthousiasme anti-intellectuel.

genre *(n. m.)* expression très utile à ceux qui n'aiment pas se fatiguer à s'exprimer; employée pour remplacer toutes sortes de sujets; particulière-
20 ment utile pour justifier le caractère imprécis de tous les sentiments et idées.

hard *(adj.)* [ard] d'origine hippie; à la fois excessif, tendu, agressif envers les autres. On peut être **hard** parce qu'on est trop propre, comme un robot **(new-wave hard)** ou parce qu'on est très sale et très bruyant **(baba-hard).** Pour un hippie, être B.C.B.G. c'est **hard.**

25 **look** *(n. m.)* [lwc] apparence d'une personne, le plus souvent due à ses vêtements.

minet *(adj.)* moderne, à la mode; préfère le confort au bon goût.

new-wave *(adj.)* [nyw wèv] devenu plutôt péjoratif; style des années 50 ou 60, style robot ou bureaucrate; le contraire de **baba.**

30 **punk** *(adj.)* [pœğc] hystérique, sale, destructeur et haut en couleur.

ringard *(adj.)* synonyme de **démodé** et antonyme de **branché;** ce qui reste pop après 1975.

Mise au point

En employant le vocabulaire de «Quelques Mots clés», faites une phrase descriptive pour chacune des personnalités mentionnées dans la **Mise en train** (p. 40).

LECTURE 7

Mise en train

A. Les auteurs de cet article sont des journalistes qui font une analyse sociologique de leurs contemporains en France. D'après le titre, «Dis-moi comment tu consommes...», à partir de quelles évidences font-ils leur étude?

B. Les étiquettes que les auteurs attachent à leurs quatre catégories («décalés», «frimeurs», «rigoristes», «activistes») peuvent poser certaines difficultés de compréhension.

1. Si, normalement, **décalé** veut dire «ce qui n'est pas dans la même position que les autres», lequel des mots suivants serait son synonyme: (a) équilibré? (b) conformiste? (c) déplacé?
2. Si **frimeur** veut dire «qui donne une fausse impression», lequel des mots suivants serait son antonyme: (a) authentique? (b) extroverti? (c) théâtral?
3. Que veut dire **rigueur** dans le sens économique? Est-ce un mot qui s'emploie en période de prospérité ou d'austérité?
4. Si être **activiste,** dans ce contexte, veut dire «défendre les valeurs de la tradition», donnez des exemples de vêtements à griffes que portent souvent ces personnes. (Rappelez-vous que «griffe» désigne le label apposé à l'intérieur et, de nos jours, souvent à l'extérieur d'un vêtement, portant le nom ou le logo du fabricant.)

Dis-moi comment tu consommes...

Les experts en «styles de vie» distinguent quatre grandes catégories, ou familles, de Français. Les voici présentées par deux journalistes parisiens.

Les Décalés: Originalité et anticonformisme. Un Français sur cinq, 30% à Paris, et 28% des moins de 50 ans. 5

Un phénomène de génération que les décalés, espèce apparue à la fin des années 70. Issus° des couches aisées ou moyennes de la société, pourvus° d'études longues, urbains, ils n'ont pas le genre à se faire des plans de carrière. Ni patients ni économes, ils vivent à l'instant et veulent tout tout de 10 suite. Au rythme de leurs impulsions.

Peu d'enfants, peu propriétaires, souvent célibataires,° ils disposent de beaucoup d'argent non immobilisé qu'ils dépensent sans complexe dans la mode, les vacances, la culture. Ils sont fous de cinéma, fous d'art vidéo, fous

sprung from / provided with

single

Etes-vous conformiste ou «décalé»?

15 d'évasions de toutes sortes, science-fiction, exotisme, minorités culturelles, fous de rock culture.

Ils n'ont pas un style, ils ont un look qu'ils se composent. Les hommes se sentent à l'aise dans les costumes cool, et ont évidemment sauté sur la mode large. Ils ont fait le succès de Swatch.

20 Leurs enfants, ils les habillent marrant et pas cher. Les femmes, quand elles se maquillent, le font en Sioux sans sobriété. En parfums, elles sont plutôt Opium, Poison. Ce ne sont pas des adeptes de l'aérobic, vive sa sensualité naturelle! Très high tech, les décalés privilégient le compact, appareils autofocus, Sony à laser portable, camescopes... Chez eux, le décor ne se 25 meuble pas, il se plante au ras du° sol, à coups de coussins, moquettes, tapis, poufs, plantes exotiques. Enfin, ils adorent les tissus de couleur et les imprimés marrants.

level with

Les Frimeurs: Provocation, impudeur, violence. 6 à 7% des Français (10 à 12% à Paris).

30 Les frimeurs sont les cousins pauvres des décalés. Ce sont les gamins° de banlieue. Ils n'ont pas fait d'études longues, ils ont des problèmes de boulot.° Consommer du look est leur seule manière d'exister socialement. Du

street kids

job

coup, ce sont eux aussi des lanceurs de mode: le noir et blanc est né chez eux, dans le creuset° du postpunk et du new wave. Ils font fonction de baromètres de la culture urbaine.

35 Alors que les décalés vieillissent décalés, eux se rangent° vers l'âge de 25 ans, à leur mariage et leur premier enfant. Alors, ils se recentrent sur la famille, et deviennent des escargots. Le frimage n'est donc qu'un moment de la vie des classes défavorisées, où elles s'éclatent° sans penser au lendemain en parodiant théâtralement tout ce qui est à l'opposé de leur vie et à 40 quoi elles savent bien qu'elles sont condamnées. Aussi s'habillent-ils par provocation, jouant en prime sur l'impudeur,° la violence.

Ils rêvent, ces fans de l'Amérique: fast-food, Coca-Cola, graffitis, Madonna... Ils achètent leur tenues° dans les hypers. Une mode très show: 45 paillettes° strass, lingeries dentelle frou-frou... Leur style barbare à la néo-Mad Max les porte sur les accessoires métalliques genre chaînes. Pour leurs loisirs, des vêtements bardés° d'inscriptions codés USA, jeans et cuir.° Les maquillages ont la même dureté: lèvres et ongles noirs, violets, coiffures sculptées au ciseau et au gel. Leur civilisation est celle de la lumière, sound 50 machines, walkmans. Ils vivent aux sons et aux éclats lumineux.

melting pot
settle down
go wild
lewdness
outfits
sequins
covered with / leather

Les Rigoristes: Les Leaders de demain. 20% des Français.

Phénomène révélé statistiquement en 1984, il progresse en nombre de 5% par an. Un grand courant conservateur qui touche toutes les sociétés occi-55 dentales. Après les pays anglo-saxons, il a pris d'assaut les pays latins.

A partir de 1984, une masse de jeunes urbains de moins de 35 ans, souvent diplômés, issus de la bourgeoisie aisée, sont venus grossir les rangs du conservatisme. Dans les années à venir, ces néoconservateurs pourraient devenir le groupe social leader, celui qui marie Jeanne d'Arc et l'ordinateur, le 60 respect de l'ordre établi, et un goût contemporain pour le design, la technologie, les médias, l'économie.

Des gens concrets, réalistes, travailleurs, bons gestionnaires, sachant investir dans des valeurs sûres et qui ne dépensent pas leur argent à la légère, les rigoristes calculent: je veux bien payer le prix pour acquérir la meilleure 65 qualité. On ne leur vendra pas la griffe d'un créateur mais la signature caution d'une marque établie. On ne leur vendra pas une mode mais du clas sique indémodable. On ne leur vendra pas de la frime mais de l'usage. Bref, on leur vendra du conformisme.

Les rigoristes aiment les grandes cérémonies, les grandes traditions, les 70 grandes constructions, l'art gothique et les châteaux de la Loire. Ils se méfient de l'art moderne. Leurs héros sont plutôt des hommes politiques, des leaders sociaux ou moraux, le pape ou des gens établis dans la culture. Toujours des gens arrivés, reconnus et titrés.

En publicité, leurs goûts vont à l'authenticité, la tradition à l'ancienne, les 75 produits qui sont des musts absolus, les objets lourds. Ils raffolent° de la belle vaisselle, de dentelles, de rideaux aux beaux tissus lourds qui tombent° raide.

are wild
hang

Peu équipés en high tech, ils auront plutôt la grosse télé et le gros magnétoscope.

Ils sont peu portés sur les accessoires et les bijoux, à moins que de grand prix et venus souvent de la famille. La maroquinerie occupe une place importante, cuir, Vuitton. De la belle bagagerie. Et des briquets et stylos de prix, 80 souvent cadeaux familiaux qui ne sont jamais des accessoires futiles. Quant à leurs enfants, ils sont à leur image sage, des petites filles et garçons modèles.

Les Activistes: Les Griffes de la tradition. 14% des Français, 27% à Paris.

Bourgeoisie d'âge moyen, cadres, professions libérales et femmes plutôt 85 actives, c'est la clientèle la plus traditionnelle de la mode griffée. Deux motivations les animent: montrer qu'ils sont des leaders sociaux, et séduire. Des gens qui veulent être à la mode, sans retard ni avance. Rien d'une avant-garde. Ils se méfient des jeunes créateurs pas connus encore. La séduction, ils la conçoivent par un comment montrer sa différence, son excellence, par de 90 petits détails tout en restant sagement dans la norme.

Ils achètent beaucoup par impulsion, dépensent énormément en mode. Importante, la tenue de travail, élégante mais fonctionnelle. Le reste du temps se partage en sportswear pour les loisirs et en vêtements de sortie. Les coupes° sont classiques, les couleurs plutôt froides et toniques. Ils aiment la 95 la soie,° les formes flottantes qui accentuent le mouvement, le frou-frou, les bijoux relativement sobres, un peu high tech, Chanel, Dior, Lancôme, la diététique et le soin du corps pour rester toniques et dynamiques. Des obsédés de fitness.

cuts
silk

Il leur faut toujours avoir les produits que les autres n'ont pas tout à fait: 100 du whisky mais pur malt, du champagne mais millésimé,° des voitures mais séries spéciales, des cartes de crédit mais Premium, des disques laser mais dernier modèle. Ce sont des admirateurs forcenés de l'Amérique. Ils sont: dollar, Concorde, ordinateurs, grands films dont on parle, «Elle», «Marie-Claire», «Vogue», «Première», la presse économique, vacances courtes, loin 105 taines et intensives, jogging, aérobic, tennis.

vintage

Adapté d'un article dans
Le Nouvel Observateur

Mise au point

A. Pour chacun des quatre groupes sociaux représentés dans l'article du *Nouvel Observateur,* vous allez faire une liste des caractéristiques des personnes en question. Trouvez les éléments qui, dans la description, appartiennent aux rubriques suivantes: origine sociale, apparence, goûts, vie sociale.

B. Imaginez que vous êtes français(e). A quelle catégorie appartenez-vous? A quelle catégorie appartiennent vos parents? A quelle catégorie voulez-vous appartenir? Expliquez.

C. Jetez un coup d'œil sur la société américaine. En vous inspirant de l'article du *Nouvel Observateur,* faites une description de la classe sociale pour laquelle vous avez la plus grande fascination.

Expansions

A. Employez le vocabulaire de la section précédente pour décrire…

1. le/la yuppie.
2. le/la punk.
3. le look de votre meilleur(e) ami(e).
4. le look de votre groupe ou chanteur de rock préféré.
5. votre look idéal.

B. Avez-vous eu quelquefois des discussions avec des adultes sur la mode actuelle des jeunes? Quelle est leur opinion au sujet de la mode actuelle? Qu'est-ce que vous leur répondez?

C. Ecrivez un essai sur le mode de vie d'une catégorie sociale que vous connaissez bien. Mentionnez ses idées sur l'éducation, le travail, les loisirs, le conformisme, etc.

Ma Carte Bleue Visa

Un passeport pour le premier réseau mondial : Visa

Voyage d'affaires, voyage d'agrément... ma Carte Bleue Internationale Visa m'ouvre le premier réseau mondial : dans 160 pays, les 180 000 agences bancaires, les 10 000 distributeurs automatiques, et les portes de 4,7 millions de commerçants Visa.

Achats prévus ou imprévus, un cadeau, une location de voiture, un billet d'avion ? ma Carte Bleue Visa. Et c'est tout...

La Carte Bleue Internationale Visa : un accueil français dans le premier réseau mondial.

Qu'est-ce qu'un *voyage d'agrément*?

Dans quelles circonstances peut-on se servir de la Carte Bleue?

Chapitre 3

Moi, ta mère

La Vie moderne

LECTURE 1

Mise en train

A. Le titre de cet extrait, «Pitié pour les parents!», indique son point de vue. Quelle sorte de personne en est l'auteur?

B. Voici les questions posées dans plusieurs sondages *(polls)* faits chez les jeunes Français. Quelles seraient vos propres réponses à ces questions?

1. a. Vous entendez-vous bien avec vos parents?
   b. Vous entendez-vous bien avec votre mère?
   c. Vous entendez-vous bien avec votre père?
2. Que considérez-vous être le rôle de la famille dans votre vie?
3. Où apprenez-vous le plus de choses? Dans la liste suivante, établissez l'ordre de vos réponses—de 1 (le plus) à 6 (le moins).

__ a. les parents	__ d. la lecture
__ b. l'école	__ e. la télévision
__ c. les copains	__ f. la rue

Pitié pour les parents!

Journaliste, écrivain, mère de famille, Christiane Collange a consacré un de ses livres à une situation radicalement moderne: la postadolescence— cette période de plus en plus longue où parents et jeunes vivent ensemble sans partager° la même vie. Vous lirez dans les pages suivantes des extraits de cet ouvrage lucide, franc et passionnant. (5)

sharing

On interroge les jeunes pour savoir ce qu'ils pensent de nous, ce qu'ils auraient éventuellement à nous reprocher, et leurs réponses sont toujours étonnamment positives.

En 1982, c'est dans *La Vie,* magazine d'inspiration conservatrice, que les (10) 13–17 ans affirment s'entendre bien avec leurs parents: 96% avec leur mère, 83% avec leur père.

Entre décembre 1983 et janvier 1984, *L'Humanité Dimanche* interroge les 15–24 ans sur la famille: 80% des jeunes considèrent que la famille «n'est pas quelque chose de démodé», 81% qu'«on peut compter sur elle quand

Vivre ensemble sans partager la même vie...

15 on a des problèmes», 75% que «c'est le lieu où l'on se sent° le mieux». Pas très révolutionnaires, les petits!

feels

En mai 1984, *TELE/7 Jours* sonde les 10–15 ans. 79% d'entre eux estiment que leurs parents s'entendent bien—ce qui implique que l'atmosphère familiale leur plaît et qu'ils ont une opinion plutôt positive de Papa/Maman.
20 Quand on leur demande où ils apprennent le plus de choses, ils placent les parents en quatrième position derrière l'école, les copains et la lecture, mais devant la télévision et la rue.

Les jeunes n'ont vraiment pas à se plaindre de° nous. Ils arrivent à nous faire admettre sans trop de difficultés leurs façons d'être et leurs mœurs
25 spécifiques. De temps en temps, ils sont obligés de menacer ou de crier pour obtenir ce dont ils ont envie, et cette méthode se révèle encore très efficace. En somme, ils nous trouvent pas trop difficiles à vivre.

to complain about

Mais nous, les parents, nous ne sommes pas contents.

C. Collange, *Moi, ta mère*

Mise au point

A. Complétez les phrases suivantes par les chiffres appropriés tirés du texte.

1. ______ % de jeunes adolescents trouvent que leurs parents s'entendent bien.

2. L'influence des parents dans la vie des adolescents vient en ______, juste avant la télévision et la rue.
3. ______ % des 13–17 ans s'entendent mieux avec leur mère qu'avec leur père.
4. ______ % des 15–24 ans croient à la famille.
5. ______ % se considèrent bien à l'aise dans la structure familiale.

B. Quelle définition pourriez-vous donner de la «postadolescence»?

C. D'après l'extrait, pourquoi faut-il avoir pitié pour les parents?

LECTURE 2

Mise en train

A. Aux Etats-Unis, à quel âge les jeunes quittent-ils le foyer *(home)* et la famille pour aller vivre ailleurs?

B. Pourquoi les jeunes Américains décident-ils de quitter le foyer et la famille?

C. Quels sont les avantages à rester chez vos parents et ne pas vivre ailleurs?

Chez Maman sans se fatiguer

A la question «Pourquoi habitez-vous chez vos parents?», 20% de jeunes répondent: «Par confort», et un sur trois: «Pour raisons économiques». Pourquoi partir? «La soupe est bonne, le frigo° est toujours plein et je fais ce que je veux», dit Claude, 27 ans, cuisinier. «Pourquoi irais-je habiter seul misérable dans une chambre quelque part?»

Tous les squatters d'un genre nouveau ne sont pas si cyniques. «Si je reste», affirme Carole, 26 ans, «c'est parce que je me sens à l'abri.° Seule devant ma télé le soir? Ce serait la déprime!» «J'ai tous les avantages», reconnaît Valérie, 25 ans, «en particulier celui de n'avoir à penser à rien. Mais je sais que mes parents en sont heureux. Je suis fille unique. Leur angoisse serait de me voir partir.»

En plus, il y a tous ceux—très nombreux—à qui cette confortable situation permet de se consacrer à leur carrière. José Ferré, 32 ans, rédacteur en chef du magazine *Rock,* partage un appartement avec sa mère. «Si cela étonne encore quelqu'un, on ne vient pas me le dire». Plus personne, d'ailleurs, ne fait des commentaires sur ces grands enfants qui jouent à l'indépendance.

Adapté d'un article de
Roselyne Bosch dans *L'Express*

frigo: "fridge"

à l'abri: sheltered

Mise au point

A. Dans la dernière phrase de l'extrait, «Plus personne, d'ailleurs, ne fait des commentaires sur ces grands enfants qui jouent à l'indépendance», quelle est l'opinion de l'auteur vis-à-vis des jeunes?

B. D'après le contexte de l'extrait, quel est le sens des mots en caractères gras dans les phrases suivantes?

1. «Seule devant ma télé le soir? Ce serait **la déprime!**»
2. «La soupe est bonne, le frigo est toujours plein et je fais ce que je veux», dit Claude, 27 ans, **cuisinier.**
3. «J'ai tous les avantages», **reconnaît** Valérie, 25 ans.
4. «Mais je sais que mes parents en sont heureux. Je suis **fille unique.** Leur **angoisse** serait de me voir partir.»
5. En plus, il y a tous ceux— très nombreux— à qui cette confortable situation permet de **se consacrer à** leur **carrière.**
6. José Ferré, 32 ans, **rédacteur en chef** du magazine *Rock,* **partage** un appartement avec sa mère.
7. «Si cela **étonne** encore quelqu'un, on ne vient pas me le dire.»

LECTURE 3

Mise en train

A. Quel rôle le téléphone joue-t-il dans votre vie? L'employez-vous au lieu d'écrire des lettres? Payez-vous vos propres factures?

1. Est-ce vous qui payez la communication quand vous téléphonez à vos parents, ou téléphonez-vous en P.C.V. *(collect)?*
2. En été, communiquez-vous avec vos camarades de l'université? Comment? Par lettre? Par téléphone?

B. Recevez-vous régulièrement des factures? De quelles sortes? Les payez-vous dès que vous les recevez? Pourquoi?

Les «Petits» Détails

Vous avez vis-à-vis du téléphone une attitude élémentaire: il vous est aussi nécessaire que l'oxygène de l'air. Mais comme vous n'avez rien à dépenser «chez nous» pour l'utiliser, impossible de vous faire admettre qu'il y ait le moindre rapport entre son usage à domicile et le mangeur
5 de pièces° dans les cabines publiques. Quand vous nous appelez de l'extérieur, vous parlez bref, délivrez votre message sans aucune considération

°coins

sur votre santé ou la nôtre. Si nous hasardons une question ou demandons des renseignements supplémentaires, vous nous coupez d'un: «Bon, salut, j'ai plus de pièces, ça va couper.» A la maison, en revanche, vous êtes une source de paroles sans fin. (10)

L'été est d'ailleurs une saison dangereuse. Les petites amies sont parties chez leur grand-mère en province. Et comme il n'est plus imaginable, pour les gens de votre génération, de communiquer par lettre, c'est trop long à composer, vous passez votre vie au téléphone.

(15) Même en d'autres saisons, certaines factures° se révèlent inexplicables. En plein mois de novembre, voici que leur montant° double. Les adultes s'interrogent, écrivent une lettre de réclamation, jusqu'au jour où l'on apprend que la ravissante jeune fille/le somptueux jeune homme rencontrés sur la plage l'été dernier habitent Dijon, Nantes ou Birmingham.

factures: bills
montant: sum total

(20) Vous-mêmes êtes extrêmement choqués, quand vous vous installez dans votre appartement personnel, d'avoir à régler des factures tous les deux mois. En général, vous ne les payez pas, et l'on vous coupe le téléphone ou l'électricité. Face à une telle catastrophe, votre premier réflexe: téléphoner! A Papa et Maman, pour leur expliquer à quel point il est injuste de faire une chose pareille à leur petite fille/petit garçon. (25)

C. Collange, *Moi, ta mère*

Mise au point

A. Vous devez choisir **un seul mot** pour donner le thème du texte «Les 'Petits' Détails». Quel mot choisissez-vous? Justifiez votre choix. Est-ce que ce problème est particulier à la France?

B. De qui ou de quoi l'auteur parle-t-elle en employant les expressions suivantes?

1. le mangeur de pièces
2. de l'extérieur
3. ça va couper
4. une source de paroles sans fin
5. certaines factures
6. votre premier réflexe
7. une chose pareille

C. Répondez brièvement aux questions suivantes.

1. Pourquoi les jeunes n'écrivent-ils pas de lettres?
2. Quelles sont les caractéristiques d'un coup de téléphone d'une cabine publique?
3. Pourquoi le montant des factures double-t-il en d'autres saisons?
4. Pourquoi les jeunes continuent-ils à téléphoner à leurs parents, même quand ils ont leur propre appartement?

D. A votre avis, l'auteur a-t-elle le droit de reprocher aux jeunes leur attitude face aux affaires d'argent?

La Vie de famille

LECTURE 4

Mise en train

A. Quel est le sens propre du mot **cocon?** Expliquez l'emploi métaphorique de ce mot par rapport à la vie des humains.

B. Avez-vous l'impression que la famille est en train d'évoluer dans votre propre société? Expliquez les éléments qui séparent ou rapprochent votre notion de la famille et les idées de vos parents.

C. A votre avis, est-ce que la famille ressemble plutôt à: (1) une aventure? (2) une petite île? (3) un refuge? (4) un lieu privilégié? Expliquez votre réponse.

Le Jeu des quatre familles

Les attitudes et comportements des parents vis-à-vis de leurs enfants ne sont évidemment pas uniformes dans l'ensemble de la société française. Une étude a permis de distinguer quatre types principaux de familles. Chacune d'elles a des caractéristiques, des modes de vie, des attitudes face à
5 l'éducation et un système de valeurs spécifiques:

La Famille cocon (33% des familles en 1988)

Une cellule familiale dans laquelle chacun a un rôle à jouer pour parvenir à la réalisation d'un projet commun. Les relations sociales sont basées sur la solidarité et la générosité envers autrui.° Le but de l'éducation est d'aider les
10 enfants à avoir plus tard une vie harmonieuse autour d'une famille unie. Ses valeurs essentielles sont la morale, la sécurité, l'égalité et l'ordre. Sa vocation est de constituer un refuge par rapport aux agressions et aux dangers extérieurs de toutes natures.

autrui: others

La Famille ouverte (16% des familles)

15 Un îlot de paix, un territoire d'autonomie dans lequel la responsabilité de chacun est limitée. S'adapter aux circonstances de la vie implique de remettre en cause° ses propres convictions. L'enfant bénéficie d'un espace de

remettre en cause: to question

liberté, afin de faire ses propres expériences, mais il est soutenu à chaque instant par les parents. Les valeurs essentielles sont l'égalité et le plaisir.

20 **La Famille traditionnelle** (25% des familles)

La famille est vécue comme le lieu privilégié de la transmission des valeurs auxquelles adhèrent les parents. L'aptitude de l'enfant à s'intégrer dans la société est prioritaire par rapport à ses capacités d'initiative personnelle. Les valeurs essentielles sont la morale, la sécurité, le réalisme, l'ordre. Elles sont 25 proches de celles de la famille cocon, mais concernent plus une vision globale de la société que le simple cadre de vie familial.

La Famille Disneyland (26% des familles)

Elle constitue un moyen de construire quelque chose et de vivre ensemble une expérience dans le respect de la personnalité de chacun des membres de 30 la famille. S'il veut s'épanouir° au sein de la collectivité, chaque individu doit se prendre en charge. Le postulat de base est que l'enfant est un être mûr et raisonnable, capable de faire un bon usage de l'autonomie qui lui est accordée. Ses valeurs essentielles sont le réalisme et, comme la famille ouverte, l'égalité et le plaisir.

s'épanouir: to blossom

Institut de l'enfant/Gérard Mermet, *Francoscopie*

Mise au point

A. Parmi les quatre familles décrites ci-dessus, lesquelles semblent modernes et plutôt libérales? Justifiez votre réponse.

B. Choisissez une des quatre catégories de familles et faites, sous forme de dialogue, la description d'une journée typique dans la vie de cette famille.

LECTURE 5

Mise en train

A. Quitter le milieu familial pendant une année entière donne à l'étudiant l'occasion de réfléchir à sa famille et de mettre au point ses rapports avec elle. Imaginez que vous étudiez actuellement dans une université étrangère. Vous apprenez dans une lettre (ou par un appel téléphonique) que votre père ou votre mère souffre d'une maladie imprévue. Vous êtes déconcerté(e). Que pensez-vous? Quelles réactions peut-on avoir devant une situation où la personne qui a toujours fait figure d'autorité dans sa vie se montre soudain vulnérable?

B. Que représente, pour beaucoup d'étudiants en Amérique, le départ pour la vie universitaire? En quoi cette nouvelle étape dans la vie peut-elle être considérée comme un rite de passage?

La Famille nucléaire

De l'autre côté de l'Océan, à Paris, mon père n'allait pas bien. Il craignait pour la vie de son fils aîné, mon frère, qui faisait la guerre en Algérie. Il n'en dormait pas. Il étouffait.° Des chaleurs subites l'assaillaient de toute part. Chaque soir, ma mère entourait sa poitrine° d'un grand 5 drap° qu'elle avait rafraîchi en l'enfermant, plié, dans le réfrigérateur. Elle appelait ça «faire des enveloppements». Si le courrier n'avait pas apporté, une fois au moins dans la semaine, des nouvelles rassurantes du sous-lieutenant, il fallait alors procéder à deux séances quotidiennes d'«enveloppements», une le matin et une le soir.

10 J'appris tout cela par une lettre de ma mère. Il ne m'était jamais apparu que mon père, cette grande silhouette de juge aux cheveux blancs et aux yeux gris-bleu derrière ses lunettes d'écaille, pourrait autant se tourmenter pour l'un de ses enfants. Nous l'avions toujours connu sévère et rassurant,

was choking
chest
sheet

droit comme un peuplier,° la voix égale, le geste sobre. Quand nous étions gamins, il suffisait qu'il apparût au bout du couloir où chahutaient° ses quatre fils pour que le silence se fît. Il n'avait pas besoin de crier, menacer ou sévir,° sa seule présence était une force devant quoi on ne pouvait que se plier. Nous le craignions, le respections, l'adorions, nous inventions à son propos des surnoms irrévérencieux, à la façon de lycéens qui tremblent devant celui qui gouverne leur établissement. Je n'arrivais pas à imaginer mon père, étouffant d'anxiété, dorloté° par sa femme qui n'avait trouvé comme autre solution à ce phénomène imprévisible, qu'un remède de paysans.

C'était déconcertant. Il était donc aussi sensible et fragile qu'un enfant, aussi émotif que je pouvais l'être! Quelque chose vacilla, et pour la première fois j'envisageai que l'idée qui me faisait horreur—le retour au pays—pourrait ressembler à une sorte de devoir. Devrais-je rentrer pour aider mon père? Malgré la tendresse accrue° que je ressentais pour lui, cette perspective ne m'enchantait pas, et je la rejetais.

Il se développe, chez ceux qui sont partis jeunes pour un voyage lointain, une forme de durcissement de cet égoïsme qui repose en chacun d'entre nous. On est seul au milieu de l'inconnu. On se fabrique des priorités, on dresse des plans, on apprend à survivre. On combat la solitude à coup de défis et de conquêtes. Tout ce qui peut entraver° le déroulement du voyage est, dès lors, perçu comme une menace. J'avais mes plans, désormais.° Je ne voulais pas rentrer à la maison, mais rester au moins une année de plus sur le campus. Je voulais aussi transformer Elizabeth, la guérir° par la vertu de mon amour, et faire en sorte qu'elle redevienne l'impeccable jeune fille qui avait marqué notre première rencontre. Peut-être, alors, m'aimerait-elle également et pourrions-nous vivre ensemble une année universitaire complète avec ses rendez-vous et ses rites, comme n'importe quel couple d'authentiques étudiants, une année lumineuse, riche en événements heureux.

Je repensais à mon père et aux lectures qu'il nous faisait, le soir, après le repas, quand nous étions enfants et que la télévision n'existait pas. Il avait pour habitude de nous lire, régulièrement, un des livres qui avaient enchanté sa propre enfance. Un de mes préférés avait été *Les trois mousquetaires,* et je m'étais toujours souvenu du beau conseil que le père de d'Artagnan prodigue au jeune homme lorsque celui-ci va partir: «Ne craignez pas les occasions et cherchez les aventures.» Je souhaitais d'autres occasions, j'aspirais à d'autres aventures.

Mon appétit d'Amérique n'était pas satisfait, ma curiosité croissait° avec le temps. Je n'avais pas encore assez reçu de ce pays, de ses villes, ses Etats, ses routes, ses surprises, ses paysages et ses rencontres. Je commençais seulement à en saisir l'ampleur, la férocité et la poésie, il m'importait d'en savoir plus. Dans mes nuits, revenaient de plus en plus fréquemment le mauvais rêve du bateau du retour et cette phrase que me répétaient des inconnus vêtus de noir qui m'attendaient, debout comme une rangée de pingouins sur le quai du Havre, et qui me disaient en ricanant:° «Tu as manqué quelque chose, tu as manqué quelque chose.» Je ne voulais rien rater. Je

- poplar
- were being rowdy
- act severely
- pampered
- increased
- block
- henceforth
- to cure
- was increasing
- sneeringly

pressentais que m'attendaient mille découvertes sur ce territoire à peine
60 entamé.° — entered into

Ainsi, soutenu par mes rêves les plus affreux (le bateau du retour) comme les plus romantiques (la guérison d'Elizabeth), je refusais d'un bloc les frayeurs° de mon père, la dangereuse épreuve que vivait mon frère et qu'allaient bientôt connaître mes anciens camarades de lycée—ce conflit incom-
65 préhensible et distant qui ne me concernait pas. Ce n'était pas mon affaire. Ce n'était pas mon destin. Je ne voulais plus rentrer à la maison. J'avais mes plans.

fears

Philippe Labro, *L'Etudiant étranger*

Mise au point

A. Pour chacun des sept paragraphes de cet extrait du roman autobiographique de Philippe Labro, trouvez un sous-titre qui résume bien son contenu.

B. Faites, en quelques lignes, le résumé des deux portraits du père selon les descriptions du texte.

C. Est-il justifiable de dire que l'étudiant dont parle le texte est égoïste? Quel est le sens du terme? Le comportement du jeune homme semble-t-il plutôt adolescent ou adulte? Expliquez votre jugement.

D. A quelle décision aboutit l'étudiant devant les difficultés qui se présentent dans sa vie? Etes-vous d'accord avec son point de vue? Pourquoi?

Les Finances

LECTURE 6

Mise en train

Les termes financiers sont souvent faciles à comprendre. Trouvez dans la liste suivante une expression équivalente pour chacun des termes en caractères gras.

sans argent
sans les fonds nécessaires
demander de l'argent à (quelqu'un)

envoyer de l'argent à la banque pour garantir un chèque
donner de l'argent à (quelqu'un)
une somme accordée à (quelqu'un)
responsabilités financières

1. Le gouvernement offre des **subventions** aux familles indigentes.
2. Je suis **fauché;** je dois **emprunter** de l'argent à mes parents.
3. La banque m'a téléphoné pour me dire qu'on avait reçu un de mes chèques et qu'il était **sans provision.** Mes parents ont refusé de le **couvrir.**
4. J'ai **prêté** cent francs à mon copain et il ne me les a pas encore rendus.
5. Il a trop de dettes et ne peut plus assumer ses **engagements.**

L'Education financière

Votre situation financière devient particulièrement difficile. Ne pouvant plus assumer seuls vos engagements, vous nous faites part de vos dettes, de vos emprunts, et demandez alors des subventions. Ces subventions sont toujours provisoires quand vous les sollicitez, définitives quand 5 vous les avez obtenues. Pour ne pas vous voir sortir de la maison entre deux gendarmes, nous couvrons.

Contrairement à vous, nous avons horreur du chèque sans provision, il nous fait peur. Nous ne plaisantons pas avec les banques, parce que nous

savons depuis longtemps que les banquiers n'ont pas du tout le sens de l'hu-
10 mour et qu'ils sont sans pitié. Certes, ils ont de l'argent, mais ils n'ont pas l'habitude de le distribuer aux jeunes fauchés. Parfois, ils ne se fâchent pas la première fois, mais leur bonne humeur ne dure jamais longtemps. Ils finissent toujours par réclamer leur argent. A qui? A vous d'abord, à nous ensuite. Quand nous avons le même domicile et le même numéro de
15 téléphone, ils arrivent toujours à nous trouver. Ils ont raison d'ailleurs, ils veulent leurs sous, et la plupart du temps les récupèrent.

Dans ces conditions, pourquoi tant de parents admettent-ils ce chantage° au compte en banque? Parce qu'ils n'ont pas le choix. Depuis la fameuse majorité à 18 ans, il suffit de quelques centaines de francs pour obtenir un
20 carnet de chèques, si vous prenez la précaution de vous adresser au même établissement que Papa ou Maman. L'opération est d'une simplicité... enfantine.

° blackmail

Jusqu'au jour où nous nous fâchons pour de bon.

C. Collange, *Moi, ta mère*

Mise au point

A. Trouvez dans le texte sur l'éducation financière les mots qui traitent de l'argent. Faites-en une liste.

B. Faites votre auto-portrait et décrivez votre attitude vis-à-vis de l'argent en formant des phrases contenant les mots à connotation financière de l'exercice A. Ressemblez-vous beaucoup aux jeunes Français?

C. Que veulent dire les mots en caractères gras dans les phrases suivantes? Donnez un synonyme français ou expliquez l'expression en français.

1. Depuis la fameuse **majorité** à 18 ans, **il suffit** de quelques **centaines** de francs pour obtenir un **carnet de chèques,** si vous prenez la précaution de **vous adresser** au même établissement que Papa ou Maman.
2. Nous ne **plaisantons** pas avec les banques, parce que nous savons depuis longtemps que les banquiers n'ont pas du tout le sens de l'humour et qu'ils sont sans pitié.
3. Ils ont raison d'ailleurs, ils veulent leurs **sous,** et la plupart du temps les **récupèrent.**

D. Quelle est la différence entre les mots **humour** et **humeur** que vous trouvez dans les phrases suivantes?

1. Les banquiers n'ont pas du tout le sens de **l'humour.**
2. Leur bonne **humeur** ne dure jamais longtemps.

E. Quel est le sens de la dernière phrase de cet extrait: «Jusqu'au jour où nous nous fâchons pour de bon»?

LECTURE 7

Mise en train

A. Nommez quelques emplois à temps partiel exercés par les étudiants américains.

B. Par quels moyens les étudiants peuvent-ils se trouver un emploi?

Un Job: La Solution idéale?

Le système américain des étudiants/travailleurs est idéal pour assurer la transition entre la dépendance totale et l'autonomie complète. Gardiennes de bébés, garagistes d'occasion,° livreurs de fleurs, employés du mois d'août dans les compagnies et les banques désertées par leurs em-
5 ployés habituels, garçons de bureau, moniteurs/-trices de colonies de vacances,° enquêteurs/-trices, vendeurs/-euses dans les Grands Magasins au moment des fêtes de fin d'année, la liste est longue des jobs possibles. Possibles, mais trouvables?

part-time

summer camps

Non seulement il n'est pas évident de vous mettre au travail, mais il est
10 presque utopique de vous trouver du travail. Je dis bien «vous trouver», car, bien souvent, c'est nous qui sommes chargés de vous en trouver chez nos amis et relations. Vous abandonnez tout espoir au bout de deux ou trois déceptions. Quand les enfants renoncent, les parents cherchent. Il vous arrive parfois de gagner vraiment quelques sous parce qu'un copain marie sa sœur
15 et que vous servez de chauffeur à la mariée, que la tante de la voisine vous engage pour deux semaines dans sa parfumerie ou que vous surveillez° les candidats au bac—mais, comparés à votre mode de vie, ces gains ne représentent qu'une goutte d'eau dans l'océan. En fait, ce n'est que bien plus tard, pour votre bien et non pour le nôtre que nous nous déciderons à appli-
20 quer les bons principes de responsabilité et de participation à l'éducation

monitor

proven

financière des enfants. Mais ces principes n'ont pas encore fait la preuve° de leur efficacité.

C. Collange, *Moi, ta mère*

Mise au point

A. Est-ce qu'un job est, en effet, la solution idéale à la situation financière des jeunes Français? Pourquoi?

B. Quels sont les jobs à temps partiel qui sont mentionnés dans le texte?

C. Pourquoi l'auteur a-t-elle dit qu'«il est presque utopique de **vous trouver** du travail»?

D. A votre avis, quels sont «les bons principes de responsabilité et de participation» du point de vue de l'éducation des enfants?

Expansions

A. Parlez de la vie familiale typique aux Etats-Unis. Quels en sont les avantages, les problèmes? Se dispute-t-on souvent avec ses parents? Quels sont les sujets de controverse les plus fréquents entre parents et enfants?

B. Faites le portrait de votre éducation—vos rapports avec vos parents, les valeurs qu'ils attribuent à l'argent, au travail, à la responsabilité, etc. Vos valeurs sont-elles à peu près les mêmes que celles de vos parents? Vos valeurs ont-elles évolué? Expliquez pourquoi.

GAMMES

C'EST DEUX FOIS MIEUX !

Pour mieux vous servir GAMMES, après son déménagement 4, rue cité Benoît, vous offre un deuxième vidéoclub 21 boulevard Pasteur. Tél. 67.72.99.29 ouvert du lundi au samedi de 10h à 12h 30 et de 14h à 20h.
Les qualités qui font la marque GAMMES vous les retrouverez dans ce nouveau magasin :

- l'accueil personnalisé et chaleureux,
- le conseil adapté à chacun,
- les différentes formules d'Abonnement cartes noires, bleues, vertes et maintenant tickets chics.
- le choix que seul peut vous proposer une chaîne nationale de magasins,
- le service assuré par un professionnel fou de cinéma et d'images : Pascal.

Bien entendu la Carte GAMMES est valable dans nos deux magasins montpelliérains comme dans les 22 vidéoclubs GAMMES en France

21, BD PASTEUR
MONTPELLIER.
67.72.99.29
4, RUE CITE BENOIT
MONTPELLIER.
67.64.36.27

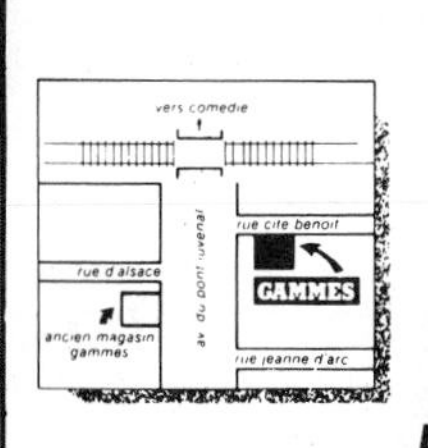

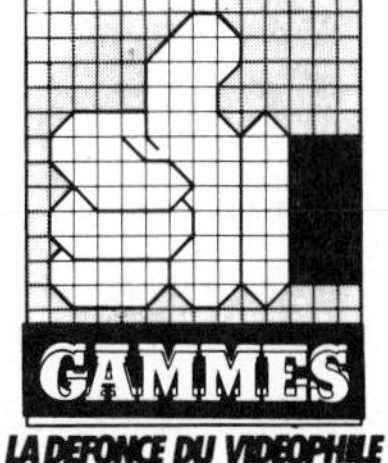

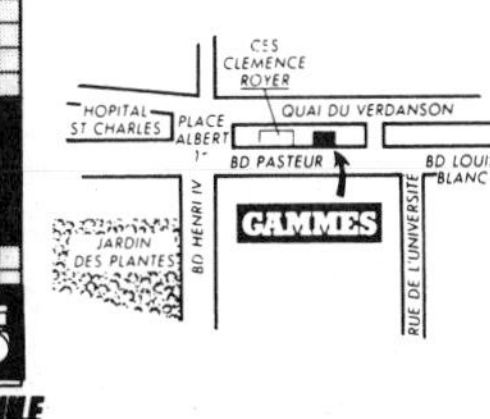

Combien de vidéoclubs GAMMES y a-t-il à Montpellier?

Quel est le sens des mots *abonnement* et *gratuit?*

Chapitre 4

L'Audiovisuel

La Télé

LECTURE 1

Mise en train

A. Quel rôle joue la télévision dans votre vie quotidienne? Quand et pourquoi la regardez-vous? Est-ce que la majorité des gens en font le même usage que vous?

B. Le mot **paysage** peut vouloir dire «panorama». Que veut dire alors l'expression **paysage audiovisuel français?**

C. Dans l'article qui suit, on parle de trois espèces de télévision: (a) la télé «passion», (b) la télé «tapisserie» et (c) la télé «bouche trou». Dites si les expressions suivantes sont l'équivalent de a, b ou c.

1. qui reste secondaire, comme le décor des murs d'une pièce
2. qui remplit un vide
3. qui se regarde à la suite d'une décision informée

Entretien avec un spécialiste des médias

Universitaire, spécialiste des médias, François Mariet a publié un livre (Laissez-les regarder la télé. Le nouvel esprit télévisuel) qui a fait couler beaucoup d'encre. Thierry Lancien a recueilli quelques propos de Mariet au cours d'un entretien consacré au paysage audiovisuel français. Les
5 voici.

Vous décrivez dans votre livre trois types de pratiques télévisuelles: la «télé passion» qui relève d'un choix positif, la «télé tapisserie» qui permet de faire autre chose tout en regardant la télé et la «télé bouche trou» qui est un simple remède à l'ennui. Le développement du câble et l'usage plus répandu° (widespread)
10 *du magnétoscope° (VCR) ne vont-ils pas transformer ces pratiques?*

Il y aura un accroissement de la télévision «passion» puisqu'on aura plus de possibilités de choix. La télévision «tapisserie» se généralisera grâce aux chaînes thématiques à programmations atomisées,° (specialized) du genre CNN, MTV ou ESPN. Quant à° (as for) la télé «bouche trou», elle aura toujours ses spectateurs, no-
15 tamment ceux des milieux socioculturels les plus défavorisés qui la regardent parce qu'ils n'ont pas autre chose à faire. La consommation de la télé «bouche trou» ne pourrait être vraiment réduite que par une offre d'activités

La télé a une influence sur l'organisation de la vie domestique.

sociales et culturelles plus riche. Les progrès apportés par le câble et le magnétoscope risquent en fait de reproduire les inégalités actuelles.

contents

20 *A côté des caractéristiques technologiques, il y a les contenus° dont vous dites qu'ils sont sans importance.*

Je veux dire que les analyses de la télévision sont trop centrées sur les contenus et que du même coup on néglige le fait que la télévision transforme les modes de vie autrement que par ces contenus. Par exemple, elle a une 25 influence sur l'organisation de la vie domestique, la perception de l'espace, etc. Je préfère donc qu'on s'intéresse à la manière de voir plutôt qu'à ce qui est vu.

in this respect

A cet égard,° le mode de rapport à la télévision des adolescents qui est celui de la télé «tapisserie» semble vous intéresser particulièrement.

30 Je crois qu'il y a d'abord un problème de génération. Ces enfants sont nés avec d'autres médias que les nôtres et cela est essentiel car une génération est plus marquée par ses médias que par ses thèmes (années 50: génération presse, *Combat, France Soir;* années 60: génération transistor; années 70: génération télé publique; années 80: génération télé commerciale et FM). 35 Les téléspectateurs de la «télé tapisserie» sont en fait des privilégiés de la communication qui ont acquis des compétences particulières. Ils peuvent faire preuve° d'irrespect et de distance vis-à-vis de la télévision parce qu'ils en

to demonstrate

connaissent les codes, parce qu'ils savent par exemple que la télé est un genre à formes fixes. De la même façon qu'il y a une prévisibilité du sonnet, 40 on pourrait dire qu'il y a une prévisibilité du segment de série télévisée. On aurait d'ailleurs intérêt à rapprocher l'étude de la télé de celle des formes littéraires plutôt que de celles des contenus.

Vous déplorez dans votre livre qu'il y ait trop peu d'études sur la télévision. Selon vous, à quoi cela tient-il? A des problèmes financiers? A un 45 problème plus général d'attitude des intellectuels vis-à-vis de la télévision?

Il y a d'abord le problème financier. La télévision est le premier média à avoir une telle importance économique (un budget de dix millions pour une campagne publicitaire à la TV est par exemple tout à fait banal). Il en résulte que certaines données utiles aux chercheurs sont en fait gardées secrètes. 50 Mais il y a aussi un problème de statut de la télévision chez les intellectuels français. Les débats qui ont entouré mon livre sont à cet égard symptomatiques.

Extraits d'un article de Thierry Lancien dans *Le Français dans le monde*

Mise au point

A. Etablissez une liste d'émissions de télévision qui correspondent à chacun des trois types décrits par François Mariet. Comparez vos choix avec ceux de vos voisins de classe.

B. On dit que la télévision a la capacité de changer l'organisation de la vie domestique en France. Etes-vous d'accord en ce qui concerne votre propre société? Expliquez votre réponse.

C. Si la télévision est «un genre à formes fixes», comme le sonnet en littérature, quelles sont certaines de ces «formes fixes»?

D. François Mariet déplore le fait qu'il y a trop peu d'études sur le phénomène de la télévision. Quelles sortes d'études peuvent nous aider à mieux comprendre son influence?

LECTURE 2

Mise en train

A. Comment voyez-vous la télévision du futur, c'est-à-dire, de l'an 2010? Quel rôle va-t-elle jouer dans la vie quotidienne? Comment serat-elle?

B. Voici un petit lexique de la télévision. Quel mot anglais à droite est l'équivalent du mot français à gauche?

_____ 1. un téléviseur	a. a screen
_____ 2. une commande électronique	b. a receiver
_____ 3. un récepteur	c. a set
_____ 4. un écran	d. a remote control
_____ 5. un poste	e. a television set
_____ 6. un poste portatif	f. a television
_____ 7. une télévision	g. a portable set

La Télévision du futur

(article publié en 1967)

Par un beau dimanche du printemps 1980, M. Durand s'éveille de bonne heure. Il étend le bras et, d'un geste machinal, actionne une commande électronique qui met sa télévision en marche. Plus précisément un des récepteurs TV de la maison, celui qui pend° au mur d'en face dans un cadre entre une reproduction de Dufy et une autre de Renoir.

hangs

Dans son salon, pour impressionner les amis, M. Durand possède bien entendu le téléviseur dernier cri,° qui projette en couleurs les matches de football ou de rugby sur un écran de 7 mètres sur 3, format cinémascope et son stéréophonique...

last word

Sans compter le téléviseur-cuisine de Mme Durand, les postes portatifs que les enfants n'oublient jamais d'emporter en week-end. Ni même le dernier gadget: ce poste monocle qui se fixe sur le front° à la manière d'une visière. Mais M. Durand n'aime pas ce joujou, beaucoup trop dangereux, même lorsqu'on garde un œil sur la route en circulant à scooter...

forehead

M. Durand s'amuse. Par la commande électronique il «prend» successivement une partie de baseball à Boston, une pêche sous-marine à Tahiti, un festival Mozart à Salzburg, un défilé° de jonques chinoises, le carnaval de Rio, une corrida espagnole et le Challenge-Round de la Coupe Davis en Australie. Le monde lui paraît étroit.

parade

Jean-Guy Moreau, *Le Règne de la télévision*

Mise au point

A. Dans cet article du *Monde,* écrit il y a plus de 20 ans, on parle d'innovations dans le domaine de la télévision qui devaient se réaliser vers l'année 1980. Lesquelles de ces innovations existent aujourd'hui? Lesquelles n'existent pas (encore)?

B. Nommez les sept sortes d'émissions que M. Durand regarde à la télévision.

C. Expliquez les expressions et les mots suivants, tirés de l'extrait que vous venez de lire.

1. un poste monocle
2. un joujou
3. le son stéréophonique
4. actionner
5. étroit
6. «prendre» une émission
7. mettre en marche
8. projeter en couleurs
9. un écran de 7 mètres sur 3
10. un cadre

LECTURE 3

Mise en train

A. Qu'est-ce qu'un **téléfilm?**

B. Comment votre vision du monde est-elle actuellement conditionnée par la télévision? La télévision est-elle, pour vous, une aide ou un inconvénient dans ce contexte?

C. Comment la vie politique de votre pays a-t-elle été influencée par la télévision? Donnez des exemples précis pour appuyer votre réponse.

Le Monde est-il un téléfilm?

voire: and even

A l'évidence, la télévision influence désormais notre vision du monde, voire° notre conception de l'Histoire. En quelques années, grâce au prodigieux développement des satellites et des équipements audio-visuels légers, elle a aboli les distances et le temps: chaque soir, dans son
5 salon, le téléspectateur, européen, américain, japonais, est branché en direct

L'image s'impose comme le véhicule naturel de la culture.

sur la planète et se voit doté,° par écran interposé, d'un prodigieux don° d'ubiquité.

endowed / gift

Aux Etats-Unis, Dan Rather, célèbre présentateur de «CBS News», le résume en un slogan éloquent: «Le monde devient de plus en plus petit, le monde devient de plus en plus proche.» Nous habitons tous dorénavant° un «village global», comme le prophétisait Marshall McLuhan, dans lequel chaque citoyen peut communiquer à la vitesse de la lumière et communier avec les autres terriens au même spectacle de l'actualité.

from now on

En France, la pratique de cette grand-messe° audiovisuelle ne cesse d'augmenter. Selon une récente enquête du ministère de la Culture («Les Pratiques culturelles des Français», La Découverte), nous consommons en moyenne trois heures de télévision par jour, soit, depuis 1981, une augmentation de 25%, due essentiellement à la multiplication des chaînes et à l'arrivée des «générations télé»: la majorité des moins de 30 ans connaissent le petit écran depuis leur naissance. Pour eux, l'image s'impose comme le véhicule naturel de la culture et surpasse souvent l'écrit. Leur planète est un village, leur livre, la télé.

Mais de quelle culture s'agit-il? De par sa nature, la télévision tend à privilégier la forme sur le fond° et à considérer le monde tel un gigantesque spectacle permanent. Une tendance d'autant plus affirmée qu'elle résulte directement de la contrainte commerciale et de la course à l'audience. Aux Etats-Unis, on voit se développer un genre trouble et nouveau: l'actualité° scénarisée, qui mélange complaisamment° réalité et fiction. Ainsi, sur les stations affiliées au réseau CBS, chaque soir, après le journal, l'émission «A Current Affair» propose des reconstitutions de faits divers,° viols et crimes sanglants de préférence, mêlant vrais témoins et comédiens. Cette émission de «trash-TV» (télé-poubelle), équivalent audiovisuel de la presse à scandale, a déjà des concurrentes° sur les autres réseaux généralistes. Et on ne compte plus les «reportages scénarisés» ni, bien sûr, les innombrables «images chocs», qui font désormais la matière principale des journaux télévisés.

La France est-elle, elle aussi, prise au piège° de l'image pour l'image? La multiplication des reconstitutions dans les magazines d'actualité, les débats organisés en pugilats et la complaisance croissante dont font preuve certaines chaînes à l'égard des images morbides le laissent penser.

Plus encore: pour nombre d'autres, la logique de la télé à l'américaine déborde° du petit écran. Nous entrerions insensiblement dans une société du spectacle dont les institutions, politiques notamment, seraient de plus en plus soumises à la dictature de l'image... L'audiovisuel français suit-il les Etats-Unis sur la même pente° du spectacle, voire du spectaculaire? Si le visage de la télévision modèle 90 n'est certes pas d'une parfaite netteté,° c'est sans doute parce qu'elle nous renvoie, en fait, une seule et même image: la nôtre.

Adapté d'un article de
Dominique Simonnet dans
L'Express

grand-messe: worship service
fond: content
actualité: news
complaisamment: complacently
faits divers: news items
concurrentes: competitors
piège: trap
déborde: extends beyond
pente: downward path
netteté: clarity

Mise au point

A. Relevez dans le texte les expressions qui appartiennent au vocabulaire de la télévision.

B. La télévision joue deux rôles: elle informe et elle divertit. Selon l'article, dans quelle mesure l'audiovisuel actuel a-t-il cessé de maintenir la séparation entre ces deux fonctions? Citez des exemples tirés du texte aussi bien que de votre expérience personnelle.

C. D'après l'auteur, il y a un genre de télé qu'il appelle «télé à l'américaine». Qu'est-ce qu'il entend par ce terme? De quoi est-ce synonyme, à son avis? Etes-vous d'accord avec lui?

La Radio

LECTURE 4

Mise en train

Voici un petit lexique de la radio avec son équivalent en anglais. Sauriez-vous choisir le sens exact de chaque mot?

_____ 1. l'auditoire	a. advertising
_____ 2. l'information	b. peak listening hours
_____ 3. l'antenne	c. talk show
_____ 4. les heures de grande écoute	d. broadcasting
_____ 5. la programmation	e. news
_____ 6. l'animation	f. programming
_____ 7. une station	g. audience
_____ 8. le programme	h. program
_____ 9. la publicité	i. broadcast time
_____ 10. la diffusion	j. station

Les Stations grandes ondes°

°waves

Elles font partie de ce petit club très fermé des radios «GO». Amies, mais avant tout rivales, elles se surveillent beaucoup: comparent leur auditoire, scrutent leurs indices.

Avec 39% de musique sur une programmation quotidienne (6h à 24h), 5 Radio-Monte-Carlo (RMC) se présente comme la plus *musicale* et la moins *bavarde* des radios. Europe 1, dont le programme musical est inférieur de moitié (20% de l'antenne) joue davantage° sur l'information (20%) et sur l'animation° (31%). Radio-Télévision-Luxembourg (RTL) opte pour un équilibre entre les rubriques:° 28% de musique, 22% d'animation, 17% d'infor- 10 mation, 11% de jeux. C'est elle qui diffuse le plus de publicité: 22% de l'antenne, contre 21% sur Europe 1 et 17% sur RMC. France-Inter, quant à elle, privilégie la parole avec 30% pour l'information et 32% pour l'anima-

°more
°talk shows
°types of programs

tion (invités, magazines, récits...), l'absence de publicité lui permettant de maintenir un pourcentage raisonnable de musique (30%).

15 La surprise, pourtant, vient de la bonne place de la chanson française par rapport à la chanson anglo-saxonne. Dans les trois stations commerciales, sa place est même en augmentation: 60% du programme musical sur RMC, 61% sur Europe 1, 64% sur RTL. A part un regain général pour les chanteurs de l'Hexagone, la raison de ce score étonnant tient beaucoup à la na-
20 ture même de ces radios, forcées de séduire tous les publics et de coller aux succès populaires des artistes français. La place de la chanson anglo-saxonne reste donc largement minoritaire: 28% de la musique sur RTL, 32% sur Europe 1, 38% sur RMC. Encore faut-il observer les horaires de diffusion des différents types de musique pour remarquer que, pendant les heures de
25 grande écoute, la chanson française constitue plus des trois quarts du volume total de musique, la musique américaine ne s'imposant qu'après 18 heures, à la sortie des lycées.

Reste France-Inter et sa structure musicale plus déconcertante. La chanson française y réalise, avec 42% du programme musical, le taux le plus faible
30 des grandes ondes. L'explication réside, en fait, dans ses 26% d'«autres musiques» dans lesquelles se cachent, notamment, le classique, le jazz. On

«J'écoute NRJ, et toi?»

affirme qu'à France-Inter, la musique française représente entre 55% et 60% du programme musical.

Adapté d'un article d'Annick
Cojean dans *Le Monde*

Mise au point

A. Indiquez laquelle des stations de radio (RMC, Europe 1, RTL, France-Inter) offre la programmation la plus importante dans chacune des catégories suivantes.

1. l'animation
2. la musique française
3. l'information
4. la publicité
5. la chanson anglo-saxonne

B. Choisissez la description appropriée pour chacune des stations.

RMC   Europe 1   RTL   France-Inter

1. un équilibre entre la musique, l'animation, l'information et les jeux
2. la plus musicale et la moins bavarde des radios
3. favorisée par l'absence de publicité
4. assez peu de musique, plus d'information et d'animation

LECTURE 5

Mise en train

A. Avez-vous déjà assisté à une manifestation *(demonstration)*? De quelle sorte? Y avez-vous participé?

B. Dans cet article tiré de *Paris Match*, quelle est l'importance du mot **pirate** dans le titre?

Radio pirate des ondes?

En plus des radios périphériques° telles que RMC, Europe 1 et RTL, il existe depuis peu de temps en France des radios «libres», «locales» et même «clandestines». A cause de leur statut, qui reste encore ambigu, elles doivent parfois se défendre contre les menaces de suppression. Voici un bel exemple de fidélité de la part de 200 000 fans dévoués à «leur» radio: NRJ (prononcer «énergie»!).

° périphériques: transmitting from abroad

Parce que leur radio était menacée, les auditeurs d'NRJ n'ont pas hésité à descendre dans les rues. 14h, place du Châtelet, la foule grossit petit à petit, une foule gaie, jeune, spontanée, venue soutenir NRJ en faisant la fête avec pour seule arme des postes de radio branchés sur NRJ et des banderoles sur lesquelles on lit: «NRJ, ON T'AIME.» «LA MUSIQUE AURA TOUJOURS LE DERNIER MOT.» «ON NE PEUT PAS VIVRE SANS NRJ. TOUS POUR LA MUSIQUE.»

14h30, la plus belle traversée de Paris commence, l'Hôtel de Ville, la Bastille, la foule reprend en chœur les indicatifs° de la station, tout le monde chante le slogan d'NRJ, «la plus belle radio». Au cœur de la manifestation, un camion, sur le toit duquel des stars de la chanson se relayent pour participer à la fête, ouvre la marche.

18h, combien sont-ils place de la République? 150 000, 200 000, peu importe, le spectacle est impressionnant. Les responsables d'NRJ peuvent avoir le sourire, en 5 jours, NRJ a créé l'événement° de cette année, à la surprise générale. Oui, ils peuvent être heureux car jamais autant d'auditeurs n'ont fait à une radio une aussi belle déclaration d'amour.

Paris Match

indicatifs: call letters
événement: event

Mise au point

A. Quel est le sens de ces mots tirés de l'article précédent? Expliquez-les en français ou trouvez un synonyme convenable.

1. les auditeurs	6. la traversée
2. soutenir	7. les indicatifs
3. les postes de radio	8. un camion
4. branché	9. les responsables
5. les banderoles	10. la fidélité

B. Quelle est l'importance de cette manifestation pour NRJ?

Le Disque et les clips

LECTURE 6

Mise en train

A. Par quels moyens peut-on écouter de la musique?

B. Achetez-vous vos propres disques, cassettes ou disques compacts ou en faites-vous des copies, même si c'est illégal?

C. D'après le titre, est-ce que le ton de cet article va être plutôt positif ou négatif? A votre avis, de quoi s'agit-il dans l'article?

Disque, disque rage

Les albums ne se vendent plus? Ni les cassettes? On cherche les coupables:° les jeunes, les 12–25 ans traditionnellement acheteurs, sont moins nombreux. Et puis, il y a la crise. Notre budget loisirs a été divisé par huit, nous explique-t-on. En plus, on nous sollicitait de partout: la 5 semaine de sports d'hiver, le magnétoscope, le stage de tennis. Il fallait faire des choix. Ou alors se débrouiller.

Il paraît que certains d'entre nous se sont mis à copier. Inutile de nier.° En 1976, 80% des bandes et cassettes avaient été enregistrées chez les particuliers. Aujourd'hui, ce sont 250 millions de cassettes que nous avons program- 10 mées nous-mêmes.

A qui la faute? Patrick Zelnick, économiste, jeune patron du disque, explique: «La grande erreur des maisons de disques a été de vouloir, quand un artiste marchait, sortir un album tous les deux ans. Résultat: on présentait un ou deux bons titres. Pour le reste, le public était déçu.»

15 Allez reprocher au public de balayer° la bande F.m. plutôt que de courir s'acheter 15 albums. Les radios F.m. les passent en stéréo dans les meilleures conditions d'écoute. Programme pour lequel les producteurs ne touchent pas un centime.

coupables: guilty parties
nier: to deny
balayer: to cover

François Valery, qui fait partie du peu des chanteurs français qui s'en
20 sortent honorablement, reconnaît: «Démarrer il y a dix ans, ce n'était pas trop difficile. Aujourd'hui, à moins d'être exceptionnel, c'est impossible.» Parce que la concurrence est trop vive avec les Américains. Parce que la sortie d'un album coûte de plus en plus cher (de 300 000 à 1 million de francs, le double s'il y a un clip), un chanteur doit décoller du premier coup.° Sinon,
25 adieu.

right away

Peut-on accuser le manque de talents français? «Il y a des périodes creuses,°» constate le président du Syndicat des éditeurs de musique. Et l'on n'est pas aux Etats-Unis, où un chanteur de variétés n'hésite pas, parfois, à passer huit ans à la Juilliard School, la plus grande université de musique du
30 monde.

slack

Pourtant, jamais en France la pratique et la consommation musicales n'ont été plus fortes. Les concerts classiques annoncent «complet». Le chiffre d'affaires du disque compact, enfin, qui double chaque mois, laisse annoncer de nouveaux beaux jours.

Adapté d'un article de Sophie
Décosse dans *L'Express*

Mise au point

A. Choisissez la réponse qui complète les phrases suivantes. Il peut y en avoir plus d'une. Justifiez votre réponse.

1. Les disques et les cassettes ne se vendent plus en grande quantité à cause...
   a. des baisses dans le budget de l'individu.
   b. des copies illégales qu'on en fait.
   c. du changement de goûts musicaux.
   d. du nombre réduit de jeunes consommateurs.
2. Les personnes responsables de cette réduction dans la vente des cassettes et des disques sont...
   a. les jeunes qui en font des copies.
   b. les chanteurs qui ne font pas assez d'enregistrements.
   c. les Américains.
   d. les réalisateurs qui font trop d'albums.
3. On est en train de voir une renaissance d'intérêt pour la musique grâce à...
   a. la popularité des vidéoclips.
   b. l'arrivée du disque compact.
   c. l'augmentation dans la consommation de toutes sortes de musique.
   d. la concurrence avec les Américains.

B. D'après le contexte, choisissez la meilleure traduction pour les mots en caractères gras.

1. Il fallait faire des choix. Ou alors **se débrouiller.**
   a. to manage
   b. resign oneself
2. En 1976, 80% des bandes et cassettes avaient été enregistrées chez **les particuliers.**
   a. certain people
   b. private individuals
3. «La grande erreur des **maisons de disques** a été de vouloir [...] sortir un album tous les deux ans.»
   a. record shops
   b. record producers
4. «Résultat: on présentait un ou deux bons titres. Pour le reste, le publique était **déçu.**»
   a. deceived
   b. disappointed
5. Parce que la sortie d'un album coûte de plus en plus cher, un chanteur doit **décoller** du premier coup. Sinon, adieu.
   a. to become immediately popular
   b. to try hard
6. Peut-on **accuser** le manque de talents français?
   a. to accuse
   b. to blame
7. Pourtant, jamais en France la pratique et la **consommation** musicales n'ont été plus fortes.
   a. consumption
   b. tastes
8. Les concerts classiques annoncent **«complet».**
   a. sold out
   b. complete

LECTURE 7

Mise en train

Que veut dire le mot **vidéoclip?** D'après le titre «La Manie des vidéoclips arrive en France», quelle est la réaction des Français vis-à-vis des vidéoclips?

La Manie des vidéoclips arrive en France

Dans les écoles, à l'usine, dans les bureaux, on ne demande plus «As-tu écouté le dernier disque d'Untel?» mais «As-tu vu le dernier clip de Trucmuche?» Un signe qui ne trompe pas: la France est bel et bien atteinte de clipomanie aiguë.

5 Les réalisateurs se rendent à l'évidence les uns après les autres: le clip augmente le succès des programmes de variétés et ce genre de publicité est donné gratuitement aux chaînes.

Grand manitou° de la musique branchée sur Antenne 2, Patrice Blanc-Francard peut se glorifier d'être le plus important «dealer» de l'Hexagone 10 avec une soixantaine de clips par semaine. Il produit trois émissions spécialisées: «Les enfants du rock», «Platine 45» et, surtout, «Bonsoir les clips», qui distillent tous les soirs en fin de programme leur dose de clips à des millions d'«accros».°

Mais, Marie-France Brière, la très active responsable des variétés sur TF1, 15 vient de passer à la contre-attaque. En poussant sa chaîne concurrente à coproduire des clips et en patronnant le Festival du clip qui démarre à Saint-Tropez. Et pour marquer cet événement, 135 clips auront été diffusés dans la nuit de vendredi à samedi.

Principalement anglo-américain, ce nouvel art inquiète le show-business 20 français. Bien sûr, depuis deux, trois ans, les Français attaquent avec vigueur, mais la disproportion reste encore flagrante: «Je ne reçois qu'une vidéo française pour soixante américaines,» constate avec désespoir Patrice Blanc-Francard.

Et les chanteurs français se pressent, pour la plupart, à suivre cette mode. 25 L'effet «turbo» du clip n'est pourtant pas garanti à 100% du succès. «Son rôle est celui d'un amplificateur», constate Blanc-Francard, «une vidéo ratée peut faire effondrer° les ventes.»

En effet, le clip ressemble plus à la publicité qu'au cinéma. En effet, doit-on considérer le clip comme un simple instrument de promotion ou comme une œuvre artistique à part entière? Il y a des deux, sans aucun 30 doute, et les
maisons de disques commencent à vouloir jouer de cette ambiguïté pour vendre des clips aux chaînes de télévision.

Comme on peut s'en douter, les chaînes ne sont pas très heureuses de payer ce qu'elles ont reçu gratuitement. Le budget d'une émission comme 35 «Bonsoir les clips» en serait doublé et l'existence de l'émission, ainsi remise en question.

Adapté d'un article de Frédéric Lewino dans *Le Point*

manitou: V.I.P.

accros: fans

effondrer: crumble

Mise au point

A. Trouvez une phrase dans le texte qui dit la même chose que le titre de l'article.

B. Savez-vous ce que c'est qu'un clip? Expliquez le phénomène en trouvant une définition de ce nouvel art.

C. Faites une liste de mots qui se rapportent aux vidéoclips.

D. Faites une liste de mots dont on peut se servir pour parler de la télévision.

E. Trouvez dans le texte le mot ou l'expression dont le synonyme se trouve ci-dessous.

1. sans avoir à payer
2. l'obsession des vidéoclips
3. la France
4. environ soixante
5. des admirateurs
6. compétitive
7. qui n'a pas réussi
8. sans espérance
9. diffusée

Expansions

A. Quelles chaînes de télévision regardez-vous le plus souvent? Expliquez pourquoi. Quelle importance la télé a-t-elle dans votre vie? Est-ce que cela a toujours été le cas? En quoi la télévision vous permet-elle d'avoir accès à l'actualité? Le journal télévisé est-il un moyen sûr de connaître les nouvelles? Comment jugez-vous la télévision d'aujourd'hui?

B. La radio, les clips, les disques, les cassettes— comment votre vie a-t-elle été conditionnée par ces médias?

Si le dollar U.S. est à 5 francs, combien coûte un abonnement d'un an en dollars américains? Est-ce que cet abonnement est cher comparé au prix d'abonnement à un magazine américain comme *Time* ou *Newsweek*?

A quoi servent les *coffrets-reliures* que l'on propose aux abonnés?

LE POINT

140, RUE DE RENNES
75006 PARIS. TEL. (16) 45.44.39.00
Abonnements : à Fercourt (Oise), tél. (16) 44.03.31.03

Directeur de la publication :
Jacques Duquesne.

***Le Point*, fondé en 1972, est édité par la Société d'exploitation de l'hebdomadaire *Le Point* - Sebdo. Société anonyme au capital de 980 000 francs 140-140 bis, rue de Rennes, 75006 Paris**

***Durée* : 99 ans à compter du 21 avril 1978**
***Président* : Jacques Duquesne**
Associés principaux* : Cinepar-Sofipoint-*Les Echos

n° de commission paritaire 53 048
n° ISSN 0242-6005

Impression : Edicis, Istra Strasbourg. Massy-Jean Didier, Brodard Graphique, Draeger.
Photocomposition : Publications-Elysées.
Diffusion : N.M.P.P.

Les noms, prénoms et adresses de nos abonnés sont communiqués à nos services internes et aux organismes liés contractuellement avec Le Point *sauf opposition motivée. Dans ce cas, la communication sera limitée au service de l'abonnement. Les informations pourront faire l'objet d'un droit d'accès ou de rectification dans le cadre légal.*

LE POINT contrôle les publicités commerciales avant insertion pour qu'elles soient parfaitement loyales. Il suit les recommandations du Bureau de Vérification de la Publicité.
Si, malgré ces précautions, vous aviez une remarque à faire, vous nous rendriez service en écrivant au BVP BP 4058 - 75362 PARIS CEDEX 08

OJD 1983

BVP

ABONNEMENTS

Pour vous abonner, il vous suffit de nous téléphoner au (16) 44.03.31.03 ou de retourner le bulletin ci-dessous, au *Point*, service des abonnements, 140, rue de Rennes, 75006 Paris.

1 an : 580 F ; 6 mois : 290 F. Pour l'étranger, nous consulter. ***La Belgique bénéficie du tarif France***

Pour conserver vos numéros, nos coffrets-reliures vous seront bien utiles. Nous les tenons à votre disposition. Chaque coffret peut contenir 13 numéros du *Point*.
1 coffret : 45 F ; 2 coffrets : 75 F ; 4 coffrets : 130 F. Franco de port.

BULLETIN D'ABONNEMENT N° 721

NOM : Prénom :

Adresse : Ville :

Code postal :

- souscrit un abonnement au *Point* pour ☐ 1 an : 580 F ; ☐ 6 mois : 290 F.
  Règlement par ☐ chèque joint, à l'ordre du *Point* ; ☐ à réception de la facture.
- désire recevoir coffrets-reliures au prix de
  Règlement par chèque joint, à l'ordre du *Point*.

date : signature :

Chapitre 5

A la page

L'Etat actuel de la presse

LECTURE 1

Mise en train

A. Vous connaissez l'adjectif **quotidien.** Que veut dire **un quotidien** dans le vocabulaire de la presse?

B. Le mot **partie** est un faux ami qui n'a rien à voir avec une fête ou une soirée. Devinez le sens de ce mot dans les phrases suivantes.

1. Il n'y a qu'une petite **partie** des journalistes qui travaillent en province.
2. Ce phénomène est dû **en partie** à la centralisation des médias en France.
3. Les journalistes français désirent **faire partie du** groupe des intellectuels.

C. En lisant très rapidement la Lecture 1, répondez **oui** ou **non** aux idées suivantes.

1. Attitudes des Français sur la presse = Positives
2. Nombre des quotidiens = Augmente
3. *Le Monde* = Pas trop important
4. Presse provinciale = Aussi importante que la presse parisienne
5. Périodiques = Réflections des modes et des goûts

Journaux, hebdomadaires° et périodiques

weeklies

*Directeur de revue, journaliste, professeur et sociologue, Jean-Marie Doemenach fait partie de l'*intelligentsia française. *Voici quelques-unes de ses observations sur les rapports entre ses concitoyens et la presse écrite en France.*

5 Les rapports des Français avec leur presse sont d'ordres conflictuels. Il existe chez les Français un certain mépris à l'égard des° journaux qui remonte très loin. Proudhon disait déjà que le journal était «le cimetière des idées».

in regard to

Cette presse quotidienne a évolué de la manière suivante. Avant la guerre, la presse parisienne était la plus importante et donnait le ton. La coupure de 10 la France en deux pendant l'Occupation a provoqué en partie l'expansion de

la presse quotidienne provinciale. En 1914, il y avait soixante quotidiens à Paris; en 1939, trente; aujourd'hui, il n'en reste plus qu'une dizaine (*Le Figaro, Le Parisien libéré, L'Aurore, L'Humanité, Le Matin, Libération, France-Soir, La Croix,* parmi les plus connus, et évidemment *Le Monde,* le plus prestigieux, fondé en 1944).

La presse provinciale vend à peu près 6 200 000 exemplaires,° alors que Paris en vend plus de trois millions. La différence est très évidente avec la presse américaine où il existe hors de la capitale de grands journaux d'importance nationale. Il n'y en a pas en France. Aucun journal de province, même de qualité comme *Ouest-France* (Rennes), ou *Les Dernières Nouvelles d'Alsace* (Strasbourg) par exemple, n'est vraiment pris en considération à Paris. C'est une expérience que j'ai souvent faite. J'écris régulièrement dans *Ouest-France.* Je peux y écrire tout ce que je veux, personne ne m'en parlera jamais. Par contre, si j'écris cinq lignes dans *Le Monde,* je recevrai aussitôt cinq coups de téléphone. Récemment, parmi mes quarante-cinq étudiants journalistes, cinq seulement acceptaient d'aller en province. Les autres préfèrent être chômeurs° à Paris plutôt que de travailler en province. Il faut aussi les comprendre. La plupart des journaux de province sont aussi stupides que ceux qu'il m'est arrivé de lire en Californie ou au Colorado. Il faut bien admettre que la presse provinciale aux Etats-Unis n'est pas toujours brillante. Presque tous mes étudiants rêvent donc d'entrer au *Monde.* A part *Le Monde,* la presse quotidienne n'a pas de véritable impact dans la vie intellectuelle française.

exemplaires: copies
chômeurs: unemployed

La constellation des hebdomadaires, des périodiques, est aussi considérable: *L'Express, Le Nouvel Observateur* et *Le Point...* Il faudrait aussi mentionner *Le Figaro-Magazine,* qui représente la «nouvelle droite». Je ne vous cite pas les innombrables magazines spécialisés, les illustrés, les magazines fémi-

Un kiosque à Paris.

nins, ou ceux de «la presse du cœur», de la presse «à sensation», de la presse sportive. C'est dans cette constellation que les modes et les changements de goût de la France sont les plus marqués, d'où les créations et les disparitions nombreuses.

Adapté de *Société et culture de la France contemporaine,* édité par G. Santoni

Mise au point

A. Reprenez les idées de l'exercice C à la page 82. Confirmez vos réponses et ajoutez un détail pour les expliquer.

B. Quelle est la différence entre un **journal,** un **hebdomadaire** et un **périodique?**

C. Identifiez les médias suivants comme **journal** ou **hebdomadaire.**

Le Monde	*Le Figaro-Magazine*
L'Express	*Le Matin*
Ouest-France	*Le Figaro*
Le Nouvel Observateur	*France-Soir*

D. Quelle est la différence entre la presse française et la presse américaine vis-à-vis de l'importance des différents journaux?

E. Quelle est l'opinion de l'auteur à l'égard des journaux de province?

L'Eurodisneyland et la presse française

Les trois prochaines lectures de ce chapitre sont extraites d'articles de presse ayant paru dans Le Monde diplomatique, L'Express *et* Le Nouvel Observateur. *Ils vous permettent d'apprécier le traitement donné à un même sujet vu de trois perspectives assez différentes.* Le Monde diplomatique, *publication mensuelle du grand journal parisien* Le Monde, *paraît sous forme de journal spécialisé.* L'Express *est un magazine hebdomadaire qui ressemble par son format et sa fonction à* TIME. Le Nouvel Observateur *paraît, lui aussi, chaque semaine à Paris et, comme* L'Express, *publie une édition internationale qui lui a permis d'attirer une clientèle mondiale.*

LECTURE 2

Mise en train

A. Voici quelques personnages de Disney que vous connaissez bien: Mickey, Donald et son Oncle Pic'sou, Blanche Neige, Pluto, La Belle au bois dormant. Quelles qualités attribuez-vous à chacun de ces personnages? A votre avis, comment sont-ils représentatifs de l'«esprit Disney»? De la culture américaine? Pensez-vous qu'ils s'exportent bien vers d'autres cultures? Expliquez pourquoi.

B. Comment peut-on justifier cette déclaration du Groupe Disney: «Walt Disney était un homme vraiment unique...»

La «culture Disney» à la conquête d'un parc-tremplin° en Europe

stepping-stone

Disneyland est qualifié de «trésor international» et d'«institution mondiale», et l'articulation se fait sans qu'il soit besoin d'expliquer quoi que ce soit: «Disneyland est fondé sur les idéaux, les rêves et les réalités qui ont fait l'Amérique, et il leur est dédié.° Et Disneyland sera capable mieux que quiconque de mettre en scène ces rêves et ces réalités afin de les diffuser comme une source de courage et d'inspiration pour le monde entier.» «Notre défi° est de faire vivre ce rêve, cet esprit de Disneyland, pour les milliards d'hommes qui habitent ce monde.» «Nous avons une responsabilité à l'égard de° deux cent trente millions d'Américains, mais aussi à l'égard de milliards d'hommes à travers le monde» [*The Spirit of Disneyland*, Walt Disney Productions, 1984]. Le vice-président de Walt Disney Enterprises, s'adressant au personnel d'EPCOT Center, est encore plus précis: «Nous de-

dedicated

challenge

toward

vons donner le bon exemple au monde... Ce que nous devons faire dans les années qui viennent, c'est d'abord de transformer notre pays, pour l'améliorer sans cesse. Et, après ça, nous transformerons le monde. C'est un vaste projet. Mais pendant que tous les autres se perdent en vaines paroles, notre groupe accomplira le travail qui comptera pour l'avenir» [R. Beards, *The EPCOT Center: Creating the New World of Tomorrow,* Harry N. Abrams Inc., New York, 1982].

Mais, face à leurs clients et partenaires étrangers, les stratèges du groupe sont parfaitement conscients° que l'image de marque qu'ils ont fabriquée aux Etats-Unis s'exporte mal... Tout le problème consiste à «internationaliser l'esprit de Disney sans l'altérer°» [*Presenting Disney to Europe-France,* Disney University, Anaheim (Californie)]. Quant au produit lui-même, dans son message et son contenu, il est réinterprété en faisant à nouveau appel à la mémoire de Walt Disney. Ses créations ne sont plus américaines, elles sont le produit d'un génie solitaire dont l'œuvre atteint d'emblée° à l'universel: «Walt Disney était un homme vraiment unique, américain mais citoyen du monde, qui savait parler à toute la planète... La magie de ses films a franchi° les côtes américaines, traversé toutes les frontières, effacé toutes les barrières linguistiques et culturelles» [*Eurodisneyland,* Walt Disney Productions, 1986].

Mais ces précautions diplomatiques servent en fait à introduire le véritable concept-clé de la nouvelle image de marque internationale de Disney: l'enrichissement mutuel débouchant sur un nouveau métissage culturel transatlantique. Le discours se rapproche ici des thèmes classiques de la culture Disney, et renoue° implicitement avec la grande tradition messianique de la pensée américaine. Le problème est attaqué de front: «Il est facile de poser la question culturelle d'Eurodisneyland en termes de conflit. Facile et en définitive ni très exact ni très subtil. Car la richesse de toute culture réside dans sa capacité à intégrer des éléments d'origines diverses et à les faire siens° [*Eurodisneyland*].

Dans le grand brassage millénaire et universel des cultures, plus rien n'appartient en propre à aucune nation. Ainsi la culture française «dont le génie particulier a été de réaliser la synthèse entre cultures du Nord et cultures méditerranéennes... » *[Eurodisneyland],* s'est nourrie d'emprunts avant d'être imitée à son tour de par le monde. C'est également le cas de la «culture Disney»: ses contes et son bestiaire symbolique furent empruntés à l'Europe du Nord, qui les tenait de la tradition hellénique, elle-même inspirée des Perses...

La création d'Eurodisneyland et l'avènement° de la culture Disney en Europe marquent donc une étape nouvelle dans ce «melting-pot» culturel planétaire: «il faut penser la rencontre de la culture spécifique créée par Disney avec la culture française et européenne en termes d'enrichissement mutuel, d'apports et de croisements positifs: comme la promesse d'une nouvelle culture dont nous ignorons tout... » *[Eurodisneyland].* Quant à l'avenir, «nul ne peut... prévoir le paysage de la France au début du troisième millénaire, quand Eurodisneyland aura largement commencé à jouer son rôle d'accélérateur socioculturel» *[Eurodisneyland].*

aware — conscients; losing — altérer; right away — d'emblée; went beyond — franchi; takes up again — renoue; one's own — siens; arrival — avènement

Une chose au moins est sûre: à sa façon, le groupe Disney annonce offi-
60 ciellement que l'implantation d'Eurodisneyland devrait être le point de départ d'une transformation en profondeur du marché de la culture en France et en Europe.

Adapté d'un article d'Yves Eudes dans *Le Monde diplomatique*

Mise au point

A. Dans chaque paragraphe de la lecture, trouvez l'idée qui résume le mieux son contenu, puis créez une phrase qui récapitule cette idée.

B. On dit que l'empire Disney a l'intention de «transformer le monde». Certains ont vu dans ce projet une manifestation de l'esprit «messianique» de la pensée américaine. Donnez quelques exemples d'attitudes ou d'activités américaines qui ont pu donner cette impression à la communauté internationale.

C. Il y a, dans cet article, plusieurs allusions au concept-clé de «mélange». Dans les expressions suivantes, expliquez le mot en caractères gras, le contexte dans lequel il est employé et son importance dans le développement des idées de l'article.

1. le **métissage** culturel transatlantique (ligne 34)
2. le grand **brassage** millénaire et universel des cultures (ligne 42)
3. le **«melting-pot»** culturel planétaire (ligne 51)

LECTURE 3

Mise en train

A. Que savez-vous au sujet de Disneyworld et d'EPCOT Center?

B. Imaginez qu'on vous nomme directeur du personnel d'un grand parc Disney en Amérique ou ailleurs, quel comportement, quel «look», quels règlements allez-vous imposer à vos employés?

Disneyland: le grand méchant look

fist

Que cache l'innocent gant blanc de Mickey? Une poigne° d'acier. Avis aux 6 000 futurs collaborateurs, animateurs et employés d'Eurodisneyland: ils devront impérativement avoir le «Disney look». Sinon, c'est la porte.

5 Pour les hommes, ni barbe ni moustache. Cela fait désordre. Pas de cheveux longs, non plus. En aucun cas ils ne doivent atteindre le col de la chemise, couvrir les oreilles ni passer derrière celles-ci. La coiffure afro est admissible, mais de coupe nette et de volume réduit. Les ongles, eux, ne doivent pas dépasser l'extrémité des doigts, et le règlement intérieur précise utilement qu'ils doivent être propres. Il stipule également que, en raison d'activités au contact rapproché d'autres personnes, l'usage d'un déodorant est requis. Une seule bague par main, mais discrète. Etonnante permissivité: la bague peut être portée à n'importe quel doigt!

Les chaussures seront noires, à lacets et à talons,° et portées sur des chaussettes noires. Lunettes de soleil: à éviter le plus possible, car elles constituent «un obstacle à la communication interpersonnelle» avec les «invités»—les visiteurs, en langage Disneyworld.

Pour les femmes, le règlement croit nécessaire de préciser qu'elles doivent porter, en toute circonstance, des sous-vêtements. Les cheveux longs sont permis, à condition d'être «propres et bien peignés». Les barrettes et les filets pour chignons ne sont pas «acceptables». Les rubans dans les cheveux ne doivent pas dépasser 1 centimètre en largeur et 4 en longueur. Ils ne seront en aucun cas considérés comme un ornement, et seule leur fonction de maintenir les cheveux justifiera leur présence. Pour le maquillage, les rouges à joues et à lèvres ont droit de cité,° s'ils sont appliqués avec modération, de même que le Rimmel.° Ni faux cils° ni fard à paupières.° Ni bracelet ni collier. Une boucle d'oreille est convenable, si elle est simple et de bon goût, en or ou en argent, ou en harmonie avec la tenue. Elle ne doit pas excéder 8 millimètres de diamètre (trois quarts de pouce, pour être exact). Chaussures noires, avec talons, mais modestes. Des bas de couleur naturelle seront portés en toute saison.

Bien entendu, les employés de la Walt Disney World Corporation ne doivent être ni trop grands ni trop petits, ni trop gros ni trop maigres. Une fois embauché,° on ne doit ni prendre ni perdre du poids. Bref, être moyen en tout, ne pas sortir de l'ordinaire et rester «bien comme il faut».

Une visite s'imposait aux jeunes Français qui, depuis 1982, ont la possibilité de s'engager, pour un an, au Disneyworld d'Orlando, en Floride. Destination: la «Vitrine du monde» de l'EPCOT Center (Experimental Prototype Community of Tomorrow), où il leur est promis un rôle de «représentant culturel» au pavillon français, voisin de ceux du Canada, de la Chine, de l'Allemagne, de l'Italie, du Japon, du Mexique, du Maroc, de la Norvège, de la Grande-Bretagne et des Etats-Unis. «Parlez plutôt de caissiers culturels! dit tout cru° un étudiant venu ici pour perfectionner sa maîtrise de la langue anglaise. Les clients de Disneyworld sont surtout des Américains bas de gamme.° Nous n'échangeons pas plus de 100 mots avec eux. Toujours les mêmes!» Il est vrai que, pour vendre des tours Eiffel souvenirs à un père de famille du Midwest, il suffit de lui en indiquer le prix.

Le plus pénible à supporter, pour les Français, est la stricte discipline du Disneyworld. Un monde à part. Curieusement, dans ce «royaume magique» où l'imagination et la fantaisie sont à l'origine de tout, le conformisme le

heels
right to be worn
mascara / eyelashes / eye shadow
hired
plainly
lowbrow

plus étriqué° est exigé. «Je ne regrette pas l'expérience, dit Robert. Tout de même, je ne m'attendais pas à un tel enrégimentement.» Ils sont 120 jeunes Français employés à Orlando. Salaire: 110 dollars par semaine. Mais il y a des retenues:° impôts, transports, et 90 dollars par mois pour le logement— loyer supérieur à la moyenne des prix pratiqués à Orlando—se plaignent nos «représentants culturels».

Et puis, il y a les «superviseurs», à la fois chefs et surveillants, sortis du rang, totalement dévoués aux intérêts de la Walt Disney World Corporation, et animés par la crainte chronique de se faire virer,° qui appliquent, dans toute sa rigueur, la loi Disney. Le respect du Disney look est chose sacrée. Obligation de sourire et de paraître heureux tout le temps. Même si Lucie regrette d'avoir dû renoncer à son «si joli petit bandeau rose dans les cheveux»: ils l'ont jugé trop voyant. Malheur à qui enfreint° le règlement. Il s'expose au renvoi, c'est-à-dire au retour pur et simple en France. Car le visa spécial Disney, lié au permis de travail, peut être retiré à tout moment. Malaise.

Et incident, l'an dernier, la veille du jour de l'an. Dans les appartements situés à l'extérieur du parc de loisirs, qui abrite trois «représentants culturels» de nationalités différentes, interdit de recevoir plus de douze invités par soirée. Ne pas se promener à plus de quatre dans les rues du village Disney. Alors, pour le réveillon,° les jeunes se sont retrouvés, nombreux, autour d'une fontaine, pour échanger des vœux,° chahuter un peu. Rassemblement illégal. Intervention musclée de la police privée de l'empire Disney. Nuit au poste,° où certains sont malmenés, menacés de perdre leur visa. Une action commune de protestation est mise sur pied pour alerter les consulats et la presse. Cela fait désordre. Le bon Mickey écrase° l'affaire, paie les cautions.° Voilà quelques dollars qui ne viendront pas gonfler le fabuleux chiffre d'affaires de l'entreprise: plus de 3 milliards de dollars en 1988. Il n'y a pas de quoi rire.

narrow / deductions / to be fired / breaks / New Year's Eve celebration / good wishes / police station / squelches / fines

Adapté d'un article de Jacques Renard dans *L'Express*

Mise au point

A. Robert et Lucie font partie des 120 jeunes Français qui passent l'année comme «représentants culturels» au Pavillon Français d'EPCOT Center en Floride. Inventez un dialogue entre ces deux personnes dans lequel vous allez incorporer bon nombre d'allusions aux détails précisés dans l'article de Jacques Renard.

B. Décidez si vous êtes *pour* ou *contre* la stricte discipline imposée aux jeunes étrangers travaillant chez Disney en Floride. Justifiez votre point de vue en vous référant à l'article de *L'Express*.

LECTURE 4

Mise en train

A. Mickey est une souris, et les souris sont des animaux qui appartiennent à l'ordre des mammifères qu'on appelle «rongeurs», c'est-à-dire qui consomment lentement en coupant avec les dents. Quel sens peut-on donner, alors, au titre de l'article suivant?

B. Imaginez que vous habitez un village où, un jour, s'installe une grande société étrangère qui achète un énorme terrain et propose d'y construire un grand parc d'attractions. Quels points de vue relevez-vous parmi vos voisins de village? Etes-vous parmi ceux qui sont favorables au grand projet? Ou craignez-vous plutôt les conséquences de cette installation?

Mickey ronge tout

Le projet Eurodisneyland à Marne-la-Vallée progresse vite, très vite. Disney a six mois d'avance sur le programme initial. Officiellement, les Américains ont voulu profiter de la sécheresse° des terres de la Brie pour commencer les travaux de terrassement° du sol. Mais, en gagnant six mois, Disney a surtout voulu couper l'herbe sous le pied° des mécontents. Car au fur et à mesure° que l'on entre dans la phase active, les contestataires se font de plus en plus nombreux. Les riverains° découvrent aussi des nuisances qu'ils n'avaient pas prévues. A Jossigny, situé dans le secteur 4 de Marne-la-Vallée, les 530 habitants viennent d'apprendre qu'on allait construire sur leur commune la centrale à béton.° Plus de 1 000 camions passeront chaque jour devant la petite église du XVe siècle. Et le maire n'a aucun moyen de s'y opposer.

Et s'il n'y avait que les nuisances... Les Petites et Moyennes Entreprises de la région commencent aussi à râler.° 10 000 sociétés françaises se sont précipitées, pour répondre aux appels d'offres.° Alors qu'on leur promettait d'être bien payées, les premiers contrats signés témoignent du contraire. Confrontés à une sévère concurrence orchestrée par Walt Disney, les entreprises n'ont d'autre choix que de casser° les prix pour emporter les commandes.

Parmi les grosses sociétés, la colère° gagne aussi du terrain. Pour mettre hors course les grands groupes, Disney a morcelé° les appels d'offres. Il n'y aura pas un ou deux gros contrats, mais une multitude de petits. Les exclus, mécontents, commencent à crier au scandale: «Les Américains ne respectent pas leurs engagements! Ils sont là pour faire des bénéfices dans notre dos... »

Autant d'affirmations fantaisistes. La multinationale ne respecterait donc

sécheresse: dry conditions
terrassement: earthwork
couper l'herbe sous le pied: to cut out
au fur et à mesure: simultaneously
riverains: local inhabitants
centrale à béton: cement plant
râler: to complain
appels d'offres: bids
casser: to lower dramatically
colère: anger
morcelé: split up

pas le contrat? Bien sûr que si, et c'est là tout le problème. Peut-être Disney s'éloigne-t-il de l'esprit de la convention° mais, juridiquement, on ne peut lui faire aucun reproche. Il applique à la lettre les clauses du contrat. Ses nombreux avocats y veillent.° Tout est minutieusement couché sur le papier. Le dossier est parfaitement ficelé.° Il n'y a pas de faille° possible qui permette aux entreprises françaises de réclamer une plus grande participation.

D'où ces réactions de frustration: le merveilleux contrat signé en 1987 ne représente plus l'eldorado rêvé. Réaction sans doute exagérée. L'économie française profitera de la manne° de Mickey, même si le gros des bénéfices ira surtout renforcer les caisses de la multinationale Disney, qui réalise déjà plus de 250 millions de dollars de profits, avec les parcs de Floride, de Californie et du Japon. Cela en tout cas était prévu. Tous ceux qui pleurent aujourd'hui n'avaient qu'à lire le contrat quand il a été signé. La manœuvre de Disney y apparaissait dans toute sa clarté. Qui a dit que Mickey était un philanthrope?

convention: agreement
veillent: watch over
ficelé / faille: wrapped up / fault
manne: sustenance

Adapté d'un article d'Isabelle Lefort dans *Le Nouvel Observateur*

Mise au point

A. D'où viennent les colères, les mécontentements, les frustrations de beaucoup d'habitants de la région de Marne-la-Vallée? Faites un résumé de ces plaintes et comparez-les à celles que vous avez exprimées dans la **Mise en train,** exercice B plus haut.

B. Etes-vous d'accord avec les manœuvres de la multinationale Disney dans ce cas? Expliquez pourquoi.

La Presse d'autrefois

LECTURE 5

Mise en train

A. Quelles qualités littéraires peut-on s'attendre à découvrir dans un texte «réaliste» comme celui de Maupassant?

B. Quelle est l'attitude d'un auteur réaliste vis-à-vis de ses personnages, de la narration, de ses lecteurs, par exemple?

staff writer

Je suis le rédacteur° de *La Vie Française*

L'œuvre de Guy de Maupassant (1850–1893), grand romancier et conteur français, jouit depuis longtemps d'une réputation internationale. Ses romans dépeignent souvent la vie et les milieux qu'il a connus et dont il nous donne les traits les plus caractéristiques. Bel Ami, *publié en* 5 *1885, introduit le lecteur dans l'univers passionnant mais souvent sordide et traître qu'était le journalisme parisien à la fin du dix-neuvième siècle.*

I

prowled about

wandered

Georges Duroy dormit mal, tant l'excitait le désir de voir imprimé son article. Dès que le jour parut, il fut debout, et il rôdait° dans la rue bien avant 10 l'heure où les porteurs de journaux vont, en courant, de kiosque en kiosque.

Alors il gagna la gare Saint-Lazare, sachant bien que *La Vie Française* y arriverait avant de parvenir dans son quartier. Comme il était encore trop tôt, il erra° sur le trottoir.

Il vit arriver la marchande, qui ouvrit sa boutique de verre, puis il aperçut 15 un homme portant sur sa tête un tas de grands papiers pliés. Il se précipita:

Guy de Maupassant

c'étaient *Le Figaro,* le *Gil-Blas, Le Gaulois, L'Evénement,* et deux ou trois autres feuilles du matin; mais *La Vie Française* n'y était pas.

Une peur le saisit: «Si on avait remis au lendemain *Les Souvenirs d'un Chasseur d'Afrique,* ou si, par hasard, la chose n'avait pas plu, au dernier
20 moment, au père Walter?»

En redescendant vers le kiosque, il s'aperçut qu'on vendait le journal, sans qu'il l'eût vu apporter. Il se précipita, le déplia, après avoir jeté les trois sous, et parcourut les titres de la première page. —Rien. Son cœur se mit à battre; il ouvrit la feuille, et il eut une forte émotion en lisant, au bas d'une co-
25 lonne, en grosses lettres: «Georges Duroy.» Ça y était! quelle joie!

Il se mit à marcher, sans penser, le journal à la main, le chapeau sur le côté, avec une envie° d'arrêter les passants pour leur dire: «Achetez ça—achetez ça! Il y a un article de moi.» —Il aurait voulu pouvoir crier de tous ses poumons,° comme font certains hommes, le soir, sur les boulevards:
30 «Lisez *La Vie Française,* lisez l'article de Georges Duroy: *Les Souvenirs d'un Chasseur d'Afrique.*» Et, tout à coup, il éprouva le désir de lire lui-même cet article, de le lire dans un endroit public, dans un café, bien en vue. Et il chercha un établissement qui fût déjà fréquenté. Il lui fallut marcher longtemps. Il s'assit enfin devant une espèce de marchand de vin où plusieurs consom-
35 mateurs étaient déjà installés, et il demanda: «Un rhum», comme il aurait demandé: «Une absinthe», sans songer à l'heure. Puis il appela: «Garçon, donnez-moi *La Vie Française.*»

Un homme à tablier blanc accourut:

«Nous ne l'avons pas, monsieur, nous ne recevons que *Le Rappel, Le*
40 *Siècle, La Lanterne,* et *Le Petit Parisien.*»

Duroy déclara, d'un ton furieux et indigné: «En voilà une boîte!° Alors, allez me l'acheter.» Le garçon y courut, la rapporta. Duroy se mit à lire son article; et plusieurs fois il dit, tout haut: *Très bien, très bien!* pour attirer l'attention des voisins et leur inspirer le désir de savoir ce qu'il y avait dans cette
45 feuille. Puis il la laissa sur la table en s'en allant. Le patron s'en aperçut, le rappela:

«Monsieur, monsieur, vous oubliez votre journal!»

Et Duroy répondit:

«Je vous le laisse, je l'ai lu. Il y a d'ailleurs aujourd'hui, dedans, une chose
50 très intéressante.»

Il ne désigna pas la chose, mais il vit, en s'en allant, un de ses voisins prendre *La Vie Française* sur la table où il l'avait laissée.

Il pensa: «Que vais-je faire, maintenant?» Et il se décida à aller à son bureau toucher son mois° et donner sa démission.° Il tressaillait° d'avance de
55 plaisir à la pensée de la tête° que feraient son chef et ses collègues. L'idée de l'effarement° du chef, surtout, le ravissait.

desire
lungs
worthless place
to collect his pay / resignation / was thrilled
look
bewilderness

II

Il marchait lentement pour ne pas arriver avant neuf heures et demie, la caisse n'ouvrant qu'à dix heures.

60 Son bureau était une grande pièce sombre, où il fallait tenir le gaz allumé presque tout le jour en hiver. Elle donnait sur une cour étroite, en face d'autres bureaux. Ils étaient huit employés là-dedans, plus un sous-chef dans un coin, caché derrière un paravent.° (screen)

Duroy alla d'abord chercher ses cent dix-huit francs vingt-cinq centimes, 65 enfermés dans une enveloppe jaune et déposés dans le tiroir du commis° (clerk) chargé des paiements, puis il pénétra d'un air vainqueur dans la vaste salle de travail où il avait déjà passé tant de jours.

Dès qu'il fut entré, le sous-chef, M. Potel, l'appela:

«Ah! c'est vous, monsieur Duroy? Le chef vous a déjà demandé plusieurs 70 fois. Vous savez qu'il n'admet pas qu'on soit malade deux jours de suite sans attestation° (excuse) du médecin.»

Duroy, qui se tenait debout au milieu du bureau, préparant son effet, répondit d'une voix forte:

«Je m'en fiche un peu,° (I don't really care) par exemple!»

75 Il y eut parmi les employés un mouvement de stupéfaction, et la tête de M. Potel apparut, effarée, au-dessus du paravent qui l'enfermait comme une boîte.

Il se barricadait là-dedans, par crainte de courants d'air, car il était rhumatisant. Il avait seulement percé deux trous dans le papier pour surveiller son 80 personnel.

On entendait voler les mouches. Le sous-chef, enfin, demanda avec hésitation:

«Vous avez dit?

—J'ai dit que je m'en fichais un peu. Je ne viens aujourd'hui que pour 85 donner ma démission. Je suis entré comme rédacteur à *La Vie Française* avec cinq cents francs par mois, plus les lignes. J'y ai même débuté ce matin.»

Il s'était pourtant promis de faire durer le plaisir, mais il n'avait pu résister à l'envie de tout lâcher d'un seul coup.

L'effet, du reste, était complet. Personne ne bougeait.

90 Alors Duroy déclara:

«Je vais prévenir M. Perthuis, puis je viendrai vous faire mes adieux.»

Et il sortit pour aller trouver le chef, qui s'écria en l'apercevant:

«Ah! vous voilà. Vous savez que je ne veux pas... »

L'employé lui coupa la parole:

95 «Ce n'est pas la peine de gueuler° (bellow) comme ça... »

M. Perthuis, un gros homme rouge comme une crête de coq, demeura suffoqué par la surprise.

Duroy reprit:

«J'en ai assez de votre boutique. J'ai débuté ce matin dans le journalisme, 100 où on me fait une très belle position. J'ai bien l'honneur de vous saluer.»

Et il sortit. Il était vengé.

Il alla en effet serrer la main de ses anciens collègues, qui osaient à peine lui parler, par peur de se compromettre, car on avait entendu sa conversation avec le chef, la porte étant restée ouverte.

Et il se retrouva dans la rue avec son traitement° dans sa poche. Il se paya un déjeuner succulent dans un bon restaurant à prix modérés qu'il connaissait; puis, ayant encore acheté et laissé *La Vie Française* sur la table où il avait mangé, il pénétra dans plusieurs magasins où il acheta de menus° objets, rien que pour les faire livrer chez lui et donner son nom — Georges Duroy. — Il ajoutait: «Je suis le rédacteur de *La Vie Française.*»

Puis il indiquait la rue et le numéro, en ayant soin de stipuler: «Vous laisserez chez le concierge.»

Comme il avait encore du temps, il entra chez un lithographe qui fabriquait des cartes de visite° à la minute, sous les yeux des passants; et il s'en fit faire immédiatement une centaine, qui portaient, imprimée sous son nom, sa nouvelle qualité.

Puis il se rendit au journal.

Forestier le reçut de haut,° comme on reçoit un inférieur:

«Ah! te voilà, très bien. J'ai justement plusieurs affaires pour toi. Attends-moi dix minutes. Je vais d'abord finir ma besogne.°»

Et il continua une lettre commencée.

A l'autre bout de la grande table, un petit homme très pâle, bouffi,° très gras, chauve, avec un crâne tout blanc et luisant, écrivait, le nez sur son papier, par suite d'une myopie excessive.

Forestier lui demanda:

«Dis donc, Saint-Potin, à quelle heure vas-tu interviewer nos gens?

— A quatre heures.

— Tu emmèneras avec toi le jeune Duroy ici présent, et tu lui dévoileras les arcanes° du métier.

— C'est entendu.»

Puis, se tournant vers son ami, Forestier ajouta:

«As-tu apporté la suite sur l'Algérie? Le début de ce matin a eu beaucoup de succès.»

Duroy, interdit, balbutia:°

«Non, — j'avais cru avoir le temps dans l'après-midi, — j'ai eu un tas de choses à faire, — je n'ai pas pu... »

L'autre leva les épaules d'un air mécontent:

«Si tu n'es pas plus exact que ça, tu rateras ton avenir, toi. Le père Walter comptait sur ta copie. Je vais lui dire que ce sera pour demain. Si tu crois que tu seras payé pour ne rien faire, tu te trompes.»

Puis, après un silence, il ajouta:

«On doit battre le fer quand il est chaud, que diable!»

III

Saint-Potin se leva:

«Je suis prêt», dit-il.

Alors Forestier se renversant sur sa chaise, prit une pose presque solennelle pour donner ses instructions, et, se tournant vers Duroy:

«Voilà. Nous avons à Paris depuis deux jours le général chinois Li-Theng-

---

Marginal glosses: traitement — pay; menus — insignificant; cartes de visite — calling cards; de haut — haughtily; besogne — task; bouffi — bloated; arcanes — secrets; balbutia — stammered

Fao, descendu au Continental, et le rajah Taposahib Ramaderao Pali, des-
150 cendu à l'hôtel Bristol. Vous allez leur prendre une conversation.»
Puis, se tournant vers Saint-Potin:
«N'oublie point les principaux points que je t'ai indiqués. Demande au
général et au rajah leur opinion sur les menées° de l'Angleterre dans l'Ex- (maneuvers)
trême-Orient, leurs idées sur son système de colonisation et de domination,
155 leurs espérances relatives à l'intervention de l'Europe, et de la France en particulier, dans leurs affaires.»
Il se tut,° puis il ajouta, parlant à la cantonade:° (stopped speaking / offstage)
«Il sera on ne peut plus intéressant pour nos lecteurs de savoir en même
temps ce qu'on pense en Chine et dans les Indes sur ces questions, qui pas-
160 sionnent si fort l'opinion publique en ce moment.»
Il ajouta, pour Duroy:
«Observe comment Saint-Potin s'y prendra, c'est un excellent reporter, et
tâche° d'apprendre les ficelles° pour vider un homme en cinq minutes.» (try / tricks)
Puis il recommença à écrire avec gravité, avec l'intention évidente de bien
165 établir les distances, de bien mettre à sa place son ancien camarade et nouveau confrère.
Dès qu'ils eurent franchi la porte, Saint-Potin se mit à rire et dit à Duroy:
«En voilà un faiseur!° Il nous la fait à nous-mêmes. On dirait vraiment qu'il (bluffer)
nous prend pour ses lecteurs.»
170 Puis ils descendirent sur le boulevard, vers la Madeleine.° Et Saint-Potin, (landmark Parisian church)
tout à coup, dit à son compagnon:
«Vous savez, si vous avez à faire quelque chose, je n'ai pas besoin de
vous, moi.»
Duroy lui serra la main, et s'en alla.
175 L'idée de son article à écrire dans la soirée le tracassait,° et il se mit à y (worried)
songer.° Il emmagasina des idées, des réflexions, des jugements, des anec- (to think about)
dotes, tout en marchant, et il monta jusqu'au bout de l'avenue des Champs-
Elysées, où on ne voyait que de rares promeneurs, Paris étant vide par ces
jours de chaleur.
180 Ayant dîné chez un marchand de vin auprès de l'arc de triomphe de
l'Etoile, il revint lentement à pied chez lui par les boulevards extérieurs, et il
s'assit devant sa table pour travailler.
Mais dès qu'il eut sous les yeux la grande feuille de papier blanc, tout ce
qu'il avait amassé de matériaux s'envola de son esprit, comme si sa cervelle° (brain)
185 se fût évaporée. Il essayait de ressaisir des bribes° de souvenirs et de les fixer: (bits)
ils lui échappaient à mesure qu'il les reprenait, ou bien ils se précipitaient
pêle-mêle, et il ne savait comment les présenter, les habiller, ni par lequel
commencer.
Après une heure d'efforts et cinq pages de papier noircies par des phrases
190 de début qui n'avaient point de suite, il se dit: «Je ne suis pas encore assez
rompu° au métier. Il faut que je prenne une nouvelle leçon.» Et tout de suite (experienced)
la perspective d'une autre matinée avec Mme Forestier, l'espoir de ce long
tête-à-tête intime, cordial, si doux, le firent tressaillir de désir. Il se coucha

bien vite, ayant presque peur à présent de se remettre à la besogne et de réussir tout à coup.

IV

Il ne se leva, le lendemain, qu'un peu tard, éloignant et savourant d'avance le plaisir de cette visite.

Il était dix heures passées quand il sonna chez son ami.

Le domestique répondit:

«C'est que monsieur est en train de travailler.»

Duroy n'avait point songé que le mari pouvait être là. Il insista cependant: Dites-lui que c'est moi, pour une affaire pressante.»

Après cinq minutes d'attente, on le fit entrer dans le cabinet où il avait passé une si bonne matinée.

A la place occupée par lui, Forestier maintenant était assis et écrivait, en robe de chambre, les pieds dans ses pantoufles,° la tête couverte d'une petite toque anglaise, tandis que sa femme, enveloppée du même peignoir blanc, et accoudée à la cheminée, dictait, une cigarette à la bouche.

slippers

Duroy, s'arrêtant sur le seuil, murmura:

«Je vous demande bien pardon; je vous dérange?»

Et son ami, ayant tourné la tête, une tête furieuse, grogna:

«Qu'est-ce que tu veux encore? Dépêche-toi, nous sommes pressés.»

L'autre, interdit, balbutiait:

«Non, ce n'est rien, pardon.»

Mais Forestier, se fâchant:

«Allons, sacrebleu! ne perds pas de temps; tu n'as pourtant pas forcé ma porte° pour le plaisir de nous dire bonjour.»

forced your way in

Alors, Duroy, fort troublé, se décida:

«Non... voilà... c'est que... je n'arrive pas encore à faire mon article... et tu as été... vous avez été si... si... gentils la dernière fois que... que j'espérais... que j'ai osé venir... »

Forestier lui coupa la parole:

«Tu te fiches du monde, à la fin! Alors tu t'imagines que je vais faire ton métier, et que tu n'auras qu'à passer à la caisse au bout du mois. Non! elle est bonne, celle-là!»

La jeune femme continuait à fumer, sans dire un mot, souriant toujours d'un vague sourire qui semblait un masque aimable sur l'ironie de sa pensée.

Et Duroy, rougissant, bégayait:° «Excusez-moi... j'avais cru... j'avais pensé...» Puis brusquement, d'une voix claire:

stuttered

«Je vous demande mille fois pardon, madame, en vous adressant encore mes remerciements les plus vifs pour la chronique si charmante que vous m'avez faite hier.»

Puis il salua, dit à Charles:

«Je serai à trois heures au journal», et il sortit.

Il retourna chez lui, à grands pas, en grommelant: «Eh bien, je m'en vais la faire celle-là, et tout seul, et ils verront... »

A peine rentré, la colère l'excitant, il se mit à écrire.

Il continua l'aventure commencée par Mme Forestier, accumulant des dé-
240 tails de roman feuilleton,° des péripéties° surprenantes et des descriptions ampoulées,° avec une maladresse de style de collégien° et des formules de sous-officier. En une heure, il eut terminé une chronique qui ressemblait à un chaos de folies, et il la porta, avec assurance, à *La Vie Française.*

serial novel / ups and downs
exaggerated / schoolboy

La première personne qu'il rencontra fût Saint-Potin qui, lui serrant la main
245 avec une énergie de complice, demanda:

«Vous avez lu ma conversation avec le Chinois et avec l'Hindou. Est-ce assez drôle? Ca a amusé tout Paris. Et je n'ai pas vu seulement le bout de leur nez.»

Duroy, qui n'avait rien lu, prit aussitôt le journal, et il parcourut de l'œil un
250 long article intitulé «Inde et Chine», pendant que le reporter lui indiquait et soulignait les passages les plus intéressants.

Forestier survint, soufflant, pressé, l'air effaré:

«Ah! bon, j'ai besoin de vous deux.»

Et il leur indiqua une série d'informations politiques qu'il fallait se procu-
255 rer pour le soir même.

Duroy lui tendit son article.

«Voici la suite sur l'Algérie.

— Très bien, donne: je vais la remettre au patron.»

Ce fut tout.

260 Saint-Potin entraîna° son nouveau confrère, et, lorsqu'ils furent dans le corridor, il lui dit:

dragged along

«Avez-vous passé à la caisse?

— Non. Pourquoi?

— Pourquoi? Pour vous faire payer. Voyez-vous, il faut toujours prendre un
265 mois d'avance. On ne sait pas ce qui peut arriver.

— Mais... je ne demande pas mieux.

— Je vais vous présenter au caissier. Il ne fera point de difficultés. On paie bien ici.»

Et Duroy alla toucher ses deux cents francs, plus vingt-huit francs pour son
270 article de la veille, qui, joints à ce qui lui restait de son traitement du chemin de fer, lui faisaient trois cent quarante francs en poche.

Jamais il n'avait tenu pareille somme, et il se crut riche pour des temps indéfinis.

Puis Saint-Potin l'emmena bavarder dans les bureaux de quatre ou cinq
275 feuilles rivales, espérant que les nouvelles qu'on l'avait chargé de recueillir avaient été prises déjà par d'autres, et qu'il saurait bien les leur souffler, grâce à l'abondance et à l'astuce de sa conversation.

Le soir venu, Duroy, qui n'avait plus rien à faire, songea à retourner aux Folies-Bergères...

280

V

Il faisait jour quand il sortit, et la pensée lui vint aussitôt d'acheter *La Vie Française.* Il ouvrit le journal d'une main fiévreuse; sa chronique n'y était pas; et il demeurait debout sur le trottoir, parcourant anxieusement de l'œil les colonnes imprimées avec l'espoir d'y trouver enfin ce qu'il cherchait.

crushed

285 Quelque chose de pesant tout à coup accablait° son cœur, car cette contrariété avait le poids d'un désastre.

Il remonta chez lui et s'endormit tout habillé sur son lit.

En entrant quelques heures plus tard dans les bureaux de la rédaction, il se présenta devant M. Walter:

290 «J'ai été tout surpris ce matin, monsieur, de ne pas trouver mon second article sur l'Algérie.»

Le directeur leva la tête, et d'une voix sèche:

«Je l'ai donné à votre ami Forestier, en le priant de le lire; il ne l'a pas trouvé suffisant; il faudra me le refaire.»

295 Duroy, furieux, sortit sans répondre un mot, et, pénétrant brusquement dans le cabinet de son camarade:

«Pourquoi n'as-tu pas fait paraître, ce matin, ma chronique?»

Le journaliste fumait une cigarette, le dos au fond de son fauteuil et les pieds sur sa table, salissant de ses talons un article commencé. Il articula

300 tranquillement avec un son de voix ennuyé et lointain, comme s'il parlait du fond d'un trou:

«Le patron l'a trouvé mauvais, et m'a chargé de te le remettre pour le recommencer. Tiens, le voilà.»

paperweight

Et il indiquait du doigt les feuilles dépliées sous un presse-papiers.°

305 Duroy, confondu, ne trouva rien à dire, et, comme il mettait sa prose dans sa poche, Forestier reprit:

«Aujourd'hui tu vas te rendre d'abord à la préfecture... »

Et il indiqua une série de courses d'affaires, de nouvelles à recueillir. Duroy

caustic

s'en alla, sans avoir pu découvrir le mot mordant° qu'il cherchait.

310 Il rapporta son article le lendemain. Il lui fut rendu de nouveau. L'ayant refait une troisième fois, et le voyant refusé, il comprit qu'il allait trop vite et que la main de Forestier pouvait seule l'aider dans sa route.

Il ne parla donc plus des *Souvenirs d'un Chasseur d'Afrique,* en se promet-

cunning

tant d'être souple et rusé,° puisqu'il le fallait, et de faire, en attendant mieux,

315 son métier de reporter avec zèle.

Il devint en peu de temps un remarquable reporter, sûr de ses informations, rusé, rapide, subtil, une vraie valeur pour le journal, comme disait le père Walter, qui s'y connaissait en rédacteurs.

Cependant, comme il ne touchait que dix centimes la ligne, plus ses deux

320 cents francs de fixe, et comme la vie de boulevard, la vie de café, la vie de restaurant coûte cher, il n'avait jamais le sou et se désolait de sa misère.

C'est un truc à saisir, pensait-il, en voyant certains confrères aller la poche pleine d'or, sans jamais comprendre quels moyens secrets ils pouvaient bien employer pour se procurer cette aisance. Et il soupçonnait avec envie des

325 procédés inconnus et suspects, des services rendus, toute une contrebande acceptée et consentie. Or, il lui fallait pénétrer le mystère, entrer dans l'association tacite, s'imposer aux camarades qui partageaient sans lui.

Et il rêvait souvent le soir, en regardant de sa fenêtre passer les trains, aux procédés qu'il pourrait employer.

Extrait de *Bel Ami* par Guy de Maupassant

Mise au point

Partie I (pages 93–94)

A. Qu'est-ce que cette première partie vous apprend sur le monde de la presse quotidienne à Paris à la fin du dix-neuvième siècle? Qui lit le journal? Où peut-on l'acheter? Y a-t-il beaucoup de titres?

B. Qui est Duroy? Comment gagne-t-il sa vie? De quelle sorte de personne s'agit-il, à votre avis? Quels details choisit l'auteur pour communiquer le caractère de son personnage?

Partie II (pages 94–96)

C. Relevez dans le texte les allusions au milieu dans lequel Duroy avait travaillé. Faites la description des bureaux et des personnages (le chef, le sous-chef, les employés) tels que Maupassant les présente.

D. La personnalité de Duroy continue à se révéler. Quelle nouvelle dimension s'ajoute à celles que nous lui connaissons déjà? Se comporte-t-il de la même façon vis-à-vis de son ancien chef, M. Perthuis, et de son nouveau supérieur, M. Forestier? Expliquez les différences de ton que vous relevez dans les échanges qui ont lieu entre Duroy et ces deux hommes. Citez les paroles exactes qui vous donnent l'impression que vous avez de ces personnages.

E. Quelle évolution a eu lieu dans le personnage de Duroy entre le moment où nous l'avons vu pour la première fois et la situation dans laquelle il se trouve à la fin de cette partie? Son langage a-t-il changé? Sa façon d'aborder les autres? L'image qu'il se fait de lui-même?

Partie III (pages 96–98)

F. Qui est Saint-Potin? Quel genre de travail fait-il au journal? Quels sont ses rapports avec Forestier?

G. En quoi consiste la tâche assignée par Forestier aux deux reporters? Où doivent-ils se rendre? Que doivent-ils faire? Quelles sont les réactions de Duroy et de Saint-Potin aux ordres de Forestier? Comparez les compétences journalistiques de ces deux hommes en vous référant au portrait descriptif qu'en fait Maupassant.

H. Comment Duroy aborde-t-il la rédaction de son article? A quelle conclusion aboutit-il? Comment va-t-il résoudre le dilemme?

Partie IV (pages 98–99)

I. Décrivez la visite de Duroy chez les Forestier. Quelle était l'intention du jeune homme avant d'arriver chez eux? Que trouve-t-il en y arrivant? Forestier est-il prêt à aider son ami? Que lui conseille-t-il? Quel rôle avait déjà joué Mme Forestier dans la carrière du nouveau journaliste?

J. Quel commentaire Maupassant, l'auteur omniscient, fait-il à propos de la chronique que Duroy vient de composer? Le journaliste et l'auteur sont-ils du même avis? Citez le texte pour appuyer votre réponse.

K. Saint-Potin continue à révéler à l'apprenti journaliste les «secrets» du métier. Qu'est-ce que Duroy a appris au cours de la journée, grâce à son nouveau collègue?

Partie V (pages 99–101)

L. M. Walter, le grand patron du journal, et M. Forestier ont fait apprendre à Duroy une leçon importante pour le journaliste que celui-ci voulait devenir. Résumez en quelques mots les «progrès» qu'il a faits au cours de cet extrait.

M. Le lecteur aussi apprend quelque chose d'important sur le monde de la presse grâce au commentaire réaliste de Maupassant. Avez-vous l'impression que l'auteur présente une vision pessimiste ou optimiste du monde du journalisme? Justifiez votre réponse.

N. La dernière partie de cet extrait accélère le temps réel qu'il a fallu pour que Duroy devienne «un remarquable reporter». Sans avoir lu la suite de l'histoire selon Maupassant, pouvez-vous néanmoins envisager un avenir pour le personnage de Duroy et le justifier en vous appuyant sur le texte?

Expansions

A. Les trois articles sur l'Eurodisneyland donnent un certain nombre de renseignements précieux, surtout pour les non-Français. Imaginez une discussion avec un visiteur français et défendez le point de vue «Disney» contre ses objections.

B. En vous inspirant de l'extrait de *Bel Ami*, écrivez une petite histoire dans laquelle vous racontez votre premier jour comme rédacteur (ou reporter) d'un journal moderne.

L'EVENEMENT du Jeudi DU CINEMA

FLAGRANT DESIR

FILM DE CLAUDE FARALDO

Producteur délégué: Catherine Winter.
Coproducteur: Frédéric Golchan.
Directeur de la photographie: Willy Kurant.
Chefs monteurs: Chris Holmes, Marie Castro.
Musique: Gabriel Yared.
Interprètes: Sam Waterston, Marisa Berenson, Lauren Hutton, Bernard-Pierre Donadieu, Anne Roussel.

L'inspecteur Gerry Morrison achève, dans le Médoc, une mission Interpol lorsqu'il est «parachuté» par la police française pour enquêter sur la mort de Marguerite Barnac, membre d'une célèbre famille viticole de la région. Au cours de son enquête, il accumule des témoignages étranges et découvre une série de personnages liés par le désir, la haine, la soif de l'argent et du pouvoir. Gerry va-t-il céder aux charmes de ce monde qui le fascine?

L'EVENEMENT du Jeudi DU CINEMA

30%

DE REDUCTION VALABLE POUR DEUX PERSONNES

- Pour tous les films et dans toutes les salles figurant au dos du coupon
- Mais uniquement pour les séances du jeudi du 3 et du 9 juillet

Est-ce qu'il s'agit dans *Flagrant Désir* d'
1. un film comique?
2. un film policier?
3. un film de propagande politique?

Quels mots du résumé vous l'indiquent?

Peut-on bénéficier de la réduction de 30% tous les jours de la semaine?

Chapitre 6

Y a-t-il des spectateurs dans la salle?

Le Cinéma passé et futur

LECTURE 1

Mise en train

A. A votre avis, le cinéma est-il un art? Quelles conditions imposez-vous à une activité avant de l'admettre parmi les arts?

B. Pourquoi va-t-on au cinéma? Est-ce toujours pour la même raison? Combien de types de films pouvez-vous nommer? Y a-t-il des genres de films que vous n'aimez pas voir? Expliquez.

C. Qui sont les réalisateurs de cinéma dont vous connaissez au moins le nom? Les réalisateurs sont-ils admirés autant que les acteurs par le grand public? En quoi les Oscars d'Hollywood et les «palmes d'or» du Festival de Cannes ont-ils un rôle à jouer dans la carrière des réalisateurs?

Le Septième Art

to shoot / film / shock
simpleton

Réaliser un film abstrait pour embellir l'esthétique du cinéma, c'est faire œuvre de pionnier. Tourner° une bande de pellicule° pour «épater° le bourgeois» est un amusement de primaire° ambitieux. L'art cinématographique est un tout. C'est un édifice patiemment construit par des pion-
5 niers et des chercheurs qui ont apporté leur pierre à l'œuvre commune ou, selon une expression chère à Abel Gance, des lettres nouvelles à cet alphabet de lumière qu'est le cinéma. Le langage des images animées est, aujourd'hui, assez riche pour permettre à chacun de s'exprimer selon ses goûts, ses ambitions, ses capacités. Il ne faut jeter l'anathème sur° aucune des multiples fa-
10 cettes de l'art cinématographique, sans pour autant accepter les hérésies trop provocatrices. L'une d'elles consiste à réaliser des films bien plus radiophoniques que cinématographiques qui justifient la boutade° d'Alfred Hitchcock: «Aujourd'hui, on ne fait plus de films, on photographie des gens qui parlent.»

to condemn

quip

15 Lorsqu'il était directeur général du Centre National de la Cinématographie, André Astoux a très sagement reconnu que le cinéma se compose de deux grandes familles: le cinéma de distraction et le cinéma de réflexion. Les deux familles doivent et peuvent cohabiter pacifiquement. Nous ne pouvons pas souscrire à l'opinion de Pierre Soudet, président de la Commission de con-

Un film de Claude Lelouch. Les réalisateurs sont des vedettes en France.

20 trôle des films, qui déclare audacieusement: «Je suis fondamentalement hostile aux films de divertissement.» Autant dire que l'on est hostile au cinéma tout court,° ce qui n'est pas le cas de Pierre Soudet. Faut-il, par ailleurs, donner entièrement raison à Jeanne Moreau qui, au cours d'un séjour aux Etats-

simply

Unis, affirmait: «En France, les réalisateurs sont des vedettes. Aux Etats-Unis,
25 les réalisateurs sont importants mais travaillent davantage en association avec le producteur et le financier. Les Américains sont branchés sur l'artistique et le profit. Les Français sur l'artistique seulement» [*Ciné-Presse,* Bruxelles, 7 août 1976]. L'opinion est trop absolue pour ne pas souffrir d'exceptions. André Malraux l'a bien dit: «Par ailleurs, le cinéma est une industrie.» Ceux
30 qui veulent l'oublier sont des naïfs ou des faiseurs. Le cinéma français, malgré ceux qui s'acharnent° à le détruire, se porte bien et assure quotidiennement sa survie. Le cinéma français est un cinéma riche qui s'entête heureusement à prouver que «tous les genres sont bons hormis° l'ennuyeux.»

persist

except

Charles Ford, *Histoire du cinéma français contemporain*

Mise au point

A. Quelle est l'attitude de l'auteur vis-à-vis de l'expérimentation cinématographique? Y est-il favorable? Dans quel but cite-t-il Alfred Hitchcock? Expliquez ce que le grand cinéaste a voulu dire.

B. Faites votre propre définition des deux catégories de cinéma mentionnées dans le texte: «le cinéma de distraction» et «le cinéma de réflexion».

C. Si le cinéma américain, comme le dit Jeanne Moreau, est branché sur «l'artistique et le profit» alors que le cinéma français est branché «seulement sur l'artistique», quels sont les avantages et les inconvénients de chaque modèle?

LECTURE 2

Mise en train

A. Quels changements ont eu lieu dans le cinéma depuis la première fois où vous êtes allé voir un film?

B. A votre avis, pourquoi le cinéma américain se vend-il si bien à l'étranger? Quels aspects des films américains vous semblent propres à la production cinématographique américaine?

C. D'après les films français que vous connaissez personnellement, quelle opinion avez-vous formée concernant le cinéma français?

Comment voyez-vous le cinéma en l'an 2000?

Plus précisément: le cinéma tel que nous le connaissons existera-t-il encore? S'il continue d'exister, que deviendra-t-il techniquement? Dans quels lieux le verra-t-on? Quels seront ses rapports avec la vidéo, l'holographie, la télévision? Qui ira au cinéma? Quels seront les grands pays producteurs? Quels films du passé reverra-t-on? Où en seront les formes et l'imaginaire cinématographiques? A quoi ressembleront les «palmes d'or» de Cannes (si le festival de Cannes existe encore)? Et le cinéma expérimental? Bref: Que verra-t-on?

Luc Moullet, amateur de cinéma à qui l'on a posé ces questions, répond ainsi:

Ça ne m'intéresse pas de chercher à savoir comment sera le cinéma en 2000.

Je verrai bien.

Très souvent, on nous parle de bouleversements complets. Dans le numéro des *Cahiers du Cinéma,* «Crise du cinéma français», paru en 1965, Truffaut disait que tout allait être changé par la vidéo. Or, ce n'est que 18 ans après que l'on constate une certaine importance de la vidéo. Tout est très lent, et il y a des retours en arrière: le noir et blanc revient à la mode, pour les films ambitieux (Woody Allen: *De la vie des marionnettes;* le dernier Truffaut) alors qu'on l'avait cru fini. L'explosion vidéo, loin de tuer l'exploitation° en salles, coïncide avec une augmentation du nombre d'entrées. Il y a même eu, ces dernières années, des films muets *(Les hautes solitudes).* Le relief° est réapparu. Les changements s'expriment par des glissements, par des tendances, et non par des refus des moyens d'expression du passé.

La vidéo peut donner des résultats passionnants,° grâce au splitscreen (*We can't go home again* de Nicholas Ray, Godard, etc.). Le problème avec la vidéo, c'est que l'on peut tout faire, notamment pour ce qui est de la couleur. Et cette couverture gigantesque paralyse, alors qu'il est souvent plus facile de travailler avec quelques contraintes, quelques données de base. Les grands hollywoodiens étaient gênés° par le Cinémascope: on pouvait tout mettre dans le champ.° Alors que leur art était fondé sur l'adresse avec laquelle ils choisissaient ce qu'ils allaient mettre dans le champ.

Les mêmes Cassandre disent depuis trente ans, sinon plus: le cinéma va disparaître, ou, variante, le cinéma français va disparaître. Et rien de tout cela n'arrive, ni ne peut arriver. Au contraire, de nouveaux créneaux° de production apparaissent. Des genres disparaissent (la comédie musicale américaine), des modes de production aussi (le film à budget moyen), mais il y en a d'autres qui se créent. D'autant que le film a cessé d'être un produit obligatoirement industriel. Les coûts minimaux de production baissent chaque

exploitation° sales
relief° contrast
passionnants° fascinating
gênés° hampered
champ° shot
créneaux° opportunities

NOUVEAU
UNE SELECTION
EN 8 PAGES
DES MEILLEURES
EMISSIONS
DES CHAINES
CÂBLÉES

télé
VIDEO

CHAQUE SEMAINE 16 JAQUETTES
ET 16 AUTOCOLLANTS POUR CONSERVER
LES MEILLEURS MOMENTS TÉLÉ.

TÉLÉ 7 VIDÉO, LE NOUVEAU GUIDE DES GRANDS MOMENTS TV À ENREGISTRER.

40 année malgré l'érosion monétaire. On peut faire un court métrage en super 8 pour moins de 100 francs, un long métrage pour moins de 1 000 francs. Champ d'action infini...

Peut-être l'image magnétique prendra-t-elle l'avantage sur l'image optique. C'est à mon avis un problème de support qui n'a rien de primordial. Il me 45 semble exclu que l'image optique puisse disparaître totalement. En 2000, il y aura encore des films en optique, en noir et blanc et muets. Il y aura encore des bœufs devant les charrues.

Cannes ira ailleurs un jour: les Cannois en auront marre de cette lourde ponction° qui grève° la fiscalité locale et rapporte surtout à un petit nombre 50 de Cannois. Les «palmes d'or» récompenseront, comme la plupart du temps, des films de moindre qualité que les prix spéciaux du Jury.

levy / burdens

Adapté d'un article dans la
Revue d'esthétique

Mise au point

A. Quelles réponses auriez-vous données aux questions posées à Luc Moullet? Consultez vos voisins de classe et comparez vos visions de l'avenir du cinéma.

B. Quel est le point de vue de L. Moullet en ce qui concerne les changements qui ont lieu au cinéma? S'agit-il, selon lui, d'un bouleversement ou d'une évolution assez lente? Que donne-t-il comme justification de ses idées?

C. Que veut dire l'expression: «Il y aura encore des bœufs devant les charrues»? Pouvez-vous trouver des exemples de films où un réalisateur comme Woody Allen a préféré l'ancienne technologie (le noir et blanc, par exemple) aux moyens de production plus récents?

D. Que pense L. Moullet du Festival de Cannes? Est-il optimiste ou pessimiste en ce qui concerne son avenir? Que savez-vous de ce festival? Peut-il se comparer aux Academy Awards d'Hollywood?

La Critique du cinéma

LECTURE 3

Mise en train

A. Pourquoi lisez-vous des critiques de cinéma avant d'aller voir un film? Quel genre de renseignements vous attendez-vous à obtenir?

B. Si l'article est favorable au film, sur quels éléments insiste-t-il souvent? Et s'il s'agit d'une critique négative?

C. Les deux articles qui suivent présentent deux perspectives contradictoires. En lisant chacune des critiques, relevez les expressions qui vous semblent particulièrement favorables ou défavorables au film.

La Critique: Pour ou contre le film d'Alain Resnais, *I want to go home*

Pour

C'est tout simple. Un vieux dessinateur de *comics* américain, Joey Wellman, met pour la première fois de sa vie les pieds à Paris, à l'occasion d'une exposition de son œuvre. Il aimerait en profiter pour renouer
5 avec sa fille, partie faire ses études à la Sorbonne deux ans plus tôt. Mais une fois débarqué° à Roissy, tout se déglingue.° De quelque côté qu'il se tourne, il bute° sur l'incompréhension, l'indifférence ou l'agressivité de ce peuple aux coutumes obscures: les Français. Par chance, il va trouver son poisson-pilote, un fan de son œuvre, Christian Gauthier (Gérard Depardieu),
10 qui va «s'occuper» de lui, c'est-à-dire, dans les faits, l'entraîner dans une aventure aussi tourbillonnante° qu'imprévisible.

C'est tout simple. Alain Resnais s'est offert le plaisir de la fantaisie sans alibi. Sans message. Sans intentions cachées à décoder. Mais non sans habileté. Le monde souvent saugrenu,° insolite° et «too much» où évoluent ses
15 personnages sort tout droit de la tête de son héros, largué° dans des situations qu'il ne contrôle pas. Et comme cet homme-là ne manque pas d'imagination...

C'est tout simple. Il suffisait de confronter deux tempéraments aussi toniques qu'Adolph Green, une espèce de ludion° sexagénaire, et Gérard De-
20 pardieu, qui traverse le film comme une tornade, pour faire décoller ce film cocasse,° original et délesté de° toute arrière-pensée.° Voulez-vous jouer avec Resnais? C'est tout simple...

Jean-Claude Loiseau

on the ground / goes wrong / runs into

whirling

nonsensical / unusual

set adrift

imp

funny / relieved of / ulterior motive

Contre

25 Difficile de critiquer un cinéaste qu'on a autant aimé! De «Nuit et brouillard» à «Providence», Alain Resnais compte parmi les grands novateurs du cinéma mondial. On a d'autant plus de peine à réaliser que «I want to go home» puisse porter sa prestigieuse signature. Pourquoi cette comédie poussive,° monsieur Resnais? Votre amour pour la bande dessinée° aurait-il coupé
30 les ailes de votre inspiration?

short-winded / comic strip

«I want to go home» est un film qui respecte trop les valeurs qu'il défend sans les remettre en question et nous assène° sans cesse des postulats sans jamais les étayer.° La meilleure preuve que Gérard Depardieu incarne une sommité reconnue, c'est qu'il roule en Porsche et qu'il habite un château. 35 Jamais on ne plonge sous la surface des apparences. Là où on aurait dû avoir une œuvre à tiroirs° dans le genre de «Mon oncle d'Amérique», on n'a qu'une pâtisserie indigeste concoctée par un chef français à l'usage exclusif de sa clientèle étrangère. Il n'y manque ni un béret basque ni une baguette sous le bras. Alain Resnais a confondu bande dessinée et caricature.

assène: strikes
étayer: backing them up
à tiroirs: multi-layered

Jean-Philippe Guérand,
Première

Mise au point

A. On peut diviser le petit article de J.-C. Loiseau en trois parties, chacune correspondant aux paragraphes successifs. De quoi parle le critique dans les premier, deuxième et troisième paragraphes?

B. Pourquoi chaque partie débute-t-elle de la même façon? Cette expression ponctue la fin de l'essai aussi. Comment interprétez-vous les intentions de J.-C. Loiseau?

C. Comment peut-on caractériser les sentiments que J.-P. Guérand éprouve pour Alain Resnais avant d'avoir vu *I want to go home* et après?

D. Si l'on compare l'article de Loiseau et celui de Guérand, quels éléments du premier ne sont pas présents dans le deuxième? Sur quelles bases repose la critique de Guérand? Qu'est-ce qu'il reproche à Resnais?

E. Laquelle des deux interprétations du film trouvez-vous la plus persuasive? Quel effet ont-elles eu sur vous en tant que spectateur potentiel?

LECTURE 4

Mise en train

Voici quelques expressions utiles pour parler du cinéma. Trouvez dans la liste à droite l'équivalent des termes à gauche.

_____ 1. sortie	a. choix et assemblage des scènes
_____ 2. tourner	b. réalisation cinématographique d'un scénario
_____ 3. images	c. enregistrer (ou être enregistré) sur film
_____ 4. figuration	d. auteur d'un film
_____ 5. scénario	
_____ 6. réalisateur	

_____ 7. décors
_____ 8. comédiens
_____ 9. interprétation
_____ 10. mettre en scène
_____ 11. sujet
_____ 12. montage

e. première projection d'un film
f. rédaction des scènes qui composent un film
g. dimension visuelle
h. la matière d'un film
i. ensemble des acteurs
j. acteurs qui jouent un rôle accessoire
k. façon de jouer un rôle
l. cadre scénique

Milou en mai

Milou en mai. France. 1989. Un film mis en scène par Louis Malle. Scénario-dialogues: Louis Malle, Jean-Claude Carrière. Images: Renato Berta. Décors: Willy Holt, Philippe Turlure. Costumes: Catherine Leterrier. Montage: Emmanuelle Castro. Son: Jean-Claude Laureux. Musique: Stéphane Grappelli. Production: NEF-TF1 (Paris)/Ellepi Film (Rome). Distribution: Pyramide. Couleurs. Durée: 1h47. Sortie: le 24 janvier 1990 à Paris.
Interprétation: Michel Piccoli (Emile «Milou» Vieuzac), Miou Miou (Camille,

sa fille), Michel Duchaussoy (Georges Vieuzac, son frère), Bruno Carette (Gilbert Grimaldi), Paulette Dubost (Mme Vieuzac, la grand-mère), Harriet
10 Walter (Lily Vieuzac, épouse de Georges), Martine Gautier (Adèle Laborie, la bonne), Dominique Blanc (Claire Dieudonné)...

Le sujet. Province française du Sud-Ouest. Mai 68. Une grande maison entourée de vignes. La grand-mère vient de mourir et c'est l'occasion, rare, pour toute la famille de se réunir. Emile, dit «Milou», son fils d'une soixan-
15 taine d'années, écologiste avant la lettre, tente de conserver la «tranquillité» de la propriété et de résister mollement à la famille qui veut vendre et en tirer profit. Mais les événements et les grèves de mai 68 retardent l'enterrement de la vieille dame et plongent la famille dans une partie de campagne improvisée.

20 **Le réalisateur.** Louis Malle est le réalisateur à succès des «Amants» (58), «Vie privée» (61), «Le feu follet» (63), «Viva Maria» (65), «Le voleur» (66), «Lacombe Lucien» (73) et «Au revoir les enfants» (87), lauréat de plusieurs Césars.

Les comédiens. Michel Piccoli tourne depuis quarante-six ans (figuration
25 dans «Sortilèges», 1944, de Christian-Jaque). Il n'avait pas paru devant les caméras de cinéma depuis deux ans. On l'a revu dernièrement à la télévision dans «Les grandes familles», d'après l'œuvre de Maurice Druon.

Miou Miou tourne peu mais bien. Ses derniers films: «Tenue de soirée» (86) de Bertrand Blier avec Gérard Depardieu et «La lectrice» (88) de Michel
30 Deville.

Paulette Dubost a l'une des plus longues carrières du cinéma français puisqu'elle a débuté en 1930.

Première

Mise au point

A. Quelle est la différence entre ce synopsis de film et les deux articles de la lecture précédente?

B. A partir des détails que contient ce résumé, rédigez un compte rendu du film *Milou en mai* en laissant de côté les éléments que vous considérez peu utiles.

LECTURE 5

Mise en train

A. Réfléchissez aux films que vous avez vus au cinéma ou à la télé. Y a-t-il des films étrangers parmi eux? Quels sont les éléments qui séparent un film étranger de ceux qui ont été tournés dans d'autres pays? Y a-t-il, par exemple, des différences d'interprétation de rôles, de cinématographie, de budget, etc.?

B. Que veut dire le terme **remake?** En connaissez-vous des exemples notoires? Pour quelles raisons un producteur décide-t-il de refaire le film de quelqu'un d'autre?

D'abord: *Trois Hommes et un couffin,*° puis: *Trois Hommes et un bébé*

wicker baby carrier

En principe, la renommée de Jean-François Lepetit n'aurait jamais dû dépasser la chronique «Spectacles» du quotidien «Sud-Ouest». Mais il y a eu le couffin-miracle. Et, aujourd'hui, il a Hollywood à ses pieds. Sorti dans mille salles à travers tous les Etats-Unis, «Three Men and a Baby,» le re-
5 make de notre couffin national figurera à coup sûr parmi les gros succès de l'année. Comme en France, il y a deux ans, le bébé, dorloté cette fois par Tom Selleck, Ted Danson et Steve Guttenberg, trois transfuges° des séries télé, l'adorable bébé fait fondre le cœur des foules. Plus surprenant, on retrouve sur l'affiche de «Three Men and a Baby» le nom de Jean-François
10 Lepetit, au titre de producteur. En effet, l'outsider bordelais a réussi à être associé à la production et non pas reconduit à l'aéroport aussitôt signé le chèque de cession° des droits. Autrement dit, à chaque fois qu'une brave famille de Des Moines, de Junction City ou de Galveston entre dans un cinéma où l'on expose le divin nourrisson,° ce sont quelques dollars qui tom-
15 bent dans l'escarcelle° de Flachfilm, la société de Lepetit.

fugitives
transfer
infant
purse

On a cent fois raconté le début de ce conte de fées. C'était l'histoire du couffin. On a cent fois décrit les difficultés rencontrées par Lepetit pour réunir les neuf millions du budget et les refus opposés par tous les comédiens de la place avant que les rôles des «trois hommes» soient attribués à André
20 Dussolier, Roland Giraud et Michel Boujenah. Parti avec cinq mille entrées le premier jour à Paris, ce qui est plutôt modeste, le «couffin» compte à ce jour treize millions de spectateurs en France.

«Je croyais que le film pouvait marcher gentiment, mais je n'aurais pas imaginé que cela prendrait de telles proportions, reconnaît Lepetit. Après
25 coup, il est facile d'analyser ce triomphe qui est la rencontre de plusieurs phénomènes. Les hommes ont vu s'exprimer dans le couffin la part de tendresse qu'ils n'osent pas toujours laisser paraître. Les femmes ont reconnu les trois types d'hommes de notre époque: le séducteur, l'homme-enfant et l'homme-paternel. Les grands-parents ont retrouvé un climat de douceur fa-
30 miliale qu'ils croyaient révolu.° Quant aux enfants, ils ont été ravis de voir les adultes s'empêtrer° dans de tels problèmes. Bref, le film idéal.»

Cet esprit bien tempéré se met tout de même à bouillonner° lorsqu'il débarque à Hollywood trois mois après la sortie française du «couffin», non

finished
get entangled
bubble

sans avoir fait passer dans «Variety», la gazette locale, des placards annon-
35 çant les résultats du film. Ainsi commence la bataille du remake. Le film original, trop marqué par des personnages à la française, ne brille guère sur le marché anglo-saxon mais toutes les compagnies pressentent° que si l'on adapte son plumage au public américain, la poule peut aussi donner des œufs d'or outre-Atlantique. Et c'est ainsi que Leonard Nimoy, dont tous les
40 fans du feuilleton «Star Trek» connaissent les oreilles taillées en pointe—c'est lui M. Spock, le capitaine [*sic*] du vaisseau «Enterprise»—s'est retrouvé derrière la caméra, dirigeant trois super-machos transformés en baby-sitters.

La première est triomphale, les critiques dithyrambiques.° Cinq jours après sa sortie, «Three Men and a Baby» a d'ores et déjà° rapporté son prix de re-
45 vient, treize millions de dollars. Quant au «couffin» américain, il sera en mars sur nos écrans. D'ici là, Lepetit aura sans doute vendu les droits de passage de la première version à une chaîne de télévision. Pour près d'un milliard de centimes. «Dommage que la paresse ne soit pas mon truc, dit-il. En revendant tous les trois ans les droits télé du «couffin», j'aurais de quoi vivre
50 jusqu'à la fin de mes jours... »

have a hunch

laudatory
already

Adapté d'un article de Jean-Dominique Bauby dans *Paris Match*

Mise au point

A. Racontez, d'après l'article de *Paris Match,* la carrière de Jean-François Lepetit. D'où vient-il en France? Comment expliquez-vous sa renommée en France et aux Etats-Unis? En quoi a-t-il été astucieux dans ses négociations avec Hollywood?

B. En vous appuyant sur les renseignements que vous donne l'article, expliquez les différences et les similarités entre le film français et la version américaine du film. Y a-t-il le même nombre de personnages masculins et de bébés? Ont-ils eu le même succès à la sortie du film? Ont-ils connu les mêmes difficultés de financement et de recrutement des comédiens?

C. Qu'est-ce qui explique le triomphe du film en France aussi bien qu'en Amérique? Sur quelles sortes de bases (psychologiques? sociologiques?) repose l'analyse que fait J.-F. Lepetit? L'histoire de «trois super-machos transformés en baby-sitters» est-elle vraisemblable? Un même scénario peut-il marcher encore aujourd'hui? Défendez vos réponses.

D. Quel avenir attend la version originale de *Trois Hommes et un couffin?*

Expansions

A. Vous avez lu dans ce chapitre un portrait du monde du cinéma en France. Faites un portrait du cinéma actuel en Amérique. Est-ce que le cinéma est très fréquenté? Qui va au cinéma et pourquoi? Quelles sortes de films ont du succès en Amérique? Y a-t-il un cinéma expérimental comme en France? Qui sont les grands réalisateurs d'aujourd'hui? Comment les trouvez-vous?

B. En vous inspirant des critiques de films que vous venez de lire, faites votre propre critique d'un film américain.

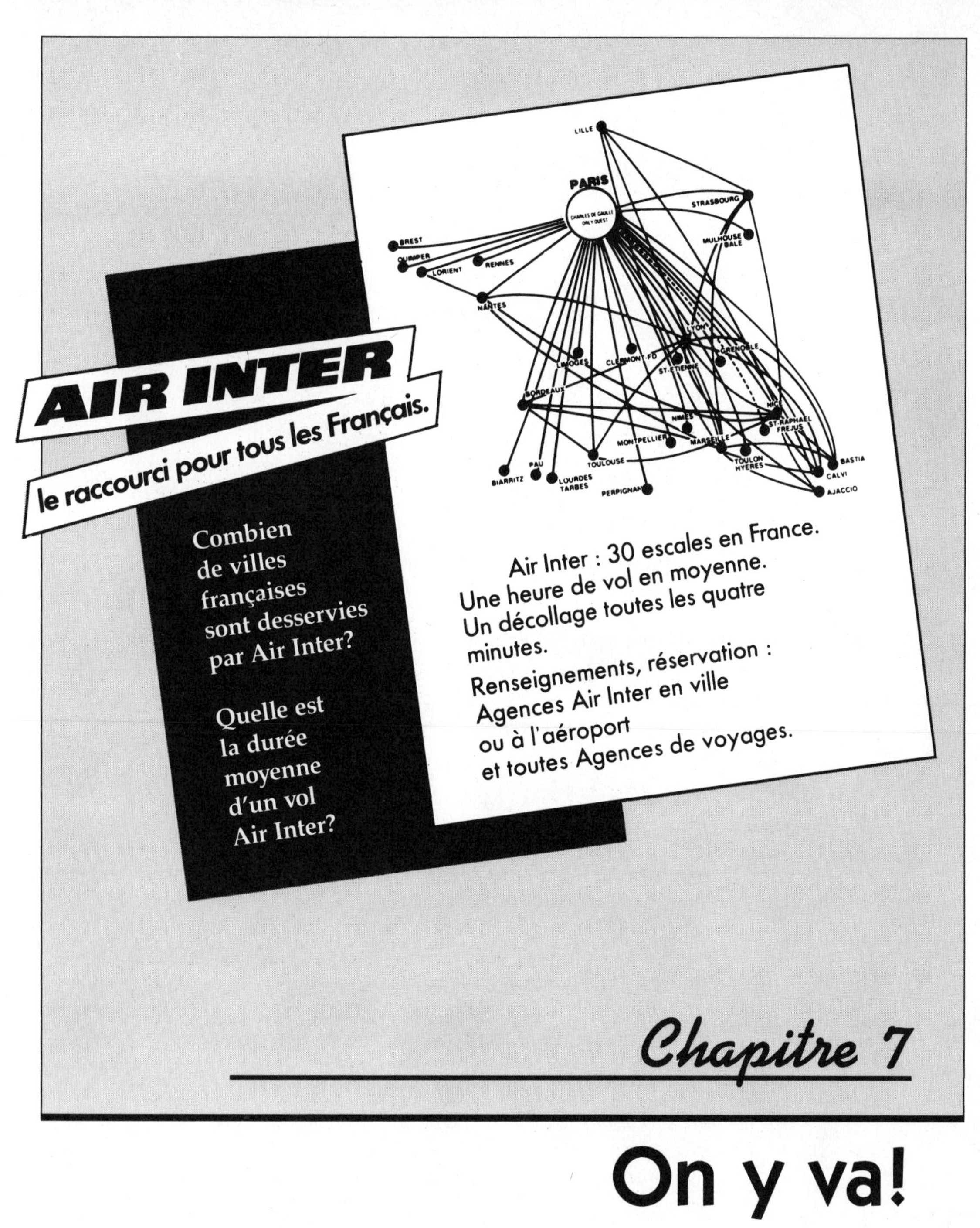

Chapitre 7

On y va!

Les Transports aériens

LECTURE 1

Mise en train

A. Notez le titre de cette lecture: «On meurt plus sur les routes que dans les airs».

1. Quel va être le sujet de cet extrait?
2. Dans le premier paragraphe vous trouverez l'expression **une série noire.** Quelle impression est communiquée par ce terme? De quelle sorte de série s'agit-il?

B. Quelle est la cause de la plupart des accidents aériens? Que font les constructeurs d'avions pour éviter *(to avoid)* de tels accidents?

C. Nommez deux grands constructeurs d'avions américains.

D. Quelle réaction les accidents aériens provoquent-ils chez le grand public?

On meurt plus sur les routes que dans les airs

Quand le transport aérien connaît une série «noire» (1 142 morts en deux mois), le problème de la sécurité refait surface pour les voyageurs comme pour les constructeurs.

«Depuis la tragédie de la Japan Air Lines chaque fois qu'un Boeing atterrit
5 avec l'un de ses moteurs en panne, tout le monde en parle. Alors que, dans le transport aérien, ce n'est ni plus ni moins que brûler° une bougie d'une voiture sur l'autoroute.» Ces mots de «solidarité» envers Boeing viennent des Français de l'Aérospatiale, pivot du consortium Airbus et rivaux acharnés du constructeur américain. Et l'on ajoute que des accidents de ce type peuvent
10 arriver à tout le monde et frappent tous les constructeurs de la même manière. Même si ni les Airbus ni les Concorde n'ont connu d'accidents mortels. Il reste que les voyageurs pourraient hésiter pendant un certain temps à emprunter les vols Boeing. Un réflexe franchement irrationnel, selon le porte-parole de l'Aérospatiale: l'avion demeure le moyen de transport le plus sûr:
15 «1 100 morts dans le monde depuis le début de l'année, c'est un prix lourd

° burn out

à payer mais ça fait à peine le nombre des victimes d'un mois sur les routes de France.»

Tous les constructeurs testent les avions pièce par pièce et les techniques actuelles ne laissent pas de place à l'erreur. Seulement voilà, ce qui est évi-
20 dent pour les constructeurs l'est moins pour les compagnies: celles-ci entretiennent les avions selon des modalités qui peuvent varier sensiblement d'une compagnie à l'autre. Pour preuve, l'incroyable série noire qu'a connue le DC 10 de la McDonnell-Douglas dans les années soixante-dix à cause d'un défaut de fermeture de porte. Le constructeur se décida à modifier la pièce en
25 question et restaura son image. Aujourd'hui encore le DC 10 est considéré comme un excellent avion et même une très belle réussite.

Les voyageurs semblent en effet oublier très vite les précédents tragiques. Au point qu'aucune catastrophe aérienne n'a eu de conséquences sur le volume du trafic, affirment les experts de l'histoire de l'aviation civile. Pour les
30 constructeurs, par contre, chaque accident est minutieusement étudié. Il est de bon usage que les détails de l'enquête soient mis à la disposition de tous les constructeurs sauf quand il s'agit de protéger un secret industriel. Pour le commun des mortels, il ne reste qu'à voler et... à toucher du bois.°

knock on wood

Extrait d'un article de E.M.
dans *Libération*

Mise au point

A. Indiquez si les phrases suivantes sont **vraies** ou **fausses.** Si une phrase n'est pas correcte, corrigez-la.

1. Une suite d'accidents a mis en question la sécurité des avions Boeing.
2. La compagnie française Aérospatiale a critiqué les avions de Boeing.
3. Le Concorde et l'Airbus (fabriqués par Aérospatiale) ont connu plusieurs séries noires.
4. Les compagnies aériennes ne font pas très attention à la sécurité.
5. Le DC 10 n'est plus en service aujourd'hui à cause de tous les accidents que cet avion a eus.
6. Les voyageurs oublient vite les accidents d'avion.
7. Les compagnies aériennes oublient vite les accidents d'avion.

B. D'après le contexte, que veulent dire les mots ou expressions en caractères gras?

1. Depuis la tragédie de la Japan Air Lines chaque fois qu'un Boeing **atterrit** avec l'un de ses moteurs **en panne,** tout le monde en parle.
2. Ces mots de «solidarité» **envers** Boeing viennent des Français de l'Aérospatiale, pivot du consortium Airbus et rivaux **acharnés** du constructeur américain.

3. Même si ni les Airbus ni les Concorde n'ont connu d'accidents **mortels.**
4. Il reste que les voyageurs pourraient hésiter pendant un certain temps à **emprunter** les vols Boeing.
5. Un réflexe franchement irrationnel, selon le **porte-parole** de l'Aérospatiale...
6. ... celles-ci **entretiennent** les avions selon des **modalités** qui peuvent varier **sensiblement** d'une compagnie à l'autre.
7. Pour preuve, l'incroyable série noire qu'a connue le DC 10 de la McDonnell-Douglas dans les années soixante-dix à cause d'un **défaut de fermeture de porte.**
8. Pour **le commun** des mortels, il ne reste qu'à voler et... à toucher du bois.

LECTURE 2

Mise en train

Pour lire avec facilité un texte en français, vous l'avez vu, il faut posséder deux techniques importantes: deviner le sens des mots d'après leur contexte et (peut-être surtout) savoir quand on n'a vraiment pas besoin de comprendre un terme pour saisir le sens du texte. Dans les phrases suivantes, essayez de deviner le sens des mots indiqués. Puis décidez s'il est nécessaire de savoir le mot en question pour comprendre la phrase.

1. Avec ma voiture, je veux encore une fois **parcourir** la piste où je vais essayer de décoller. Je l'ai parcourue... pour étudier ses plus petites **bosses,** ses plus petits **trous.**
2. Pour le départ, nous avons décidé que nous attendrions les premières **lueurs** du jour.
3. J'essaie de décoller, mais l'avion ne **bouge** pas. Je comprends qu'il **s'est enfoncé** dans le **sol** à cause de son grand **poids.**
4. Sur la terre, les villes et les villages sont maintenant plus proches les uns des autres. Les **voies ferrées** et les canaux deviennent plus nombreux.
5. Les arbres, **serrés** les uns contre les autres, semblent un **tapis** vert aussi régulier qu'un océan sans limites.
6. Nous vivons tous les trois des minutes terribles. Le Brix (le pilote) dit à Mesmin: «Vas-y, mon vieux, **saute...** A tout à l'heure! Bonne chance!»
7. L'avion **se redresse** et, dans un grand bruit, il vient **s'écraser à plat,** sans glisser plus de quelques mètres.

La Première Liaison Paris-Tokyo

Nous sommes habitués maintenant aux longs et rapides voyages en avion. Nous oublions souvent combien les premiers vols étaient difficiles, il n'y a pas si longtemps. Marcel Doret nous raconte comment il a essayé, avec un autre pilote et un mécanicien, d'aller pour la première fois de Paris à Tokyo sans s'arrêter. C'était un véritable exploit...

12 juillet 1931.

Il est trois heures et demie du matin quand j'arrive, avec ma femme, sur le terrain du Bourget pour le grand départ. Après avoir attendu pendant plusieurs jours un temps favorable, nous sommes enfin prêts à partir pour Tokyo.

Trois ou quatre cents personnes sont là pour assister à notre décollage. Je ne sais pas comment cela se fait, parce que nous n'avions dit à personne que nous partions.

Je suis très calme, mais notre avion est très chargé et la piste est couverte d'herbe. Je connais bien les dangers qu'il y a à décoller dans ces conditions. Tout a été longuement étudié, discuté entre nous depuis des semaines, avec une très grande attention. Maintenant j'ai l'esprit tranquille.

Avec ma voiture, je veux encore une fois parcourir la piste où je vais essayer de décoller. Est-ce que c'est bien nécessaire? Je l'ai parcourue dans toutes les directions pour étudier ses plus petites bosses, ses plus petits trous.

Pour le départ, nous avons décidé que nous attendrions les premières lueurs du jour. Nous sommes prêts. Mesmin met le moteur en route. J'occupe, à l'avant, la place de premier pilote. Le Brix, derrière moi, est copilote-navigateur. Mesmin est notre mécanicien.

D'un signe, je fais enlever les morceaux de bois qui empêchent l'avion de rouler. Il ne bouge pas. Je comprends qu'il s'est enfoncé dans le sol à cause de son grand poids. Je fais un signe aux mécaniciens. Ils viennent en courant et ils poussent, aidés de spectateurs. L'avion se décide à avancer. Il prend lentement de la vitesse.

Le cercle qui indique le centre du terrain est dépassé. J'hésite pendant une seconde. Notre vitesse est encore bien faible: est-ce que nous pourrons décoller?

Nous approchons de la fin du terrain. Cette fois il faut décoller. Je tire... l'avion monte avec peine à cent cinquante kilomètres à l'heure.

Après une heure de vol, nous avons à peine dépassé l'altitude de cent mètres. Je me décide quand même à faire tourner le moteur un peu moins vite. Depuis le départ, il tournait à deux mille cinquante tours à la minute. Maintenant il ne tourne plus qu'à deux mille tours... Cinquante tours de moins, ce n'est pas beaucoup mais je ne peux pas faire mieux.

Sur la terre, les villes et les villages sont maintenant plus proches les uns des autres. Les voies ferrées et les canaux deviennent plus nombreux... Nous approchons des régions industrielles du Nord.

Dix minutes plus tard, nous arrivons au-dessus de l'aérodrome de Bruxelles. Nous traversons rapidement la Belgique. Nous volons à présent à qua-
45 tre cents mètres... Le temps est beau, l'air est assez calme, le moteur tourne régulièrement et notre vitesse est de deux cent dix kilomètres à l'heure.

Tokyo est encore à plus de dix mille kilomètres. C'est-à-dire que nous avons encore beaucoup d'heures de vol à faire avant d'arriver!

Quand la nuit approche, nous commençons à nous sentir fatigués. Pour-
50 tant, il faut lutter° contre la fatigue de toutes nos forces. Nous arrivons à l'Oural, mais un gros orage° coupe notre route. C'est pour nous un très grand danger. Le Brix décide de se diriger vers le nord. Cela allonge notre route. Pendant de longues heures, nous volons au-dessus de forêts qui s'étendent aussi loin qu'on peut voir. Les arbres, serrés les uns contre les
55 autres, semblent un tapis vert aussi régulier qu'un océan sans limites.

to struggle
storm

J'ai l'impression que, si nous tombions ici, nous serions plus perdus que dans un désert parce que personne ne pourrait nous voir. Je pense aussi qu'il ne doit pas être facile de circuler dans cette forêt si épaisse.

Nous avons eu peur de souffrir du froid en volant au-dessus de cette par-
60 tie de la terre, mais, au contraire, il fait chaud en cette saison, au-dessus de la Sibérie! Après avoir suivi le grand fleuve Ob qui traverse la forêt, j'ai besoin de me reposer et je donne la direction de l'avion à Le Brix. Au réveil, j'aperçois quelques clochers° dans les villages qui se trouvent au pied de la montagne. La nuit tombe et, par prudence, je reprends un peu d'altitude.
65 Le Brix, puis Mesmin s'endorment à leur tour. Je vole au-dessus d'une mer de nuages° qui est venue nous cacher le soleil.

bell towers
clouds

Tout à coup, après quarante-neuf heures de vol, le moteur a perdu de sa puissance. Son bruit a changé. Je fais beaucoup d'efforts, mais nous descendons quand même et nous rentrons dans les nuages.
70 Le Brix s'est réveillé. Il s'approche de moi. Je lui crie:

«Nous sommes en panne!»

J'ouvre le robinet du réservoir de secours. Le Brix réveille Mesmin en le tirant par les pieds.

Nous n'avons plus aucune chance de pouvoir continuer notre route. L'es-
75 sence n'arrive plus au moteur. Chacun regarde si son parachute est bien attaché, puis des phrases rapides s'échangent entre nous:

«Vide l'essence, vite!»

Plus de mille litres coulent de chaque côté de l'avion. J'essaie de voir le sol, mais nous sommes encore dans les nuages. Le moteur ne tourne plus qu'à
80 mille trois cent cinquante tours à la minute. Il n'y a plus aucun espoir.

Tout à coup, Mesmin, qui regardait par une fenêtre, s'écrie:

«Eh! J'aperçois une lumière!»

En effet, une lumière brille et nous nous dirigeons vers elle.

Je dis à Mesmin: «Il faut que tu sautes!»

85 Chacun de nous pense au voisin. Nous vivons tous les trois des minutes terribles. Le Brix dit à Mesmin:

«Vas-y, mon vieux... saute... A tout à l'heure! Bonne chance!»

Le Brix s'est penché pour regarder descendre notre mécanicien. Puis il vient vers moi. Il me dit simplement:

90 «Il a sauté.» Et il ajoute:

«Tu n'as aucune chance de sauver l'avion. Tu risques de te tuer... Il faut sauter.»

Il reste un moment à côté de moi. Il dit encore:

«Alors?... Qu'est-ce que tu fais?»

95 —Je ne sais pas encore... Je vais voir...

Nous ne sommes plus qu'à cinq cents mètres d'altitude. Je serre très fort la main de Le Brix. Il saute... Me voici seul dans l'avion. J'ouvre le toit. Le sol se rapproche rapidement.

Si cette panne était arrivée une heure plus tard, je verrais clair, mais il fait 100 encore nuit.

Je cherche à apercevoir la tache moins sombre d'un terrain sans arbres. Il n'est plus possible de sauter en parachute: c'est trop tard, je suis trop bas... Comment va se faire l'atterrissage?

Je coupe le moteur et, au bout de quelques instants, l'hélice° s'arrête de 105 tourner. Les dernières secondes de la descente me paraissent interminables. Je suis incapable de dire à quelle hauteur je me trouve.

propeller

Enfin l'avion touche le haut des arbres...

De toutes mes forces, et Dieu sait si l'on est fort dans ces moments-là, je tire sur le manche.° L'avion se redresse et, dans un grand bruit, il vient 110 s'écraser à plat, sans glisser plus de quelques mètres.

stick

Je ne suis que légèrement blessé au front, mais le sang coule sur mon visage. Je songe à Le Brix et à Mesmin... Qu'est-ce qu'ils sont devenus? Où sont-ils?

Pendant que je pense à tout cela, je suis là, sans bouger, assis sur mon 115 siège. Tout à coup, je me dis que l'avion peut prendre feu et j'entends le bruit de l'essence qui coule des réservoirs troués.

Je saute de l'avion. Je cours. Après quelques instants, je m'arrête. Je regarde, dans le silence de la nuit. Rien ne se passe... L'avion ne prendra pas feu.

120 J'entends, près de moi, un bruit de pas et de branches cassées. Je crie: «Qui est là?»

Des mots que je ne comprends pas répondent à mon appel. Un paysan russe apparaît enfin. Il m'emmène chez lui. Je pense qu'il veut me soigner, mais je n'ai qu'un désir, retrouver mes camarades le plus vite possible. Le 125 paysan finit par comprendre ce que je veux. Il prépare son cheval et nous partons dans la direction que je lui indique.

Nous traversons un village. Toutes ses maisons sont en bois. Il y a un chemin qui nous permet de la suivre dans la direction où je pense retrouver

mes amis. Enfin, près d'une petite gare, j'aperçois Le Brix qui vient vers nous.
130 Nous nous embrassons. Il croyait que j'étais mort. Très vite, il me rassure: «Mesmin n'a qu'une légère blessure à la jambe.»

Un peu plus tard, nous sommes revenus à l'avion. Nous voyons que nous ne pouvons pas le réparer. Nous prenons les instruments de valeur et aussi le moteur pour les ramener à l'usine. Nous voulons savoir pourquoi nous avons
135 eu cette panne.

Puisque nous sommes tous les trois vivants, nous repartirons bientôt sur un second avion...

Extrait de *Plein ciel* par Marcel Doret, adapté par Jacques Malzac dans *Exploits sportifs*

Mise au point

A. Citez plusieurs faits dans l'extrait qui indiquent que ce vol a eu lieu en 1931, c'est-à-dire avant la technologie aéronautique moderne.

B. 1. Quels aspects du vol (sa destination, sa durée, les pays traversés, etc.) vous surprennent le plus?
2. Combien de personnes ont fait ce vol? Qui sont-elles?
3. Dans quelle direction l'avion a-t-il volé? Quels pays mentionnés dans le texte a-t-il survolés?
4. Combien de temps a-t-il fallu pour arriver à Bruxelles?
5. Le vol a duré combien de jours?
6. Dans quel pays l'avion s'est-il écrasé?
7. Est-ce que les hommes ont repris le vol jusqu'à Tokyo?

C. Est-ce que vous reconnaissez la personne sur la photo à la page 125? Comment savez-vous que ce vol date de la même époque que celui de l'extrait?

D. Comment la toute dernière phrase de l'extrait résume-t-elle l'importance de cette période dans l'évolution de l'avion comme moyen de transport?

LECTURE 3

Mise en train

A. Le poème que vous allez lire a été écrit en **vers libres** *(free verse)*. Quelles sont les caractéristiques du vers libre?

B. Quelle différence y a-t-il entre un poème en vers libres et de la prose?

Réseau aérien

. . . .

Nues.
  Nues.
Noire nuit.
  Apre° noire. — bitter
5 Frôle° nuit. — skim
  Pleine pluie.
Bave° lave. — dribble
  Roche noire.

Dors, endors.
10 D'heure en heure.
Proche terre.
Luit en nuits.
Proches lueurs.
Nous en nuées.
15 En dormeurs, en noirs dormants.
En nuées endormies.
Nageurs.° (swimmers)
Nous approchons la nuit d'Orly.

Michel Butor

Mise au point

A. Quelle couleur prédomine dans ce poème? Pourquoi le poète a-t-il choisi cette couleur? Quel effet y produit-elle?

B. Quels autres mots sont liés avec la couleur dominante du poème?

C. Dégagez les mots du poème qui sont formés à partir du verbe **dormir.** Quelle est, selon le poète, la sensation dominante d'un vol de nuit?

D. Pour déterminer le rythme d'un poème écrit en français, on compte le nombre de syllabes dans chaque vers. Les **e muets** sont comptés seulement devant un mot qui commence par une consonne. Dans la poésie traditionnelle, il y a normalement un nombre pair *(even)* de syllabes, le plus souvent 6, 8, 10 ou 12. Combien de syllabes y a-t-il dans les vers ci-dessous?

> Amer savoir, celui qu'on tire du voyage!
> Le monde, monotone et petit, aujourd'hui,
> Hier, demain, toujours, nous fait voir notre image:
> Une oasis d'horreur dans un désert d'ennui!
>
> Baudelaire

Maintenant comptez le nombre de syllabes dans chaque vers du poème «Réseau aérien». Comment savez-vous que c'est un poème moderne? Quel effet le poète essaie-t-il de créer par les rythmes qu'il emploie?

Le Transport ferroviaire

LECTURE 4

Mise en train

A. 1. D'après le titre de cet article, quel est «le dinosaure» en question?
2. Quel est le sens de la phrase «Il [le chemin de fer] est depuis des années un dinosaure du passé aux Etats-Unis»?

B. A votre avis, quelle peut être la réponse à la question suivante, posée par l'auteur de cet article: «Le bon état de conservation du chemin de fer en France s'expliquerait donc par un retard de civilisation et une pauvreté en énergie?»

C. D'après vos propres connaissances du chemin de fer aux Etats-Unis, trouvez le verbe à droite qui complète le mieux le sujet à gauche.

_____ 1. Avant 1900, le chemin de fer américain
_____ 2. En 1980, la part du rail pour le trafic marchandise et voyageurs
_____ 3. L'invention de la voiture
_____ 4. Dans les années d'avant la deuxième guerre, le transport
_____ 5. Aux Etats-Unis, le matériel des chemins de fer
_____ 6. Du point de vue économique, le chemin de fer américain
_____ 7. Face à une crise perpétuelle de l'énergie, l'Amérique

a. a arrêté le développement des chemins de fer.
b. reste plutôt banal et n'a jamais été autant développé que celui de la voiture ou l'avion.
c. a joué un rôle très important dans l'expansion du pays vers l'ouest.
d. est resté l'affaire du secteur privé et n'a pas profité de l'intervention de l'Etat.
e. a subi une baisse très importante et a été remplacée par l'importance du réseau routier.
f. est devenu individualisé.
g. devra mieux développer les transports de masse, surtout le réseau de chemin de fer urbain.

Le Dinosaure et le train à grande vitesse

1885: la Compagnie Edison d'électricité invente le premier métro électrique à New York. Charles de Freycinet médite sur les vertus républicaines d'un réseau ferré des régions de l'intérieur.

1984: la ville de New York fait appel aux constructeurs français pour rénover le réseau ferré urbain. Le TGV remporte un franc succès commercial dans l'Hexagone.

Entre ces deux dates, deux histoires divergentes. Le chemin de fer en France reste une aventure industrielle où se rencontrent prouesses techniques et tradition sociale. Il est depuis des années un dinosaure du passé aux Etats-Unis.

Au tournant du siècle, le bon élève américain a largement dépassé ses maîtres français et excelle dans la course à l'électrification. La décadence sera fulgurante:° entre 1890 et 1980 la part du rail pour le trafic marchandises passe de 85 à 37% aux USA et de 72 à 29% en France (en tonnes-kilomètre). Pour le trafic voyageurs, la chute est encore plus brutale: de 92 à 4% aux USA et de 84 à 12% en France (en voyageurs-kilomètre).

° spectacular

C'est un lieu commun d'attribuer ce déclin à l'arrivée précoce de l'automobile et à l'abondance pétrolière aux Etats-Unis. Le bon état de conservation du chemin de fer en France s'expliquerait donc par un retard de civilisation et une pauvreté en énergie? L'argument semble un peu court. Si l'invention de la voiture à essence fut française et si la révolution automobile dépossédant de sa prééminence le chemin de fer s'est jouée avant et plus brutalement aux Etats-Unis, c'est tout bonnement parce que nous n'avons ni la même notion de la mobilité sociale ni la même conception de l'efficacité des transports.

Le réseau ferré américain s'est constitué dans un espace ouvert où priment l'accessibilité, la sécurité et le transport de masse. Son déclassement rapide vient de la prédiction d'un Henry Ford souhaitant faire «de chaque ouvrier un automobiliste». D'un coup, le transport va vers l'individu, il devient moins rigide, il assure une formidable expansion de la liberté. Rien de tel dans la France d'avant-guerre. Contraste saisissant: en 1936, quand la huit millionième Ford T sort des chaînes de Detroit, le gouvernement français consacre la popularité du chemin de fer en accordant les congés payés avec billet de train à tarif réduit!

Autre contraste. Les Français sont devenus maîtres dans la sophistication. Le matériel de traction est diversifié à l'extrême: on compte plus de deux cent vingt types différents de locomotives en service en 1938! La banalisation du matériel après-guerre ne renoncera pas à la tradition de l'excellence technique. On aboutit ainsi au TGV, produit noble qui donne du chemin de fer français une image permanente de modernité. A l'inverse, aux Etats-Unis, la locomotive n'est qu'une machine à tirer des wagons.

«Le TGV remporte un franc succès commercial dans l'Hexagone.»

Enfin, le chemin de fer est d'abord une affaire d'Etat en France. La qualité du service public, les rapports entre pouvoir local et administration centrale ou les interrogations sur la construction d'une industrie du rail nationale oc-
45 cupent le devant de la scène des transports depuis toujours. C'est aussi l'af-

faire d'un exploitant unique qui a les moyens de fixer ses normes et les cahiers des charges aux constructeurs. Par contre, aux Etats-Unis, le chemin de fer a longtemps été une affaire privée où l'on investit tant qu'elle est rentable: le financier investit, le constructeur construit, les compagnies ferroviaires achètent. Chacun à sa place. 50

Le déclin du chemin de fer aux Etats-Unis est dû ainsi pour l'essentiel à une plus grande fluidité du corps social, à l'absence d'une tradition d'ingénieurs du rail et à un refus d'intervention de l'Etat dans l'économie. Mais sa bonne tenue en France ne prouve en rien notre plus grande efficacité économique. La leçon de cette petite histoire est ailleurs. Face à une crise durable de l'énergie, les économies développées devront tôt ou tard s'adapter. Il se pourrait que le réveil soit plus douloureux aux Etats-Unis. Car le rêve américain ne passe plus par le huit-cylindres en V. Peut-on en déduire pour autant qu'il y aura une renaissance du chemin de fer américain? Certes non. Mais les regards commencent à se tourner vers l'Europe, après l'euphorie de la pétro-prospérité. Il se pourrait ainsi que l'Europe, et en particulier la France, se retrouve bien placée pour saisir la chance d'un regain du chemin de fer urbain aux Etats-Unis. 55 60

Laurent Dartois dans *Le Monde*

Mise au point

A. Reprenez l'exercice C de la section **Mise en train** à la page 127. Vérifiez vos réponses à la lumière de l'article. Maintenant, complétez les mêmes débuts de phrases mais cette fois-ci du point de vue du chemin de fer français.

B. Vers le début de l'article, l'auteur fait allusion à «deux histoires dvergentes». En travaillant avec des camarades de classe, composez une liste des attitudes sociales, philosophiques et politiques mentionnées dans l'article qui expliquent ces histoires si différentes.

C. Du point de vue de la technologie, quelle a été la grande différence entre le chemin de fer français et américain?

D. Relisez la fin du dernier paragraphe de la sélection. Quel rôle la France veut-elle jouer à l'avenir dans le développement du chemin de fer américain?

E. Comment explique-t-on «la bonne tenue du chemin de fer» en France par rapport à sa décadence aux Etats-Unis?

LECTURE 5

Mise en train

A. Dans quels domaines le rail, c'est-à-dire le chemin de fer, peut-il encore faire de «nouvelles conquêtes», comme l'indique le titre de l'article suivant? Autrement dit, quels sont les progrès qu'il reste à faire?

B. Munissez-vous de cartes géographiques qui vous permettent de repérer les villes et régions suivantes (toutes mentionnées dans le texte que vous allez lire).

En France		Ailleurs	
Paris	Lyon	Londres	Cologne
Bordeaux	Lille	Bruxelles	Amsterdam
Strasbourg	Calais	Stockholm	Lisbonne
Béziers	Carcassonne	Edimbourg	Naples
Toulouse	l'Alsace	Barcelone	Munich
Rennes	Nantes	Turin	Milan
		Rome	Genève
		Francfort	Madrid
		Florence	la Costa Brava
		Gênes	Kent
		Mannheim	Stuttgart
		Liège	Bâle
		l'arrière-pays catalan	

TGV: les nouvelles conquêtes du rail

Le TGV est une «belle bête», visiblement taillée° pour la vitesse. Une bête qui, après la France, s'apprête à conquérir l'Europe et à secouer° sérieusement la carte socio-économique de notre vieux continent. Un bouleversement qui sera probablement comparable à l'avènement du chemin de fer, il y a cent cinquante ans... (5)

Huit ans après la mise en service de la première ligne, Paris-Lyon, un TGV «nouvelle génération» reliera Rennes et Nantes à Paris en 2 heures, Bordeaux (2h58 de Montparnasse) et toute la façade Atlantique. En 1993, ce sera le tour° de Lille et de l'Europe du Nord: Londres-Cologne (via le tunnel sous la Manche) en 3h40, Bruxelles-Amsterdam en 1h30, Paris-Bruxelles en 1h20. A venir: une ligne Est, vers Strasbourg et l'Allemagne, et de nombreux autres projets, en Allemagne, en Grande-Bretagne et en Italie. Même l'Espagne a décidé de refondre° son réseau, pour pouvoir suivre le mouvement. (10)

taillée: cut out
secouer: shake up
tour: turn
refondre: remodel

Et quel mouvement! L'Europe entière regarde avec envie un bolide° orange filer vers Lyon, en attendant le bleu atlantique. A 270 km/h, le TGV peut se flatter d'avoir fait tomber de 60% le trafic d'Air Inter vers sa destination fétiche. En moins de deux ans.

A l'origine de cette version technologique de la fable du lièvre et de la tortue, une idée de génie des ingénieurs de la SNCF, qui ont conçu un TGV capable d'emprunter° toutes les voies du réseau existant, et de se ranger° aux mêmes quais que ses frères de banlieue.

Pour balayer tous leurs doutes, les concepteurs du TGV avaient l'exemple de l'«ancêtre» japonais. Le Shinkansen, inauguré en octobre 1964. Eurodisneyland à Marne-la-Vallée aura sa gare. Ses promoteurs jouent sur du velours:° le parc japonais d'Appikogen a vu le nombre de ses entrées passer de 121 000, en 1981, à 700 000, en 1987, grâce au Shinkansen! Les groupes—écoliers, retraités,° associations—sont devenus des habitués du train rapide. Les Américains, eux aussi, s'y sont mis: une agence de Milwaukee offre le trajet «Paris-Lyon on the exciting TGV». Combiné, il est vrai, avec le «sumptuous dinner at the famous Paul Bocuse restaurant»!

Et si Londres déménageait? Une avant-garde de Britanniques, lassés des banlieues de leur capitale, comptait même s'installer aux environs de Calais, pour aller, chaque matin, travailler à la City par le tunnel. L'annonce des prix du passage par le Channel a tué le rêve. Pour le TGV Nord, en revanche, la question ne se pose pas. Il suffit de déplier une carte d'Europe pour comprendre: 10 millions d'habitants dans la seule agglomération londonienne, autant à Paris; une densité de population proche de celle de la ruche° asiatique—350 âmes au kilomètre carré, aux Pays-Bas; un centre d'investissement international à Bruxelles, siège de la gigantesque administration communautaire. Difficile de rêver mieux.

L'abandon du projet de tunnel sous la Manche, en 1974, a retardé de vingt ans la naissance du premier réseau européen. C'est un échange de signatures entre Margaret Thatcher et François Mitterrand, en juillet 1987, qui l'a fait ressortir des cartons. Dès 1993, 40 millions d'Européens transiteront à 300 à l'heure dans le triangle d'or du Vieux Continent, dont 10 millions vers l'Angleterre.

Le TGV Nord est plus qu'un réseau ferré. C'est une gigantesque secousse° culturelle pour l'Europe. Le train, véhicule favori des grands-mères et des permissionnaires,° a, certes, modelé le territoire, irrigué les provinces. Mais cette toile de fer, cette armature des nations a surtout servi, dans tous les pays, à délimiter les frontières et à renforcer le pouvoir de la capitale. Le train du futur, lui, joue l'Europe. Mieux, il donne une logique internationale à un foisonnement° de projets jusqu'alors exclusivement nationaux.

Et l'on se prend à rêver, de Stockholm à Lisbonne, d'Edimbourg à Naples, d'une Europe du rail, d'un maillage de 30 000 kilomètres de voies à grande vitesse, qui réduirait de moitié tous les temps de parcours entre les métropoles et remodèlerait l'Europe.

Mais le TGV pourrait bien faire naître des régions transfrontalières. Les

bolide: fire-ball
emprunter / se ranger: using / pulling into
jouent sur du velours: are in an advantageous position
retraités: retirees
ruche: hive
secousse: jolt
permissionnaires: soldiers on leave
foisonnement: abundance

multinationales négligent déjà les frontières pour déterminer leurs implantations en Europe. Daimler-Benz s'implante en Alsace, Honda à Londres, Bruxelles et Francfort. De même, les Britanniques redécouvrent, avec le tunnel, le nord-ouest de la France. Barcelone lorgne° son arrière-pays catalan, vers Béziers et Carcassonne, et les experts de la SNCF planchent° sur une ligne méditerranéenne, reliant Gênes à Barcelone. Les Lyonnais ont compris l'enjeu.° Déjà nantis de l'unique voie TGV française (pour le moment), ils intriguent, bataillent pour en obtenir deux nouvelles. Un axe Lyon-Turin-Milan, au sud, et une liaison Rhin-Rhône, au nord, en provenance de Bâle. Deux arceaux° transalpins qui constituaient, au Moyen Age, l'hinterland, le marché traditionnel, de Lyon, Genève et Lyon se rapprochent déjà en liant le trafic de leurs aéroports.

A 300 à l'heure, le TGV peut, certes, redessiner des régions aux contours estompés° par plusieurs siècles de centralisme politique. Au siècle des jets, le train, même ultrarapide, est réputé insupportable pour un homme d'affaires au-dessus de quatre heures de trajet, cinq pour un voyage de loisir. Au-delà de 900 kilomètres, le TGV sera-t-il toujours battu par l'avion? Avec une croissance annuelle du trafic de 12%, depuis trois ans, le ciel est saturé.

Deux appareils atterrissent toutes les minutes à Londres et à Francfort. Soixante «quasi-collisions» se produisent chaque année dans la zone de contrôle londonienne. Or l'Association des compagnies aériennes européennes prévoit un doublement du trafic d'ici à l'an 2000. Et un engorgement presque irrémédiable de la moitié des 50 aéroports européens si la déréglementation provoque une réelle baisse des tarifs. Le TGV attend en embuscade...

Pour rentabiliser leurs vols, les compagnies aériennes vont privilégier la desserte° des grosses plaques tournantes° européennes, comme Heathrow (Londres), Francfort, Milan ou Rome, au détriment des destinations moins fréquentées. Résultat: l'avion perd de sa «rapidité». Cinq heures, via Francfort, pour atteindre Munich au départ de Toulouse! Dans ces conditions, le train rapide direct devient compétitif. D'autant plus qu'°il peut circuler la nuit, alors que les aéroports limitent leur activité après 22 heures. La SNCF planche sur l'aménagement° de luxueux TGV couchettes, qui embarqueraient les hommes d'affaires britanniques à 20 heures, à Londres, pour les déposer à l'ouverture des bureaux à Rome ou à Madrid, quand décollent les premiers avions.

Mais le marché du TGV transeuropéen est plus large encore. «Son avenir se joue sur l'axe nord-sud», assure Daniel Vincent, spécialiste des transports à la CEE. Chaque année, 30 millions de Britanniques et 32 millions d'Allemands foncent vers le soleil. Les prochains TGV charters à deux étages pourront transporter près de 800 voyageurs par rame, avec des intervalles de quelques minutes, vers la Costa Brava ou Florence. Les compagnies ferroviaires européennes estiment pouvoir arracher à l'avion un tiers du pactole,° en cassant les prix.

L'avion n'est pas mort pour autant. Les centres-villes s'engorgent. Les bu-

covets
are studying
stakes
bridges
blurred
servicing / hubs
all the more since
fitting out
gold mine

reaux, les résidences migrent lentement vers les périphéries et près des aéroports. Orly, au sud-ouest de Paris, le cerveau de l'Ile-de-France, mise° pour longtemps sur la clientèle high-tech. Roissy prospère et attend 2 millions de passagers supplémentaires grâce au TGV.

Et puis... l'Europe du TGV a aussi ses langueurs. En Angleterre, pourtant mère du rail, le grand réseau européen pourrait être retardé. Harcelée° par les écologistes, British Rail a consenti à faire passer son futur TGV par un tunnel de 30 kilomètres sous les cottages verdoyants du Kent. Coût de l'opération: 8 milliards de francs supplémentaires. Une broutille,° comparée au coût du réseau allemand. Ecologistes et particuliers font crouler° sous les procès° la Deutsche Bundesbahn. Pour éviter les forêts, les zones d'habitation et les ennuis, la DB fera passer sa prochaine ligne Mannheim-Stuttgart dans 15 tunnels et sur 90 ponts, pour à peine 100 kilomètres.

A Bruxelles, les spécialistes des chemins de fer sont sûrs d'une chose: le TGV passera en Belgique... Mais par où? Par Liège, c'est presque certain, mais en traversant les plates-bandes° des écologistes flamands. A l'est, bien sûr, vers Cologne. Mais qui paiera ces voies peu rentables? Avec ou sans TGV, l'Europe, c'est encore Clochemerle.°

Adapté d'un article de Philippe Coste et Jean-Paul Dufour dans *L'Express*

105 mise: is betting
110 Harcelée: harrassed
broutille: trifle
font crouler sous les procès: are crushing them / with lawsuits (115)
120 plates-bandes: flower beds
Clochemerle: fictional French village in novel by same name, symbol of a town divided into warring clans

Mise au point

A. Expliquez la comparaison faite entre le TGV et «une belle bête», ou encore «un bolide orange». En quelle année a-t-il été mis en service? Quelle vitesse peut-il atteindre actuellement?

B. Pourquoi les auteurs de l'article font-ils allusion à la fable du lièvre et de la tortue? Expliquez comment, dans le contexte du TGV, la «tortue» a pu gagner. La «tortue» peut-elle toujours l'emporter sur son rival? Qu'en dit l'article?

C. Quels sont, à votre avis, les plus grands avantages culturels et commerciaux du TGV dans la perspective de la Communauté Européenne? Appuyez votre réponse sur les données de l'article.

D. Quels sont les plus graves problèmes que risquent de rencontrer les constructeurs de chemins de fer en Europe, actuellement et à l'avenir? Que se passe-t-il en Angleterre, en Allemagne et en Belgique lorsqu'une nouvelle ligne est proposée?

E. En évitant la citation de fragments du texte, faites le résumé des idées directrices de l'article dans l'ordre où elles apparaissent. Supprimez les informations secondaires ainsi que les exemples. Votre résumé doit représenter 20% du texte environ.

LECTURE 6

Mise en train

A. On parle de construire un tunnel sous la Manche depuis, au moins, l'époque de Napoléon. Le «chunnel», comme disent les Britanniques, va servir quel public, à votre avis? Si l'occasion se présente, aimeriez-vous l'utiliser? Expliquez pourquoi.

B. Le passage sous la Manche va se faire par le train à grande vitesse «Transmanche». Combien de temps doit durer le trajet? Pourquoi le titre de l'article parle-t-il d'«angoisse»? Quelle est votre réaction personnelle lorsqu'il s'agit de passer dans un tunnel?

Le Design pour combattre l'angoisse°

anxiety

Eurotunnel, double angoisse: celle du tunnel et celle du passage sous la mer. Peut-on y remédier? De façon un peu inattendue, la réponse est esthétique. Le design comme remède. L'un des grands de la spécialité, Roger Tallon, s'y est attaqué.

5 «Cette question m'a turlupiné, explique-t-il, car enfin quelqu'un qui parcourt en métro le trajet Porte-de-la-Chapelle–Mairie-d'Issy fait le même voyage sous terre, environ trente kilomètres. Il y a donc autre chose qui effraie, une peur irrationnelle qui nous vient de loin: la transgression séculaire d'un passage de mer qui d'un seul coup se trouve à pied sec.»

10 Tallon retient le message, celui-là même que les psycho-sociologues de l'aéronautique lui avaient déjà livré° auparavant. L'angoisse du vol aérien n'est pas une angoisse de mort au premier degré. C'est «Je vais être puni parce que je vole, ce qui n'est pas humain». Il devient alors logique que l'avion s'écrase,° illogique qu'il vole. «Voler ou passer sous la mer, pour l'inconscient c'est pareil. Il s'agit de faire quelque chose qu'on ne devrait pas.» 15

had delivered

crashes

Tallon va jouer sur les espaces, les couleurs, les lumières. Et même le son, puisqu'il rêve, pour le Transmanche, d'un téléphone à chaque place comme raccordement° au réel. Il a toujours eu pour principe de valoriser la lumière. «Pour ne pas créer de problèmes, il faut retrouver les conditions naturelles. 20 Cela exclut donc l'artifice. Dès qu'il n'est plus central mais rejeté à la périphérie, l'éclairage ouvre l'espace. Le volume paraît plus large, on a l'impression que la lumière est produite à l'extérieur, non à l'intérieur.»

hookup

Il faut faire oublier au passager qu'il est enfermé dans une caisse° en tôle,° elle-même enfermée dans un tunnel, lui-même enchâssé° sous les eaux.

box / sheet metal

inserted

25 Les fenêtres sont regroupées par deux pour former des baies latérales qui, avec l'éclairage interne, produisent une lumière zénithale qui combat la claustrophobie. L'anxieux qui ne perçoit pas de volumes effrayants reste confiant en l'institution qui le transporte. En outre, l'intensité d'éclairement des voitures est invariable, qu'on soit ou non sous la Manche.

30 Il y a aussi le confort, qui valorise et diminue l'anxiété par le sentiment de sécurité qu'il procure. «Le ferroviaire étant fédérateur, les différences ethnologiques de perception des couleurs n'ont posé aucun problème», assure Roger Tallon. Les sièges de seconde classe seront en velours° rosé flanelle et soleil (couleur sécurisante pour les Anglais); les premières, plus neutres: les 35 riches n'aiment pas la couleur.

velvet

Deux nuances de gris, donc, pour les sièges, qui seront couverts de velours. Le train comportera plusieurs nurseries et un bar de style anglais. Les voyageurs utiliseront deux porte-bagages aériens,° un pour les valises, un pour les journaux. Dans les deux classes, les bas-parleurs installés à chaque 40 place pour la diffusion des messages, la moquette, les repose-pieds et de jolis stores° ajouteront à l'agrément de la traversée.

overhead
window shades

On oublie trop souvent que le Transmanche transportera surtout des Britanniques. L'emprunter sera pour eux synonyme de fête, de quête d'exotisme. Le contraire de l'angoisse, pourrait-on croire. Tallon sourit: «Ce sont 45 eux les plus angoissés, ils vont changer de nature, perdre leur caractère insulaire. D'ailleurs, ils le disent: les renards° pourront-ils prendre le tunnel et leur apporter la rage?°»

foxes
rabies

Adapté d'un article de
Catherine Nisak dans *Le Monde*

Mise au point

A. D'après l'article, traverser la Manche en train représente un voyage de combien de kilomètres? Est-ce beaucoup? D'où vient l'angoisse dont il s'agit alors?

B Comment Roger Tallon va-t-il tranquilliser les passagers par le design? Parlez surtout de l'espace, de la lumière et du décor. Quels sont les éléments qui vous ont surpris dans le projet de Tallon? Que pensez-vous de la distinction qu'il fait entre les voyageurs de première et de seconde classe?

C. Comment les Britanniques sont-ils représentés par la journaliste du *Monde?* A quel public fait-elle appel? S'agit-il d'une description trop ethnocentrique ou assez juste, à votre avis?

La RATP (Régie Autonome des Transports Parisiens)

LECTURE 7

Mise en train

A. Lisez l'introduction aux «Exercices de style». Elle vous permet de connaître l'essentiel de l'histoire que Queneau va raconter tant de fois. En vous servant de vos propres mots, racontez cette même histoire au passé.

B. Chaque variation de l'incident est précédée d'un titre qui indique le style utilisé par l'auteur. En lisant chaque version, essayez de dégager le sens de chacun des titres. Quel va être l'aspect humoristique de chaque version?

Exercices de style

Le narrateur rencontre, dans un autobus, un jeune homme au long cou, coiffé d'un chapeau orné d'une tresse° au lieu d'un ruban. Le jeune homme échange quelques mots assez vifs avec un autre voyageur, puis va s'asseoir à une place devenue libre. Un peu plus tard, le narrateur rencontre le même jeune homme en grande conversation avec un ami qui lui conseille de faire remonter le bouton de son pardessus. Dans ses «Exercices de style», *Raymond Queneau raconte cette brève histoire quatre-vingt-dix-neuf fois, de quatre-vingt-dix-neuf manières différentes! En voici quelques-unes.*

°braid

Récit:

Un jour vers midi du côté du parc Monceau, sur la plate-forme arrière d'un autobus à peu près complet de la ligne S (aujourd'hui 84), j'aperçus un personnage au cou fort long qui portait un feutre mou entouré d'un galon° tressé au lieu de ruban. Cet individu interpelle tout à coup son voisin en prétendant que celui-ci faisait exprès de lui marcher sur les pieds chaque fois qu'il montait ou descendait des voyageurs. Il abandonna d'ailleurs rapidement la discussion pour se jeter sur une place devenue libre.

°gold braid

«Deux heures plus tard, je le revis devant la Gare St-Lazare...»

Deux heures plus tard, je le revis devant la gare Saint-Lazare en grande conversation avec un ami qui lui conseillait de diminuer l'échancrure° de son pardessus en faisant remonter le bout supérieur par quelque tailleur compétent.

° opening

Poor lay Zanglay:

Ung joor vare meedee ger preelotobüs poor la port Changparay. Eel aytay congplay, praysk. Jer mongtay kang maym ay lar jer vee ung ohm ahvayk ung long coo ay ung chahrpo hangtooray dünn saughrt de feessel trayssay. Sir mirssyer sir mee ang caughlayr contrer ung ingdeeveedüh kee lühee marshay sür lay peehay, pühee eel arlah sarsswar.

Ung per plüh tarh jer ler rervee dervang lahr Garshinglahzahr ang congparhrgnee d'ung dangdee kee lühee congsayhiay der fare rermongtay d'ung crang ler bootong der song pahrdessüh.

30 **Négativités:**

Ce n'était ni un bateau, ni un avion, mais un moyen de transport terrestre. Ce n'était ni le matin, ni le soir, mais midi. Ce n'était ni un bébé, ni un vieillard, mais un homme jeune. Ce n'était ni un ruban, ni une ficelle,° mais du galon tressé. Ce n'était ni une procession, ni une bagarre,° mais une bousculade. Ce n'était ni un aimable, ni un méchant, mais un rageur. Ce n'était ni une vérité, ni un mensonge, mais un prétexte. Ce n'était ni un debout, ni un gisant, mais un voulant-être assis.

string
brawl

Ce n'était ni la veille, ni le lendemain, mais le jour même. Ce n'était ni la gare du Nord, ni la gare de Lyon, mais la gare Saint-Lazare. Ce n'était ni un parent, ni un inconnu, mais un ami. Ce n'était ni une injure, ni une moquerie, mais un conseil vestimentaire.

Apartés:

L'autobus arriva tout gonflé° de voyageurs. *Pourvu que je ne le rate pas, veine° il y a encore une place pour moi.* L'un d'eux *il en a une drôle de tirelire° avec son cou démesuré* portait un chapeau de feutre mou entouré d'une sorte de cordelette à la place de ruban *ce que ça a l'air prétentieux* et soudain se mit *tiens qu'est-ce qui lui prend* à vitupérer un voisin *l'autre fait pas attention à ce qu'il lui raconte* auquel il reprochait de lui marcher exprès *a l'air de chercher la bagarre, mais il se dégonflera* sur les pieds. Mais comme une place était libre à l'intérieur *qu'est-ce que je disais,* il tourna le dos et courut l'occuper.

swollen
luck
face and mouth

Deux heures plus tard environ *c'est curieux les coïncidences,* il se trouvait Cour de Rome en compagnie d'un ami *un michet° de son espèce* qui lui désignait de l'index un bouton de son pardessus *qu'est-ce qu'il peut bien lui raconter?*

sucker

Extrait de Raymond Queneau,
Exercices de style

Mise au point

A. Reprenez l'exercice B de la section **Mise en train** à la page 137. Justifiez le titre donné par l'auteur à chaque version en relevant quatre ou cinq expressions bien choisies.

B. Dans la version «Poor lay Zanglay», comment Queneau se moque-t-il des Anglophones?

C. Expliquez la technique à la base de la version «Négativités».

D. Voici d'autres exemples des 99 styles différents de Queneau.

1. Au cours de votre lecture d'«A partie double», barrez chaque répétition.

Vers le milieu de la journée et à midi, je me trouvai et montai sur la plate-forme et la terrasse arrière d'un autobus et d'un véhicule des transports en commun bondé et quasiment complet de la ligne S et qui va de la Contrescarpe à Champerret. Je vis et remarquai un jeune homme et un vieil adolescent assez ridicule et pas mal grotesque: cou maigre et tuyau décharné, ficelle et cordelière autour du chapeau et couvre-chef. Après une bousculade et confusion, il dit et profère d'une voix et d'un ton larmoyant et pleurnichard que son voisin et covoyageur fait exprès et s'efforce de le pousser et de l'importuner chaque fois qu'on descend et sort. Cela déclaré et après avoir ouvert la bouche, il se précipite et se dirige vers une place et un siège vides et libres.

Deux heures et cent vingt minutes plus tard, je le rencontre et le revois Cour de Rome et devant la gare Saint-Lazare. Il est et se trouve avec un ami et copain qui lui conseille et l'incite à faire ajouter et coudre un bouton et un rond de corozo à son pardessus et manteau.

2. Voici une version «Télégraphique». Récrivez ce «télégramme» en ajoutant les mots nécessaires pour en faire un texte en prose.

BUS BONDE STOP JNHOMME LONG COU CHAPEAU CERCLE TRESSE APOSTROPHE VOYAGEUR INCONNU SANS PRETEXTE VALABLE STOP QUESTION DOIGTS PIEDS FROISSES CONTACT TALON PRETENDU VOLONTAIRE STOP JNHOMME ABANDONNE DISCUSSION POUR PLACE LIBRE STOP QUATORZE HEURES PLACE ROME JNHOMME ECOUTE CONSEILS VESTIMENTAIRES CAMARADE STOP DEPLACER BOUTON STOP SIGNE ARCTURUS.

3. Voici un style «Interjections». Reprenez la version «Apartés» et placez les interjections aux endroits convenables.

Psst! heu! ah! oh! hum! ah! ouf! eh! tiens! oh! peuh! pouah! ouïe! hou! aïe! eh! hein! pfuitt!

Tiens! eh! peuh! oh! heu! bon!

E. Y a-t-il un message derrière ces «exercices de style» de Queneau? Quel commentaire fait-il sur la réalité?

F. Lequel des «exercices» de Queneau avez-vous préféré? Pourquoi?

LECTURE 8

Mise en train

A. Connaissez-vous des jeux basés sur les villes? Quels sont les jeux? Quelles sont les villes?

B. Croyez-vous qu'on apprenne à connaître les villes sur lesquelles ces jeux sont basés? Pourquoi (pas)?

Des Américains s'amusent dans le métro parisien

Le métro parisien a désormais un jeu à sa gloire. Pas à Paris, mais à New York, où **Paris Métro** *(The Subway Game)* a fait son apparition dans les magasins spécialisés.

Les habitués du métropolitain trouveront sans doute curieux que certains
5 puissent éprouver du plaisir à retrouver chez soi, le soir, une ambiance qu'ils n'ont été que trop heureux de quitter. Mais c'est d'abord qu'ils ne connaissent pas le métro new yorkais, à côté duquel un trajet Pigalle-Etoile prend des allures de croisière de luxe. C'est ensuite qu'ils oublient le prestige de notre capitale, outre-Atlantique: les New Yorkais dans le vent ne vont-ils pas jus-
10 qu'à abandonner leur Monopoly national et jouer sur un plateau de jeu français pour le simple plaisir d'«acheter la rue de la Paix» au lieu d'une vulgaire avenue d'Atlantic City?

Les éditeurs américains du «Subway Game» ne s'y sont pas trompés qui invitent leurs clients à ce «*voyage éducatif à travers Paris*».

15 Sur un plateau de jeu qui reconstitue la carte du métro parisien, les joueurs se déplacent dans la jungle mystérieuse des correspondances en lançant des dés. Ils doivent ainsi accomplir le plus vite possible trois trajets puis revenir au départ, où trois nouvelles destinations leur seront accordées. Chaque trajet donne droit à un certain nombre de points, le but de la partie
20 étant de totaliser le score le plus important.

En fait, ce jeu qui se prétend instructif l'est effectivement, mais plus par les aberrations qu'il contient que par ce qu'il apprendra sur Paris. Tout d'abord, la carte du métro est curieusement tronquée. On passera sur l'absence du RER, sans doute jugé indigne des touristes américains, pour s'apercevoir par
25 exemple que certaines lignes ont complètement disparu.

Les monuments ne sont pas mieux traités: dix seulement ont été retenus par les concepteurs du jeu, dont la tour Montparnasse et l'Ecole militaire. En revanche, nulle trace de Beaubourg. Quant à l'Arc de Triomphe, sa présence est tolérée, mais à quel prix, puisqu'il se retrouve à la hauteur de la porte de
30 Champerret!

Les cartes «événements» réservent d'autres surprises: ainsi cette visite de Notre-Dame, au cours de laquelle on apprend que «*le sentiment public et le roman de Victor Hugo,* le Bossu de Notre-Dame *(sic), ont encouragé sa restauration*»; ou bien celle du Louvre, musée caractérisé essentiellement par le
35 fait que Napoléon «l'ait enrichi d'importantes œuvres d'art acquises dans chaque pays conquis».

Au hasard des cartes, les joueurs risquent beaucoup: une rame de métro qui déraille, une grève de la RATP, une autre de l'EDF, un train manqué parce que «personne n'a pu vous renseigner en anglais» et, suprême astuce,
40 une perte de temps parce qu'un Français a voulu vous rendre service. Ultime finesse: chaque carte est ornée du portrait d'un personnage moustachu élégamment coiffé d'un béret basque.

On ignore encore les chiffres de vente de ce jeu, mais son éventuel succès risque de se traduire par de véritables drames dans le métro parisien: aussi la prochaine fois que vous rencontrerez un touriste américain, en détresse,
45 perdu sur une ligne fantôme et vivant dans la psychose des bérets basques, ayez pitié: il s'agit peut-être d'une nouvelle victime du «Subway Game».

B. Spitz et S. Coignard dans
Le Monde

Mise au point

A. Trouvez dans le texte l'équivalent français des mots suivants.

1. game
2. game board
3. dice
4. to throw (dice)
5. players

B. Quel est l'équivalent américain du jeu «Paris Métro»?

C. Est-ce que ce jeu constitue effectivement un «voyage éducatif à travers Paris»? Pourquoi (pas)?

D. Quel est l'équivalent français des mots américains suivants qui traitent du métro parisien?

1. subway train
2. connection
3. (subway) trip
4. line
5. strike

E. Quel(s) aspect(s) du jeu est-ce que l'auteur de l'article n'apprécie pas?

F. Quelles différences trouve-t-on entre le vrai Paris et la ville telle qu'elle est représentée dans le jeu?

LECTURE 9

Mise en train

A. Qu'est-ce qu'un «préavis»? Pourquoi les grévistes de la RATP font-ils annoncer leurs intentions dans les journaux?

B. Quelles sortes de revendications peut-on s'attendre à lire dans l'annonce de grève?

Pour le 31 mai

Préavis de grève dans le métro et le RER

Le syndicat autonome «traction», majoritaire chez les conducteurs de métro et de RER, a déposé° un préavis de grève de 24 heures pour le jeudi 31 mai, afin de «protester contre la multiplication des agressions physiques sur l'ensemble du réseau ferré de la RATP», a annoncé vendredi 25 mai un communiqué de ce syndicat. Celui-ci ajoute que la direction de la RATP et les pouvoirs publics sont «restés insensibles» aux arrêts de travail auxquels il a déjà appelé au cours du mois de mai sur ces mêmes revendications.

filed

Le Monde

Mise au point

A. Combien de temps doit durer cette grève du métro?

B. Quelle justification donne le syndicat pour cet arrêt de travail? A-t-on l'impression que le syndicat a déjà été responsable de certaines perturbations sur les lignes du métro pour les mêmes raisons?

C. Qui est l'adversaire des conducteurs qui font la grève? Le problème soulevé par les grévistes vous paraît-il grave? Etes-vous solidaire des grévistes? Pourquoi?

Expansions

A. Faites un exposé sur le rail aux Etats-Unis. Parlez du passé et du futur. Imaginez un TGV-USA!

B. Choisissez un incident qui vous est arrivé pendant que vous étiez dans un transport en commun. En utilisant comme modèle les textes de Queneau, écrivez au moins trois versions de l'incident, chacune dans un style différent.

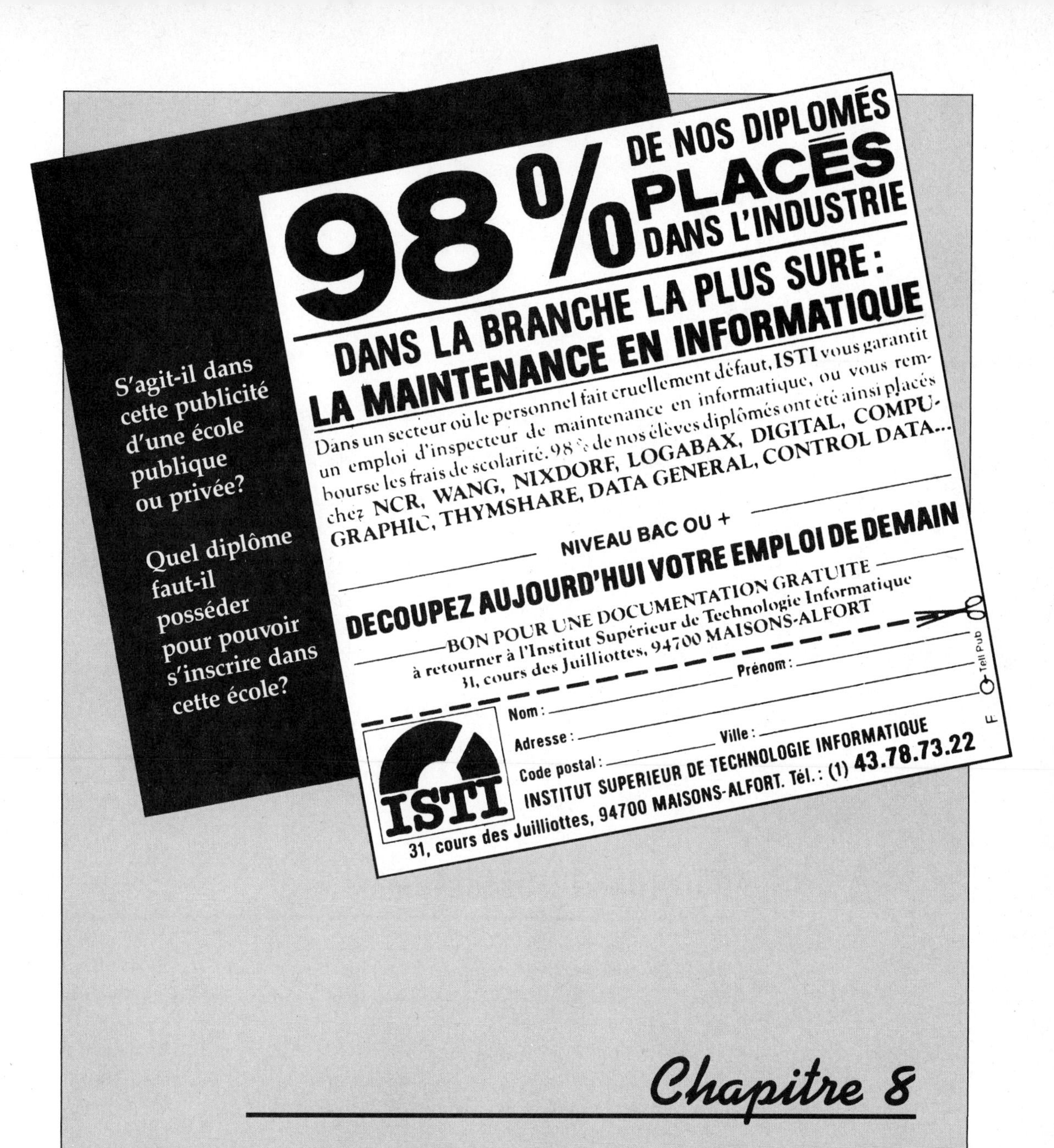

Chapitre 8

Choisir ou être choisi?

La Sélection dans le système scolaire français

LECTURE 1

Mise en train

A. Dans le titre de cette lecture: «Cursus d'obstacles», il y a un jeu de mots. Le mot latin, **cursus,** est employé normalement en français pour indiquer un programme scolaire. Mais accompagné du mot **obstacles,** il nous fait penser à une **course** plutôt qu'à un **cours.** Expliquez cette allusion.

B. Avez-vous l'impression que le système scolaire en France est aussi/plus/moins rigide que le système américain? Comment êtes-vous arrivé(e) à cette conclusion?

C. Existe-t-il dans le système scolaire américain une sélection d'élèves, c'est-à-dire un triage *(sorting out)* selon leurs capacités et leurs possibilités? Que pensez-vous de cette sorte de sélection?

Cursus d'obstacles

Sur cent enfants d'ouvriers entrés à l'école élémentaire en 1978, soixante-trois ont suivi une préparation normale, sans redoublements. Chez les enfants de cadres supérieurs et professions libérales, ce nombre est de quatre-vingt-quatorze.

5 La sélection existe dans le système scolaire français. Elle existe de plus en plus. Elle est l'une des plus sévères si l'on s'abandonne à des comparaisons internationales. Au moment où l'on s'interroge sur la raison d'être de l'école, oublier cette réalité fausserait toute tentative de réponse. Avant de vouloir imaginer à quoi pourrait servir l'école, il n'est pas inutile de garder à
10 l'esprit que, aujourd'hui, même si la formule est brutale, elle sert d'abord à trier° les élèves.

° to sort out

C'est une caractéristique de notre système éducatif, si l'on excepte le niveau de la maternelle où l'esprit de l'institution scolaire y demeure, au moins dans un grand nombre de classes, davantage tourné vers la recherche
15 du développement des possibilités de chaque enfant. A tous les autres

«L'élève est observé, jugé, noté . . .»

niveaux du système, l'élève est observé, jugé, noté, éliminé d'une voie pour être «orienté» vers une autre. Comme s'il s'agissait non de conduire tous— ou presque—les élèves à un niveau de connaissances et de capacités le plus élevé possible, mais plutôt de répartir la population scolaire vers des destinations sociales et professionnelles déterminées. Si bien d'ailleurs que la France est l'un des pays industrialisés où la proportion d'élèves qui atteint la fin de l'enseignement secondaire est la plus faible.

Cette constatation ne juge pas la qualité intrinsèque de l'enseignement. Elle s'impose comme un fait. Un quart des jeunes Français d'une classe d'âge sortent diplômés des études secondaires, contre 33,2% en Belgique, 36,8% en Italie, 75% aux Etats-Unis et 85,6% au Japon.

Charles Vial dans *Le Monde*

Mise au point

A. Indiquez si les phrases suivantes sont vraies ou fausses. Si elles sont fausses, corrigez-les.

1. Plus d'enfants d'ouvriers suivent une scolarité normale que d'enfants de cadres supérieurs.
2. On trouve la sélection à tous les niveaux d'instruction.
3. On fait la sélection pour développer les possibilités intellectuelles et professionnelles de chaque enfant.
4. Un plus grand nombre d'élèves finit l'enseignement secondaire en France que dans les autres pays industrialisés.

B. Quel est le sens des mots suivants qui traitent de la formation *(education)?*

1. le redoublement
2. le système éducatif
3. un niveau de connaissances
4. répartir
5. l'enseignement secondaire
6. diplômé

LECTURE 2

Mise en train

A. Selon quelles sortes de critères est-ce que vous avez choisi l'université où vous faites vos études? Financiers? La ville ou la région où elle se trouve? Les spécialisations offertes? La réputation nationale de l'université? Le nombre d'étudiants à l'université? La préférence de vos parents? La présence dans cette université d'amis, de frères, de sœurs?

B. Est-ce que la plupart de vos amis font des études libérales ou professionnelles? Dans quelle sorte d'établissement font-ils ces études?

C. Y a-t-il aux Etats-Unis des diplômes qui sont plus valorisés que d'autres? Lesquels? Est-ce que le prestige d'un diplôme dépend des matières étudiées ou de la réputation de l'université?

D. Dans l'article de presse, «Cursus d'obstacles», nous avons examiné la sélection au niveau de l'enseignement élémentaire et secondaire. Dans l'article qui suit, de quelle sorte de sélection va-t-on parler?

La Sélection au niveau universitaire

Il existe dans l'enseignement supérieur en France une distinction traditionnelle entre facultés (universités) et écoles. En principe, les universités préparent leurs étudiants à la recherche scientifique et humaniste. Les écoles, par contre, s'occupent de la préparation professionnelle de leurs élèves. Dans
5 *l'extrait d'article suivant, Henri Tézenas du Montcel, ex-président de l'Université de Paris IX (Dauphine), en distinguant les deux types de formation, détaille les perceptions défavorables dont l'Université fait souvent l'objet actuellement parmi beaucoup d'étudiants français et leurs parents aussi bien que chez bon nombre d'enseignants.*

Le cours magistral en amphithéâtre où le savoir est dispensé.

10

«La Concurrence tacite»

Les universités n'offrent qu'une partie des formations de l'enseignement supérieur. Pour comparer ces différents réseaux, on peut utilement s'inspirer du modèle du célèbre Boston Consulting Group, en conservant deux critères de discrimination: le degré de sélectivité, d'une part; le degré d'adaptation
15 aux besoins professionnels de chaque formation, d'autre part.

Ainsi émergent diverses «stars», telles les grandes écoles de gestion [Hautes Etudes Commerciales, Ecole Nationale d'Administration, etc.] fortement sélectives et professionnelles.

degree programs

A côté, on trouve des filières° convenablement adaptées aux besoins, mais 20 moins sélectives, formant un nombre important de jeunes qui trouveront à se placer (exemple: les I.u.t. [Instituts universitaires de technologie]).

La troisième catégorie, celle des «dilemmes», correspond aux écoles où la sélectivité est forte, mais l'adaptation de la formation aux besoins de la profession est mauvaise. Ainsi de certaines écoles d'ingénieurs ou des écoles 25 normales supérieures.

Enfin, vient l'Université. Peu sélective par principe, mal adaptée aux besoins par conviction, elle est le «poids mort» type. Elle pèse sur l'ensemble, à moins qu'on ne tienne pour éminente sa fonction de garderie de chômeurs potentiels.

30 **«Le Double Choix interdit»**

Actuellement, la diversité des établissements universitaires, au lieu de permettre des choix rationnels, agit comme une loterie injuste. En effet, la liberté pour un étudiant de choisir son université est toute théorique. La loi de janvier 1984 stipule que le bachelier «a le droit» de s'inscrire dans la juridic- 35 tion académique où il a passé l'épreuve. Sous-entendu, pas autre part. S'inscrire ailleurs, c'est une possibilité conditionnelle, contrôlée, soumise à autorisation préalable° et délais.

prior

Au nom des grands principes égalitaires, on fait tout pour retenir l'étudiant dans son «village» d'origine, lui laissant la chance de s'échapper seule- 40 ment s'il a déjà le privilège d'accéder aux grandes écoles. Or, pour que les futurs cadres, techniciens, chercheurs soient mobiles géographiquement et professionnellement, comme la compétitivité l'exige, il faut qu'ils le soient dès la phase d'acquisition de leur bagage. Dans ce domaine, nos habitudes sont absurdes. Aucun pays développé n'a de système aussi fossilisé. Les étu- 45 diants savent ce qu'ils veulent et ne demandent qu'à travailler. Faisons-leur confiance et laissons chacun d'entre eux s'inscrire dans l'université de son choix. Pourvu qu'elle l'admette.

Bizarrement, la loi de 1984 prétend interdire aux universités, et à elles seules, de choisir parmi les bacheliers. En réalité, une fois le principe posé, on 50 le viole par des sélections sournoises° et honteuses, la plus pratiquée étant la règle dite «de l'autobus», selon laquelle le premier arrivé est le premier inscrit. Ni l'équité ni la morale ne trouvent leur compte.° Seule une certaine logique peut-être: la sélection s'est imposée faute de places suffisantes dans les bonnes universités ou filières; on l'interdit pour remplir celles qui sont 55 vides, et pour cause.

underhanded

due

Nous ne sommes plus en 1968. Lorsque les emplois sont rares, la sélection est un bien public, demandé par les étudiants, parfaitement conscients de sa

relation directe avec les débouchés professionnels. Prétendre à l'université de masse implique la sélection, car l'échec est inévitable si l'on force des iné-
60 gaux dans un canal unique. Plus on souhaite l'extension de l'enseignement supérieur, plus il est nécessaire de diversifier les niveaux.

Mais la sélection n'est pas une fin en soi. Si elle suppose des refus, elle doit aussi orienter chacun vers les voies convenant à ses goûts et aptitudes, afin que, bien dans sa peau, il soit en situation de réussir.

65 **«La Fausse Egalité des diplômes»**

L'apparence d'égalité résultant de la définition des normes de durée et de contenu pour chaque diplôme dit national passe pour homogénéiser les niveaux des différents établissements et égaliser les droits des diplômés. Or chacun sait que tel titre obtenu ici, plutôt que là, ouvre plus ou moins de
70 portes. La suppression pure et simple des diplômes nationaux—ils n'existent pas dans les autres pays développés—obligerait à des efforts où l'honnêteté et l'efficacité trouveraient leur compte. La création du Comité national d'évaluation, qui doit, selon le secrétaire d'Etat aux Universités, juger les établissements à la mesure de leur efficacité, conduit inexorablement à l'abolissement
75 des diplômes nationaux. On ne peut évaluer, rendre publiques des différences et affirmer que, malgré tout, les diplômes se valent.

Prétendre à l'excellence est sûrement coûteux. Mais, à long terme, se satisfaire de la médiocrité le serait plus encore.

Extrait d'un article d'Henri
Tézenas du Montcel dans
L'Express

Mise au point

A. Lequel des établissements de l'enseignement supérieur est le plus sélectif? Lequel est le moins sélectif?

B. En quoi le choix d'un établissement universitaire ressemble-t-il à «une loterie injuste»?

C. Quelle est, selon l'auteur, l'injustice faite aux étudiants dans l'interprétation de la loi de 1984?

D. Est-ce que tous les diplômes en France sont égaux parce qu'ils sont nationaux?

E. Citez deux ou trois différences que vous avez remarquées entre les systèmes universitaires américain et français.

LECTURE 3

Mise en train

A. Le titre du poème, «Le Cancre», fait allusion à un personnage assez bien connu et souvent pittoresque. Que doit-on faire en classe pour être un cancre?

B. Que peut-on dire au sujet de la forme du poème? Est-ce que c'est un poème en vers blancs *(blank verse)* ou en vers libres?

Le Cancre°

°dunce

Il dit non avec la tête
mais il dit oui avec le cœur
il dit oui à ce qu'il aime
il dit non au professeur
5 il est debout
on le questionne
et tous les problèmes sont posés
soudain le fou rire le prend
et il efface tout
10 les chiffres et les mots
les dates et les noms
les phrases et les pièges°
et malgré les menaces du maître
sous les huées° des enfants prodiges
15 avec des craies de toutes les couleurs
sur le tableau noir du malheur
il dessine le visage du bonheur

pièges: tricks
huées: hoots

Jacques Prévert, *Paroles*

«sur le tableau noir du malheur il dessine le visage du bonheur»

Mise au point

A. Est-ce que le ton de ce poème est positif ou négatif au sujet de l'instruction? Citez des mots et des images qui indiquent le ton du poème.

B. Où est ce «tableau noir du malheur»? Existe-t-il vraiment?

C. Si vous reprenez les quatre premiers vers du poème, est-ce que le cancre est vraiment bête? Quel est son problème? Pourquoi est-ce qu'il oublie toutes les bonnes réponses?

D. D'après vous, si le cancre «dessine le visage du bonheur», quelle image va-t-il dessiner?

LECTURE 4

Mise en train

A. Le Chapitre 1 présentait un extrait d'une autre pièce d'Eugène Ionesco, *La Cantatrice chauve* (p. 18). D'après vos lectures ou d'autres connaissances, pensez-vous que *La Lacune* sera une comédie ou une pièce plus sérieuse?

B. **Une lacune** veut dire «a gap». Lisez la liste des personnages et complétez ce petit résumé de la pièce en choisissant le mot convenable entre parenthèses.

> L'académicien, membre très distingué de l'Académie française, possède beaucoup (de diplômes / d'amis). Mais un jour un désastre lui arrive: son ami vient chez lui pour lui confirmer que tous ses diplômes ne sont plus (accrochés au mur / valables). Pourquoi? Parce qu'il existe (un trou / un résultat) énorme dans la carrière de l'académicien. Il n'a jamais (passé / échoué à) la deuxième partie du bac. Quand il essaie d'avoir une copie d'un de ses nombreux diplômes pour l'accrocher au mur à côté des autres, il découvre l'erreur. Le malheureux est donc (obligé / heureux) de passer l'examen qui constitue la lacune. Mais ce n'est pas possible! L'académicien (réussit / échoue) à son bac!! Il a (20 / zéro) en maths, en grec, en latin; il est même (accepté / recalé) en français, alors que c'est sa spécialité, car la qualité de sa longue dissertation écrite est (excellente / abominable). A la fin, l'académicien téléphone au président de la République et essaie d'utiliser son influence pour revalider ses diplômes et rétablir sa position. La réponse du président vous surprendra!

La Lacune

PERSONNAGES

L'ami
L'académicien
La femme de l'académicien
5 La bonne

DECOR

Un salon grand-bourgeois et aussi un peu «artiste». Un ou deux canapés, des fauteuils, dont un est vert, style Régence, au beau milieu de la pièce. Accrochés aux murs, il y a tout plein d'énormes diplômes sur lesquels se dé-
10 *tachent en gros caractères les mots* «Docteur honoris causa» *le reste de ce qui est écrit étant moins visible; sur d'autres diplômes, on voit:* «Doctorat honoris causa»; *sur d'autres, plus petits, «doctorat», «doctorat», «doctorat».*

Une porte à la droite du spectateur.

curtain

Au lever du rideau,° l'épouse de l'académicien, en robe de chambre, sim-
15 *ple, plutôt «négligée»; elle sort du lit vraisemblablement, n'a pas eu le temps de s'habiller. En face d'elle, l'ami, bien mis, chapeau et parapluie à la main, faux col rigide, veston sombre, pantalon rayé, souliers noirs.*

LA FEMME: Alors, cher ami, dites vite.

L'AMI: Je ne sais pas comment vous annoncer cela.

20 LA FEMME: J'ai compris.

L'AMI: Je connaissais la nouvelle depuis hier soir. Je n'ai pas voulu vous téléphoner. Je ne pouvais pas attendre davantage. Excusez-moi de vous faire sortir du lit pour vous annoncer une chose pareille.

LA FEMME: Il n'a pas pu s'en tirer! Quel malheur! Jusqu'au dernier moment
25 nous avions espéré.

L'AMI: C'est très dur, je vous comprends; il avait pourtant des chances. A vrai dire, pas beaucoup. On devait s'y attendre.

LA FEMME: Je ne m'y attendais pas. Tout lui réussissait. Il s'en sortait toujours au dernier moment.

30 L'AMI: Dans l'état de fatigue où il était! Vous n'auriez pas dû le laisser.

LA FEMME: Que voulez-vous, que voulez-vous!... C'est terrible.

L'AMI: Du courage, chère amie, c'est cela l'existence.

LA FEMME: Je ne me sens pas bien: j'ai peur de m'évanouir.

«Je ne sais pas comment vous annoncer cela.»

Elle se laisse choir dans un fauteuil.

35 **L'AMI,** *la soutenant, lui tapotant les joues, les mains:* Je vous ai annoncé la chose d'une manière trop brutale. Excusez-moi.

LA FEMME: Vous avez bien fait, vous le deviez. De toute façon il fallait que je sache.

L'AMI: Voulez-vous un verre d'eau? *(Il appelle.)* Un verre d'eau! *(A la*
40 *femme.)* J'aurais dû vous le dire avec plus de délicatesse.

LA FEMME: Cela n'aurait pas changé la chose.

La bonne entre avec un verre d'eau.

LA BONNE: Que se passe-t-il? Madame n'est pas bien?

L'AMI, *prenant le verre d'eau:* Laissez-nous, je vais lui donner à boire. Ca ira
45 mieux. J'ai dû lui annoncer la mauvaise nouvelle.

LA BONNE: Est-ce que... Monsieur?

L'AMI, *à la bonne:* Oui. Vous saviez?

LA BONNE: Je n'étais pas au courant. Maintenant, à l'air que vous avez, j'ai compris.

50 **L'AMI:** Laissez-nous.

(La bonne s'en va en disant d'un air désolé.) Pauvre Monsieur.

L'AMI, *à la femme:* Vous vous sentez mieux?

LA FEMME: Je dois être forte. Je pense à lui, le malheureux. Je ne voudrais pas qu'on en parle dans les journaux. Peut-on compter sur la discrétion des
55 journalistes?

L'AMI: Fermez votre porte. Ne répondez pas au téléphone.

LA FEMME: Cela se saura quand même.

L'AMI: Vous pouvez partir pour la campagne. Dans quelques mois, quand vous serez rétablie, vous reviendrez, vous pourrez continuer votre vie. Cela
60 s'oublie.

LA FEMME: Ce ne s'oubliera pas si vite. Ils n'attendaient que cela. Quelques amis en souffriront, mais les autres, les autres...

Entre l'académicien en uniforme, épée au côté, la poitrine couverte de décorations jusqu'à la ceinture.

65 **L'ACADEMICIEN:** Tiens, vous êtes réveillée? *(A l'ami.)* Vous êtes venu bien tôt. Que se passe-t-il? Vous avez le résultat?

LA FEMME: Quelle honte!

L'AMI, *à la femme:* Ne l'accablez pas, chère amie. *(A l'académicien.)* Vous êtes recalé.°

failed

70 **L'ACADEMICIEN:** Vous en êtes bien sûr?

L'AMI: Vous n'auriez pas dû vous présenter au baccalauréat.

L'ACADEMICIEN: Recalé au bac! Les canailles!° Ils ont osé me faire ça.

scum

L'AMI: Ils ont affiché les résultats très tard dans la soirée.

L'ACADEMICIEN: S'il faisait sombre, on ne les a peut-être pas vus? Comment
75 avez-vous pu les lire?

L'AMI: Il y avait des projecteurs.

L'ACADEMICIEN: Ils font tout pour me compromettre.

L'AMI: Je suis repassé ce matin; les listes étaient toujours là.

L'ACADEMICIEN: Vous auriez dû soudoyer° le concierge pour qu'on les
80 arrache.

bribe

L'AMI: C'est ce que j'ai fait. Hélas! la police était là. Votre nom est en tête des candidats qui ont échoué. Il y a la queue. On se bouscule pour voir.

L'ACADEMICIEN: Qui? Les parents d'élèves?

L'AMI: Pas seulement eux.

85 LA FEMME: Il doit y avoir tous vos rivaux, vos collègues. Tous ceux que vous avez attaqués dans la presse pour leur ignorance: vos anciens élèves, vos étudiants, tous ceux qui préparent l'agrégation, qui ont été refusés à cause de vous quand vous avez présidé le jury.

L'ACADEMICIEN: C'est le déshonneur. Mais je ne me laisserai pas faire. C'est 90 peut-être une erreur.

L'AMI: J'ai vu les examinateurs. Je leur ai parlé. Ils m'ont donné vos notes. Zéro en maths.

L'ACADEMICIEN: Je ne suis pas un scientifique.

L'AMI: Zéro en grec, zéro en latin.

95 LA FEMME, *à son mari:* Vous, un humaniste, porte-parole attitré de l'humanisme, auteur de *Défense et illustration de l'humanisme!*

L'ACADEMICIEN: Pardon! C'est de l'humanisme moderne qu'il est question dans ce livre. *(A l'ami.)* Mais le français, ma note en composition française?

L'AMI: On vous a mis neuf cents. Neuf cents points.

100 L'ACADEMICIEN: Mais c'est parfait. Ca rattrape les autres matières.

L'AMI: Hélas, non! C'est noté sur deux mille. Il faut mille points pour avoir la moyenne.

L'ACADEMICIEN: Ils ont changé le règlement.

LA FEMME: Ils ne l'ont point changé exprès pour vous. Vous vous imaginez 105 toujours que l'on vous persécute.

L'ACADEMICIEN: Si, ils l'ont changé.

L'AMI: Ils sont revenus au règlement ancien, du temps de Napoléon.

L'ACADEMICIEN: C'est démodé. D'abord, quand est-ce qu'ils l'ont modifié, ce règlement? Ce n'est pas légal. Je suis président de la Commission du 110 baccalauréat du Ministère de l'Education nationale. Ils ne m'ont pas consulté, ils ne peuvent pas le changer sans mon accord. Je vais les attaquer en Conseil d'Etat.

LA FEMME: Vous ne savez plus ce que vous faites, chéri. Vous êtes gaga. Vous avez vous-même donné votre démission avant de vous présenter au 115 bachot pour qu'il n'y ait pas de doute sur l'objectivité des examinateurs.

L'ACADEMICIEN: Je reviendrai sur ma démission.

L'AMI: C'est enfantin, ce que vous dites. Vous savez bien que ce n'est pas possible.

LA FEMME: Cela ne m'étonne plus que vous ayez échoué. Lorsqu'on a une
120 mentalité enfantine on ne se présente pas à un examen de maturité, comme le bac.

L'ACADEMICIEN: Dire que je me suis présenté à cet examen avec deux cents autres candidats qui auraient pu être mes enfants.

L'AMI: N'exagérez pas. Vous ne pouvez pas être le père de centaines
125 d'étudiants.

L'ACADEMICIEN: Ce n'est pas cela qui peut me consoler.

LA FEMME: Tu n'aurais pas dû te présenter. Je te l'avais bien dit. Il ne fallait pas. Tu veux avoir toutes les consécrations, tu n'es jamais satisfait. Qu'avais-tu besoin de ce diplôme? Maintenant, tout est perdu. En tout cas, c'est
130 désastreux. Tu as ton doctorat, tu as ta licence,° ton brevet élémentaire, ton certificat d'études primaires, tu as même la première partie du bachot.

licence: bachelor's degree

L'ACADEMICIEN: Il y avait un trou.

LA FEMME: Personne ne s'en doutait.

L'ACADEMICIEN: Moi, je le savais. D'autres auraient pu le savoir. En allant au
135 secrétariat de la Faculté, j'ai demandé qu'on me délivre un duplicata de mon diplôme de licence. Ils m'ont dit: «Certainement, d'accord, monsieur l'Académicien, d'accord, monsieur le Président, d'accord, monsieur le Doyen... » Et puis ils ont cherché. Le Secrétaire général est revenu d'un air gêné, même très gêné, et il m'a dit: «Il y a quelque chose de bizarre, une
140 chose bizarre, vous avez bien passé votre licence, mais elle n'est plus valable.» Je lui ai demandé pourquoi, bien entendu. Il m'a répondu: «Il y a un trou derrière votre licence. Je ne sais comment cela a pu se faire. Vous vous êtes inscrit à la Faculté des Lettres sans avoir votre deuxième partie du bac.»

145 L'AMI: Et alors?

LA FEMME: La licence n'est plus valable?

L'ACADEMICIEN: Non. Enfin, pas tout à fait. Ils l'ont mise en suspens. «On vous délivrera le duplicata que vous demandez si vous vous présentez au baccalauréat. Naturellement vous serez reçu.» J'ai donc bien été obligé de
150 me présenter.

LA FEMME: Tu n'étais pas obligé du tout. Pourquoi es-tu allé farfouiller° dans les archives? Dans ta situation, tu n'avais pas besoin de ce diplôme. Personne ne te demandait rien.

farfouiller: rummage

L'ACADEMICIEN: A vrai dire, lorsque le secrétaire de la Faculté m'a dit que je
155 n'avais pas mon bachot, je lui ai répondu que ce n'était pas possible. Je ne savais plus très bien. J'ai fait un grand effort pour me souvenir. M'étais-je présenté au baccalauréat? Ne m'y étais-je pas présenté? Et puis, finalement,

je me suis souvenu que, en effet, je ne m'y étais pas présenté. Je me rappelle bien que j'avais un rhume, ce jour-là.

had one too many

160 **LA FEMME:** Tu avais pris une cuite,° comme cela t'arrive.

L'AMI: Votre mari, chère amie, voulait boucher un trou. Il est consciencieux.

LA FEMME: Vous ne le connaissez pas. Ce n'est pas du tout ça. Il veut la gloire, il veut les honneurs. Il n'en a jamais assez. Il voulait accrocher ce diplôme sur les murs, ce diplôme de licence, parmi les dizaines d'autres.
165 Qu'est-ce que ça peut faire un diplôme de plus ou de moins? Personne ne les remarque. Lui seul vient les contempler, la nuit. Je l'ai surpris, souvent. Il se lève, sur la pointe des pieds vient dans ce salon, et les regarde, et les compte.

L'ACADEMICIEN: Que puis-je faire d'autre pendant mes insomnies?

170 **L'AMI:** Les sujets du bachot sont généralement connus d'avance. Vous étiez admirablement bien placé pour les connaître. Vous auriez pu aussi bien envoyer un délégué pour passer l'examen à votre place. Un de vos élèves. Ou, si vous vouliez vous présenter vous-même sans que l'on sache que vous aviez connu les sujets d'avance, vous auriez pu envoyer la bonne les acheter
175 au marché noir où ils se vendent.

L'ACADEMICIEN: Je ne comprends pas comment j'ai pu être recalé en français. J'ai tout de même rempli trois feuillets. J'ai développé. J'ai tenu compte du contexte historique, j'ai donné de la situation une interprétation exacte... En tout cas plausible. Je ne méritais pas une mauvaise note.

180 **L'AMI:** Vous souvenez-vous du sujet?

L'ACADEMICIEN: Euh... euh...

L'AMI: Il ne sait même plus de quoi il a parlé.

L'ACADEMICIEN: Mais si... euh... euh...

L'AMI: Le sujet à traiter était: «L'influence des peintres de la Renaissance sur
185 les romanciers français de la Troisième République». J'ai une photocopie de votre copie. Voici ce que vous avez écrit.

L'ACADEMICIEN, *prenant la copie et lisant:* «Le procès de Benjamin: Après que Benjamin fut jugé et acquitté, les assesseurs n'étant pas d'accord avec le président se révoltèrent contre celui-ci, l'assassinèrent et condamnèrent
190 Benjamin à la suspension des droits civiques et à une forte amende de neuf cents francs... »

L'AMI: D'où neuf cents points.

L'ACADEMICIEN, *continuant sa lecture:* «... Benjamin fit appel, Benjamin fit appel... » Je ne comprends pas la suite, j'ai toujours mal écrit, j'aurais dû
195 emporter ma machine à écrire.

LA FEMME: Ce n'est pas cette mauvaise écriture et toutes ces gouttes d'encre qui auraient pu arranger les choses.

L'ACADEMICIEN, *continuant sa lecture après avoir repris le texte que sa femme lui avait arraché:* «... Benjamin fit appel. Encadré par les policiers vêtus en
200 uniforme de zouave, uniforme de zouave... » Il fait sombre, je ne vois pas la suite... Je n'ai pas mes lunettes.

LA FEMME: Ca n'a absolument rien à voir avec le sujet.

L'AMI: Votre femme a raison, mon cher. Ce que vous avez traité n'a rien à voir avec le sujet.

205 L'ACADEMICIEN: Si, indirectement.

L'AMI: Pas même indirectement.

L'ACADEMICIEN: J'ai peut-être traité le deuxième sujet.

L'AMI: Il n'y avait qu'un seul sujet.

L'ACADEMICIEN: Même s'il n'y avait qu'un seul sujet, j'en ai bien traité un
210 autre convenablement. Je suis allé jusqu'au bout de l'histoire. J'ai tout mis en valeur, j'ai expliqué les caractères des personnages, j'ai mis en évidence leur comportement, j'ai démystifié la signification de ce comportement. A la fin, il y avait la conclusion. Je ne distingue pas le reste. *(A l'ami.)* Pouvez-vous lire?

L'AMI, *regardant le texte:* C'est illisible. Je n'ai pas mes lunettes non plus.

215 LA FEMME, *prenant le texte:* C'est illisible. Et pourtant, moi, j'ai de bons yeux. Tu as fait semblant d'écrire quelque chose. Du gribouillage.°

scribbling

L'ACADEMICIEN: Si. J'ai même donné la conclusion. C'est marqué, tu vois, en gros caractères: «Conclusion ou sanction.» «Conclusion ou sanction.» Ca ne se passera pas comme ça. Je ferai annuler l'examen.

220 LA FEMME: Puisque tu as traité un faux sujet, puisque tu l'as traité mal, tu n'as mis que des titres, cette note, malheureusement, est justifiée. Tu perdrais le procès.

L'AMI: Vous perdriez. Laissez tomber. Prenez des vacances.

L'ACADEMICIEN: Vous donnez toujours raison aux autres.

225 LA FEMME: Ils savent ce qu'ils font, ces professeurs. On ne les a pas nommés professeurs pour rien. Ils ont passé des concours, leur formation est très sérieuse, ils connaissent les règles de la composition.

L'ACADEMICIEN: Qui faisait partie du jury?

L'AMI: Pour les mathématiques, Madame Binome. Pour le grec, Monsieur
230 Kakos. Pour le latin, Monsieur Néron fils et d'autres.

competent

L'ACADEMICIEN: Mais ils ne sont pas plus calés° que moi, ceux-là! Et pour le français?

L'AMI: Une femme, secrétaire de rédaction de la revue *Hier, avant-hier et aujourd'hui.*

235 **L'ACADEMICIEN:** Ah! mais je comprends, maintenant. Je la connais parfaitement, cette misérable. Si elle m'a mis cette mauvaise note, c'est une vengeance. Je n'ai pas voulu m'inscrire à son parti. C'est pour se venger qu'elle a fait ça. J'ai les moyens d'annuler l'examen. Je vais téléphoner au chef de l'Etat.

240 **LA FEMME:** Ne fais pas ça, tu vas te rendre encore plus ridicule. *(A l'ami.)* Empêchez-le. Vous avez plus d'autorité que moi sur lui. *(L'ami hausse les épaules° en signe d'impuissance. A son mari qui a décroché le téléphone.)* Ne téléphone pas.

shoulders

L'ACADEMICIEN, *à la femme:* Je sais ce que je dois faire! *(Au téléphone.)* Allô!
245 La présidence... La présidence... Bonjour, mademoiselle, je veux parler au président. A lui-même. Personnel. Allô! Jules? C'est moi... Comment?... Comment?... Mais, voyons, cher ami... mais, écoutez-moi... Allôl...

LA FEMME: C'est lui?

you are joking

L'ACADEMICIEN, *à la femme:* Tais-toi. *(Au téléphone.)* Vous plaisantez,° cher
250 ami... Vous ne plaisantez pas?...

Il pose l'appareil.

L'AMI: Qu'est-ce qu'il a dit?

L'ACADEMICIEN: Il a dit... Il a dit...: «Je ne veux plus vous parler. Ma maman m'a défendu de fréquenter les derniers de la classe», il a raccroché!

255 **LA FEMME:** Vous auriez dû vous y attendre. Tout est perdu. Qu'est-ce que tu m'as fait? Qu'est-ce que tu m'as fait?

L'ACADEMICIEN: Tout de même! J'ai donné des conférences en Sorbonne, à Oxford, aux universités américaines. On a écrit sur mon œuvre plus de dix mille thèses, des centaines d'exégètes se penchent sur mes textes, je suis
260 docteur *honoris causa* de l'université d'Amsterdam, des facultés secrètes du duché de Luxembourg; j'ai eu trois fois le prix Nobel. Le roi de Suède était étonné par mon érudition. Docteur *honoris causa*... docteur *honoris causa*... et recalé au bac!

LA FEMME: Tout le monde va se moquer de nous!

265 *L'académicien casse, sur ses genoux, son épée d'académicien.*

L'AMI, *se penchant pour prendre les deux morceaux:* Je garderai cela précieusement, en souvenir de notre vieille gloire.

L'académicien, rageur, arrache ses décorations, les jette par terre, les foule aux pieds.

270 LA FEMME, *essayant de l'en empêcher et ramassant tout ce qu'elle peut:* Ne faites pas cela! Ne faites pas cela! C'est tout ce qui nous reste.

Rideau

Eugène Ionesco

Mise au point

A. Composez une description de l'académicien. Où se trouve le comique dans le fait que l'académicien a échoué au bac?

B. Qu'est-ce que l'académicien va perdre à cause de cet échec?

C. Pourquoi la femme de l'académicien n'est-elle pas surprise par le résultat?

D. Pourquoi l'académicien ressentait-il le besoin d'accrocher encore un autre diplôme au mur? A qui est la faute de ce désastre?

E. Pourquoi un résultat de 900 n'était-il pas suffisant pour réussir à l'examen de français? Qu'est-ce que cela indique au sujet du système?

F. Pourquoi le chef de l'Etat refuse-t-il d'aider l'académicien?

G. Dégagez du texte des images qui expriment le but satirique d'Ionesco.

H. De quoi Ionesco se moque-t-il dans cette pièce?

LECTURE 5

Mise en train

A. Le titre de cet article, «Le Choc de deux cultures», vous donne-t-il l'impression que les études américaines et françaises sont très similaires ou assez différentes? Expliquez.

B. Basez votre réponse aux questions suivantes sur votre impression de l'éducation américaine et française que vous avez donnée dans la question précédente. Comment y répondrait un étudiant français?

1. Etes-vous beaucoup en contact avec vos professeurs? Quand? Où, par exemple?
2. Avez-vous beaucoup de travail à faire par écrit?
3. Avez-vous souvent des examens oraux?

4. Dans vos cours, l'examen final est-il en général très / assez / pas du tout important?

Le Choc de deux cultures

Quand j'ai fait mes études en France (il est vrai que cela remonte à environ vingt ans), il n'y avait qu'une possibilité de rencontrer en tête à tête ses professeurs d'université. C'était, et pour une petite dizaine de minutes, à la fin de l'année universitaire, et encore en cas d'admissibilité au certificat de licence.

On avait alors l'oral à passer. A l'image du déroulement° de l'année universitaire, la «cérémonie» était hautaine, glaciale. Le grand maître et sa connaissance parfaite étaient là. Lui, c'était automatiquement 20/20. Nous autres, les élèves, nous devions arriver péniblement à la barre des 10... Certes, il y avait quelques exceptions parmi les mandarins, mais elles étaient très rares. Les quelques vingt-cinq à trente heures de cours par semaine étaient lourdes, les devoirs inexistants. Il fallait se charger la tête d'un très gros savoir que l'on vomissait tant bien que mal, sans savoir pourquoi, le jour de l'examen...

° unfolding

Mes études françaises terminées, un concours de circonstances° m'a amené quelques années plus tard à préparer à l'université de Californie (Berkeley) un diplôme américain (MBA). Ces études furent pour moi un étonnement et un émerveillement permanents: interdiction absolue de prendre plus de neuf heures de cours par semaine! Obligation d'avoir une moyenne de notes minimale correspondant à la note B, c'est-à-dire 80/100! Hé oui! aux U.S.A. les élèves pouvaient être déclarés intelligents! Heures de bureaux du professeur à la disposition entière des élèves pour discuter des cours, des notes bien sûr..., mais aussi de n'importe quel problème! Livres de cours ouverts sur les tables dès la première séance! Où était-il le temps de cet amphi° français pendant lequel un de mes camarades, qui grattait° la dictée du professeur en suivant mot à mot le texte que ce dernier récitait avec peine, vit son livre lui être arraché et déchiré? Devoirs hebdomadaires! Interrogations écrites! Examens périodiques, etc. Le campus, s'il offrait toutes les possibilités matérielles et humaines pour réussir le mieux possible dans les études, était aussi un lieu où l'on se préparait pour être surtout plus tard le plus compétitif possible dans la vie active.

° coincidence
° lecture hall
° scratched down

Depuis mon retour en France, j'ai eu, parallèlement à mon travail, l'occasion de faire diverses actions d'enseignement dans des milieux universitaires ou para-universitaires. Certaines choses se sont améliorées d'une manière appréciable depuis vingt ans. Mais le fond du problème est malheureusement resté le même. On y trouve toujours les turbo-profs qui passent comme des comètes sur le campus. La charge hebdomadaire de cours de l'étudiant

«Il fallait se charger la tête d'un très gros savoir que l'on vomissait... le jour de l'examen.»

est beaucoup trop lourde pour dégager le temps indispensable à l'étude et à la réflexion. L'enseignement y est trop souvent dispensé de manière magis-
40 trale alors que le savoir ne se trouve plus maintenant uniquement dans la tête des maîtres: il est largement disponible dans d'excellents livres, en attendant l'accès aux banques de données° télématiques. Quant aux devoirs, indispensables au contrôle de la compréhension et de l'assimilation, ils sont d'une manière générale, rares.

data

45 **Humanisme contre technologie**

Les deux exemples présentés ci-dessus illustrent à mes yeux le choc de deux cultures. D'une part, la culture latine humaniste, passéiste,° à base de protocole, de verbe pour le verbe; d'autre part, la culture anglo-saxonne technologique, tournée résolument vers le futur, tournée vers l'action.
50 Il serait insensé de vouloir transposer le modèle universitaire U.S. à l'enseignement français. En effet, on voit mal, compte tenu de nos mentalités et de nos structures, comment par exemple:

attached to the past

—Les enseignants français accepteraient de vivre sur un campus, avec les étudiants et pour eux, suivant la même intensité que celle de leurs collègues
55 U.S.;

—L'éducation nationale serait disposée à fournir les structures indispensables à la pédagogie de demain;

—Enfin, que les trois parties ci-dessus: enseignants, étudiants et administration, puissent faire une ouverture authentique sur la réalité de l'environnement
60 ment économique, national et international.

Compte tenu de ces données, on ne peut, malheureusement, que rester sceptique quant aux chances existantes pour notre pays de posséder une structure éducative capable de faire face aux défis° de la culture technologique des temps actuels. Dans la guerre économique que nous connais-
65 sons, face aux combattants étrangers super-entraînés, qui accomplissent, au plan mondial, des exploits sur les champs de bataille techniques, financiers et commerciaux, on peut se demander comment les soldats économiques français, si mal formés dans leur ensemble, pourraient réussir à endiguer° l'«ennemi».

défis° challenges
endiguer° to check

Jean-Yvon Berrien dans *Le Monde de l'Education*

Mise au point

A. Est-ce que l'auteur de cette sélection est plus ou moins âgé que vous? De quelle génération est-il? Des années 50, 60, 80?

B. Croyez-vous que l'auteur soit professeur ou homme d'affaires? A la base de quelle évidence avez-vous choisi votre réponse?

C. Quel est le ton des descriptions qu'il donne du système universitaire français (aux paragraphes deux et quatre)? Citez des expressions qui indiquent son attitude envers le système français.

D. Complétez le schéma suivant pour indiquer si oui ou non le concept en question existe dans le système américain ou français.

	Système français	Système américain
1. Le contact avec les professeurs	________	________
2. Des examens oraux	________	________
3. Des notes basées sur 20 points	________	________
4. 25 heures de cours par semaine	________	________

5. Des classes très nombreuses ________________ ________________
6. Des devoirs ________________ ________________
7. Un seul examen à la fin du semestre ________________ ________________

E. Quels détails sur le système français vous ont impressionné(e) en particulier?

F. Est-ce que l'auteur pense que le système universitaire américain devrait avoir plus d'influence sur le système français? Quelles attitudes expliquent les différences fondamentales entre les deux systèmes?

Expansions

A. Imaginez que vous avez les mêmes talents et intérêts mais que vous êtes français(e). Faites une description de votre carrière académique, en parlant de votre orientation à l'âge de onze et de quinze ans, du bac, de votre choix d'établissement scolaire après le bac, de votre spécialisation, etc.

B. Quels sont les aspects particulièrement français de l'histoire de l'académicien d'Ionesco? Existe-t-il des «académiciens» américains? Quelle(s) profession(s) a-t-on tendance à satiriser aux Etats-Unis?

C. Que pensez-vous du concept de la sélection dans l'éducation française? A votre avis, est-ce que l'enseignement américain sélectionne assez ou pas assez? Expliquez votre réponse.

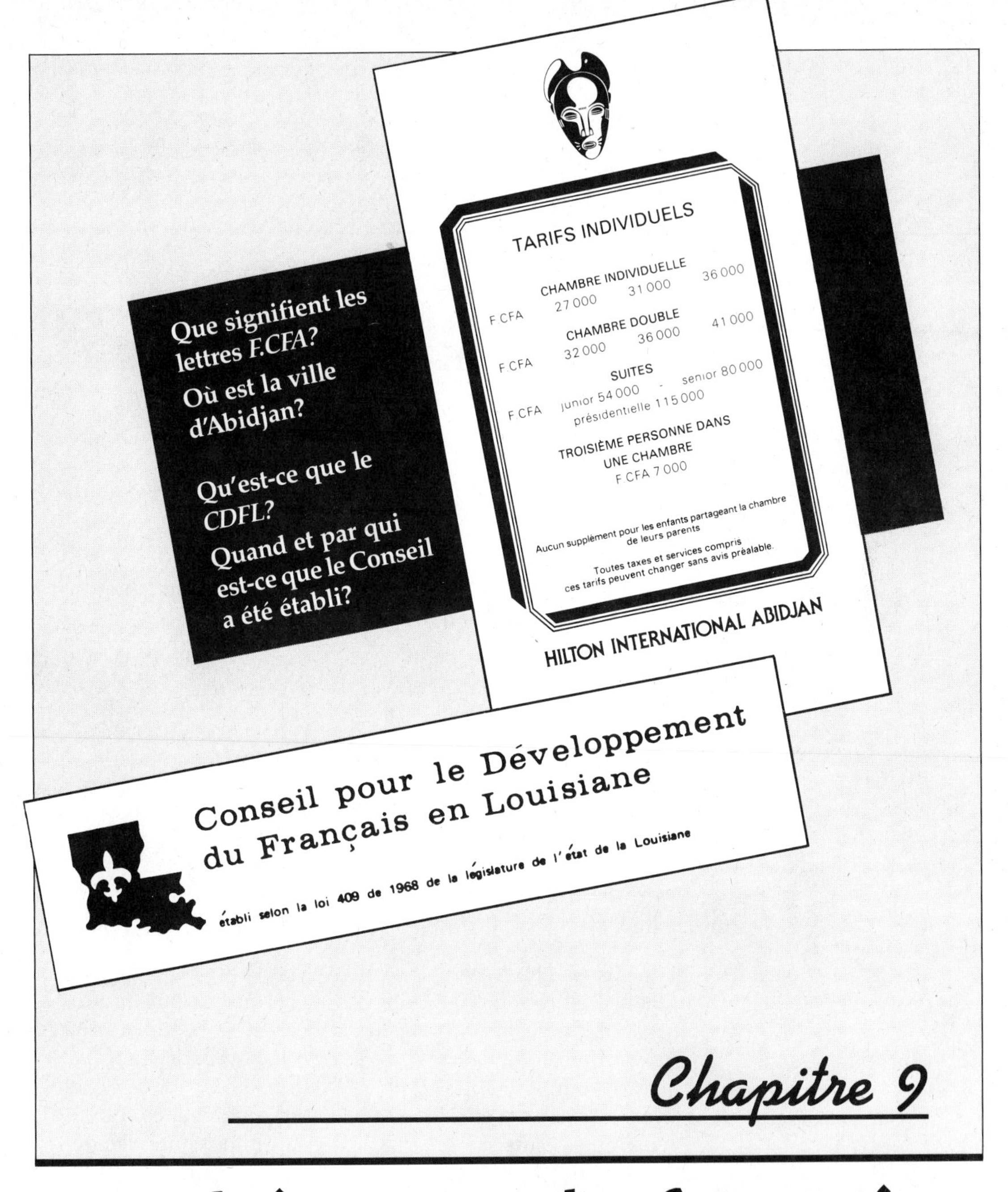

Chapitre 9

Ici on parle français

La Francophonie

LECTURE 1

Mise en train

A. Le terme **francophonie,** qui vient du latin *(franco-)* et du grec *(-phonie),* veut dire...

1. l'ensemble des personnes d'origine française.
2. l'ensemble des personnes qui ont appris à parler français.
3. l'ensemble des personnes de n'importe quelle nationalité dont la langue maternelle est le français.
4. l'ensemble des personnes de n'importe quelle nationalité pour qui le français est une langue d'usage.

B. En travaillant avec vos voisins de classe, composez une liste des pays ou des régions francophones que vous connaissez.

C. A gauche, vous trouverez des débuts de phrase qui correspondent à chacun des paragraphes de la lecture «Du géographe Reclus au poète Senghor», à droite, des fins de phrase. Jetez un coup d'œil sur l'article, puis trouvez la fin qui complète le mieux chaque phrase.

1. La francophonie c'est...
2. La francophonie diffère du Commonwealth anglophone parce que...
3. Dans les années 60...
4. Une institution qui aide la diffusion du français c'est...
5. «La charte du français» a été promulguée...
6. Le français est enseigné et employé dans...
7. Le poète «français» vivant le plus lu en France...
8. Le français a perdu du terrain...
9. Le français est beaucoup plus utilisé que n'a été...

a. le grec classique.
b. près de 50 pays dans cinq continents.
c. au Québec en 1977.
d. l'ensemble des populations qui parlent français et l'ensemble des territoires où l'on parle français.
e. le concept de la francophonie a connu une relance importante.
f. c'est un Marocain.
g. dans certains domaines scientifiques.
h. l'Alliance française.
i. c'est plutôt la langue qui lie ensemble les pays francophones.

Du géographe Reclus au poète Senghor

Le terme de **francophonie** a été forgé bien avant que ce concept ne prenne forme au niveau des Etats. C'est au géographe français Onésime Reclus (1837–1916) que revient d'avoir utilisé le premier, à la fin du dix-neuvième siècle, et sans doute inventé, ce mot à la double racine° latino-grecque: «franco-phonie». Par lui, Onésime Reclus désignait à la fois les «populations» parlant français et «l'ensemble des territoires» où l'on parle français. La notion était déjà ambiguë car, si l'Afrique du Nord et l'Afrique noire étaient dès cette époque des contrées «où l'on parle français», toutes leurs populations n'y étaient pas et n'y sont pas pour cela francophones de nos jours. Nationaliste, Onésime Reclus pensait que la langue française était le porteur des idéaux proprement français de liberté et il allait jusqu'à voir dans le français l'idiome le plus capable d'exprimer «la solidarité humaine à travers le partage culturel».

° root

Aujourd'hui encore, cette «mystique», un peu nébuleuse mais empreinte d'humanisme et d'affectivité, reste l'un des fondements tacites de la francophonie, ce qui n'est pas le cas pour le Commonwealth anglophone, plus marqué par le pragmatisme et l'économique, et où le «spirituel» est plus représenté par le souverain britannique, chef du Commonwealth, que par la langue anglaise. La francophonie se rapprocherait plus de l'hispanité, qui relie entre eux, sur le plan culturel et humain, l'Espagne et les pays hispanophones d'Amérique.

On date généralement des années 60 la relance de l'idée de francophonie. Le général de Gaulle, chef de l'Etat français, le président sénégalais, Léopold Sédar Senghor, le prince Norodom Sihanouk du Cambodge, le président tunisien Habib Bourguiba et quelques autres personnalités politiques d'Afrique noire, du Québec ou du Liban, comme Charles Hélou, peuvent être considérés comme les pères de la francophonie coloniale. Léopold Senghor, homme d'Etat mais aussi agrégé de grammaire, poète et membre de l'Académie française, n'a cessé d'être le défenseur universel de la francophonie, achevant de donner à cette notion une audience mondiale.

«Exemplaire Québec»

Quant à la diffusion de la langue, il faut souligner la poursuite de la large action internationale de l'Alliance française, fondée à Paris il y a un siècle et comptant de nos jours 1 600 installations sur la planète et près de 300 000 étudiants. En France même, dans le domaine de la «consommation» linguistique, mentionnons l'action originale, et pour cela parfois très critiquée, de l'Association générale des usagers de la langue française (AGULF), organisme privé plus ou moins soutenu par les pouvoirs publics, qui s'est donné pour

tâche de défendre les consommateurs attachés à l'emploi du français dans le
40 commerce et la publicité.

A l'étranger, le principal événement francophone de l'après-guerre a sans doute été la loi linguistique numéro 101 ou «charte du français» consacrant l'usage obligatoire du français au Québec, en 1977. Ce texte a valeur d'exemple à travers tout l'espace francophone.

45 On estime, en 1984, que plus de 120 millions de personnes parlent couramment français dans le monde francophone, sans compter les francophones du reste de l'univers (plusieurs millions d'Anglo-Saxons et de Russes notamment). Le nombre de francophones devrait doubler d'ici un quart de siècle. Si le français fut sans doute, de Louis XIV à la fin de la première
50 guerre mondiale, l'idiome diplomatique unique de l'Occident, le parler des cours et des élites intellectuelles, il est aujourd'hui enseigné et employé d'une manière privilégiée dans près de cinquante pays des cinq continents. Ces dernières années, la Colombie et plusieurs Etats brésiliens lui ont rendu sa place de première langue étrangère dans les écoles, et la Chine vient de
55 l'inclure dans ses programmes télévisés pour cinq millions de locuteurs° potentiels.

speakers

Le poète «français» vivant dont on lit le plus les œuvres en France est le Marocain Tahar Ben Jelloun. Le judéo-hongrois Elie Wiesel écrit en français à New York, et le judéo-irakien Naïm Cattan fait de même au Canada anglo-
60 phone, pour ne citer que ces exemples.

On pourrait multiplier les indices prouvant que le français qui a réellement perdu du terrain dans certains domaines scientifiques (mais pas dans tous: par exemple l'histoire, l'orientalisme, les mathématiques, etc.) et, globalement, en Europe occidentale, surtout depuis l'entrée du Royaume-Uni dans
65 la Communauté européenne, ainsi que dans les pays devenus communistes en Europe orientale et en Asie jaune, a gagné du terrain ailleurs.

Comme l'écrivait en 1900 Rémy de Gourmont, «le grec classique n'a jamais été parlé à la fois par un peuple plus nombreux que les Suisses ou les Danois». Il reste aux francophones à prouver qu'ils peuvent jouer dans le
70 monde du troisième millénaire le rôle qui fut celui des Hellènes dans l'Antiquité.

Extrait d'un article du *Monde*,
dossier établi par Jean-Pierre
Péroncel-Hugoz

Mise au point

A. Reprenez l'exercice C de la section **Mise en train** à la page 168. Vérifiez vos choix et citez un détail supplémentaire qui se rapporte à l'idée centrale du paragraphe.

B. Reprenez aussi votre liste de pays francophones. Y a-t-il des pays mentionnés dans cet article qui ne figurent pas sur votre liste?

C. Donnez une définition du concept de la «francophonie» d'après ce texte. Etes-vous francophone?

D. Expliquez la différence entre **la francophonie** et **l'hispanité** d'une part et **le monde anglophone** d'autre part.

E. Résumez la position actuelle du français comme langue d'usage international.

F. Voici un extrait de la charte de la loi 101 québécoise:

> Le temps est venu de cesser de penser notre avenir en termes de timide survivance, de retrouver le sens de notre vraie grandeur: celle de participer de plein droit à l'une des grandes expressions linguistiques et culturelles de ce vaste monde dont, à partir du Québec, nous sommes les citoyens.

Soulignez les idées principales exprimées par ce texte. Comment est-ce qu'il «a valeur d'exemple à travers tout l'espace francophone»?

L'Immigration

LECTURE 2

Mise en train

A. Selon vous, comment est-ce qu'on définit un **immigré?**

1. une personne qui parle une langue autre que l'anglais
2. une personne qui vient aux Etats-Unis pour travailler
3. une personne dont l'apparence est différente de celle de la majorité
4. une personne dont la religion n'est pas celle de la majorité
5. une personne qui n'est pas tout à fait assimilée à la culture générale
6. ???

B. Dans le texte vous trouverez les phrases: «Il y a plusieurs modèles d'intégration des immigrants. Le plus connu est celui des Etats-Unis, mais on oublie que la France en fournit un autre, complètement différent et au moins aussi efficace.»

1. Précisez en quoi consiste, d'après vous, ce modèle américain.
2. A votre avis, quel pourrait être le modèle français?

C. On considère les Etats-Unis comme étant le creuset *(melting pot)* de nombreuses nationalités diverses. Est-ce que cette description est juste?

Qu'est-ce qu'un immigré?

La France est, après les Etats-Unis et le Canada, le seul pays industriel avancé dont une grande partie de la population est d'origine immigrante. Les statistiques du ministère de l'intérieur indiquent que, en 1980, 18 millions de Français étaient des descendants d'immigrants à la première, deuxième ou troisième génération.

Il y a plusieurs modèles d'intégration des immigrants. Le plus connu est celui des Etats-Unis, mais on oublie que la France en fournit un autre, complètement différent et au moins aussi efficace. On peut même dire que l'immigration dans les pays industriels est dominée par ces deux modèles divergents, qui forment les deux pôles autour desquels les diverses immigrations s'organisent. A propos du modèle américain, les études sont nombreuses. Pour ce qui concerne la France, il n'y a pratiquement rien. A tel point que l'on ne voit pas très bien à quoi correspond ce mot dans le contexte français. Qui est immigré? Les étrangers? Assurément pas tous. Parmi les étrangers, les immigrés sont-ils ceux qui travaillent? Pas seulement, car il y a aussi les femmes, les jeunes et les enfants. Existe-t-il enfin une immigration de l'intérieur, c'est-à-dire de nationaux français? Certainement, si l'on prend en considération les Antillais, les harkis (Arabes algériens restés fidèles à la France) et leurs enfants, ainsi que les jeunes dits de la «deuxième génération».

Ce flou sémantique mène à des contradictions, qui sont au cœur du modèle français d'intégration, et, plus profondément, à la constitution de la société française qui s'est formée en plusieurs siècles à partir de populations très hétérogènes. Cette diversité culturelle est toujours présente dans la vie quotidienne, mais est peu reconnue dans les expressions juridiques, administratives, bref, formelles, de la citoyenneté.

Ainsi l'immigré est une sorte de fantôme social dans la nation française. Il est en effet l'image renversée du citoyen français réel. Au Français qui vit ses différences dans le calme de la quotidienneté tout en adhérant à l'image unifiée de son pays, s'oppose l'immigré, incapable à la fois de se sentir comme bénéficiaire de l'image formelle, collective de l'unité nationale, et reconnu comme différent.

Pas encore éclairés par les lumières de la citoyenneté française, et sous la convergence des regards stigmatisant leurs différences quotidiennes trop visibles, leurs coutumes, leur religion, la couleur de leur peau, les immigrés n'existent pas, ou seulement comme reflets furtifs.

Extrait d'un article de M. Tibon-Cornillot dans *Le Monde*

«La France est, après les Etats-Unis et le Canada, le seul pays industriel avancé dont une grande partie de la population est d'origine immigrante.»

Mise au point

A. Reprenez l'exercice A de la section **Mise en train** à la page 171. Quelles définitions de l'immigré sont applicables en France? Quels phénomènes expliquent les différences entre la définition de l'immigré en France et aux Etats-Unis?

B. D'où viennent la plupart des immigrés en France?

C. Dans quel sens un immigré est-il «l'image renversée du citoyen français réel»?

D. Trouvez dans cet extrait tous les noms et les adjectifs de nationalité.

LECTURE 3

Mise en train

A. Ce document sur l'immigration en France contient plusieurs parties, chacune s'adressant à un problème esquissé par le sous-titre qui l'accompagne. Avant d'aborder la lecture elle-même, précisez le sens des expressions suivantes ayant trait à l'immigration. A quels aspects de la question peuvent-ils faire allusion?

1. querelle de chiffres
2. discours extrêmes
3. intégration... troisième voie

B. Dans l'histoire de votre propre société, quel rôle l'immigration a-t-elle joué? L'arrivée des étrangers continue-t-elle à la marquer aujourd'hui?

C. Quels modèles existent pour assimiler une population étrangère dans les pays que vous connaissez bien? Lesquels vous semblent les plus efficaces?

Immigration: le grand débat

L'«affaire», depuis plusieurs semaines, occupe la «une» des quotidiens et des hebdomadaires, alimente les éditoriaux et les commentaires des radios, nourrit les débats des chaînes de télévision et agite les milieux politiques, intellectuels et associatifs. Cette «affaire» est celle des
5 «foulards islamiques», autrement dit le port° par quelques jeunes filles musulmanes d'un voile, ou d'un fichu, à l'intérieur des établissements scolaires. Affaire en apparence minime, anecdotique et qui aurait dû être rapidement oubliée, mais qui a passionné les Français; hautement symbolique, elle sert de révélateur à cet incontestable «fait de société» qu'est la question
10 de l'immigration. Au-delà des discussions sur la laïcité,° le respect des croyances ou l'intégrisme religieux, c'est en effet tout le problème de la présence en France d'une importante population immigrée, notamment maghrébine, et donc musulmane, qui est posé. Problème le plus souvent tabou, sauf pendant les périodes électorales, et ignoré le reste du temps par les divers gou-
15 vernements et responsables politiques qui, à droite comme à gauche,

port: wearing
laïcité: secularity

ostrich

pratiquent depuis plusieurs années la politique de l'autruche,° laissant aux extrémistes, et notamment au Front national de Jean-Marie Le Pen, le monopole des questions «embarrassantes».

Querelle de chiffres

census

distrust

20 Parmi ces questions, celle des chiffres. La France, en effet, ne possède pas de statistiques récentes et indiscutables sur la population étrangère présente sur son territoire. Dans le cas du recensement,° il est évident que bon nombre d'étrangers ne répondent pas aux questionnaires qui leur sont adressés, parce qu'ils ont changé de domicile, parce que leur connaissance du français 25 est insuffisante, ou encore parce qu'ils éprouvent quelque méfiance° à l'égard de ce type d'enquête.

Philippe Bourcier de Carbon, dans le quatrième tome de l'*Histoire de la population française* (P.U.F., 1988), écrit: «Il est donc raisonnable de considérer que le nombre réel des étrangers en France (clandestins compris) a ap-30 proché 5 millions de personnes, soit 9% de l'ensemble de la population de la métropole vers 1985.» Jean-Claude Barreau, président de l'Office des migrations internationales et de l'Institut national d'études démographiques déclarait dans *Le Monde* du 10 octobre 1989: «Nous assistons depuis trois ou quatre ans à une forte poussée migratoire. La France accueille environ 35 120 000 immigrants officiels chaque année.» Qui sont ces immigrants, puisque officiellement la France n'accueille plus de nouveaux immigrés depuis plus de quinze ans (loi d'août 1974)? Réponse: les familles qui viennent rejoindre un travailleur immigré, en vertu du droit au «regroupement familial», les étrangers qui achètent des restaurants ou des épiceries, ceux 40 recrutés par des entreprises ou par le ministère de l'Education nationale (dans les disciplines où les enseignants français ne sont plus assez nombreux, notamment en mathématiques et physique). «Cela fait environ 50 000 à 60 000» évalue J.-C. Barreau, qui ajoute: «Mais il y a aussi des détournements° de procédure: des étudiants qui ne repartent pas chez eux à 45 la fin de leurs études ou des demandeurs d'asile qui s'établissent en France.» Sur ce dernier point, l'Office français de protection des réfugiés et apatrides° a enregistré près de 35 000 demandes de statut de réfugiés en 1988 et environ 60 000 en 1989. «Il est clair, fait encore observer J.-C. Barreau, que les trois quarts de ces demandeurs viennent chez nous pour des raisons 50 économiques et non pas politiques.» Le dépôt d'une demande d'asile politique, réglementé par la convention internationale de Genève de 1951, donne en effet automatiquement droit au séjour et au travail. Aux 120 000 immigrants officiels, il faut ajouter les immigrés clandestins dont le nombre est estimé à 30 000 par an.

fraudulent misuses

stateless persons

55 Alors, 3,7... 4,5... 5 millions? Au-delà de la querelle des chiffres, de leur imprécision, du caractère inadmissible de ces comptabilités° contradictoires, force est° de constater l'absence d'une véritable réflexion sur la question «immigrés».

bookkeeping

one is obliged

Deux Discours extrêmes

60 Qu'il s'agisse de dédramatiser l'affaire des foulards ou d'obtenir des statistiques incontestables, chacune de ces questions devrait s'inscrire dans un grand débat national sur l'immigration. Celui-ci n'a pas eu lieu jusqu'à présent. Ceux qui auraient pu, ou dû, en être les instigateurs préfèrent le silence, choisissant de «laisser faire le temps» ou refusant toute politique 65 spécifique. Au nom de l'antiracisme, les pouvoirs publics ont permis le développement des discours extrêmes: «société multiculturelle» contre «préférence nationale», «droit du sol» dans tous les cas (tous les enfants nés en France de parents étrangers seraient automatiquement français) contre «droit du sang» exclusivement (seuls seraient français les enfants de parents 70 français).

Refuser la réalité, ne pas dire la vérité—notamment celle des chiffres—c'est laisser la place à tous les excès et toutes les exclusions. «La France, observe Jean Daniel, n'a pas de politique définie sur l'immigration. Elle n'a pas de politique du tout... Personne n'ose se prononcer, nulle part» (*Le Nouvel* 75 *Observateur,* 9–15 novembre 1989).

L'opposition s'empresse° de tirer profit de la situation. Elle remet en cause l'action du gouvernement, demande un renforcement du contrôle aux frontières et un examen plus strict de la situation des demandeurs d'asile. Pour certains de ses membres, c'est «l'identité nationale» qui est en jeu et d'au- 80 cuns réclament un référendum sur ce thème. Au sein même du gouvernement, des ministres s'inquiètent: Claude Evin, ministre de la Santé, craint ce qu'il appelle «la dérive du droit d'asile», Jean-Pierre Chevènement, ministre de la Défense, redoute la «libanisation» de la France.

is eager

Pour sa part, Harlem Désir, président du mouvement S.O.S.-Racisme, ac- 85 cuse le gouvernement de s'être «évertué° à évacuer° la question de l'immigration».

of having exerted itself / get rid of

Intégration: quelles chances pour la troisième voie?

Pourtant, depuis plusieurs années, un large consensus semblait s'être établi, dans la plupart des secteurs de l'opinion, autour du thème de l'intégra- 90 tion. «Troisième voie» entre la revendication, par une partie de la gauche, d'une société multiculturelle et l'exigence, par une fraction de la droite, de l'assimilation, l'intégration paraissait devoir réunir, sans heurts° ni déchirements, la majorité des Français.

clashes

L'affaire des voiles islamiques aura fait éclater cette «belle» unanimité, 95 paraissant donner raison au président du très droitier Club de l'Horloge, Henry de Lesquen, qui déclarait en janvier 1988: «L'intégration est un mot piège. Car une société est nécessairement uniculturelle ou multiculturelle. Il n'y a pas de voie moyenne.»

Pourtant, l'intégration demeure, semble-t-il, le maître mot. C'est le rôle 100 que l'ancien ministre de l'Education nationale, J.-P. Chevènement, assigne à l'école, c'est le thème du débat que le président de l'Assemblée nationale,

Laurent Fabius, veut engager au Parlement, c'est le nom du ministère que réclame Harlem Désir.

L'intégration implique une double démarche:° celle de la société d'accueil et celle des immigrés. La majorité de ces derniers souhaite probablement s'intégrer, c'est-à-dire devenir des citoyens à part entière.° Mais que faire à l'égard de ceux qui refusent de s'intégrer?

approach

wholly

Le premier ministre, Michel Rocard, était certainement conscient de ce problème lorsqu'il a évoqué, dans le même discours, l'«intégration» et la «coexistence» des cultures. Peut-être songeait-il à cette remarque de Claude Lévi-Strauss qui observait (*Le Figaro Magazine*, 3.9.89): «Si les cultures ne communiquent pas, elles sont sclérosées, mais il ne faut pas qu'elles communiquent trop vite, pour se donner le temps d'assimiler ce qu'elles empruntent au-dehors.»

Mais le véritable débat est à l'évidence celui de l'immigration dans son ensemble, comme le souligne Arezki Dahmani, président de l'association France-Plus, qui milite pour l'intégration et a fait élire plus de 500 jeunes franco-maghrébins (ceux qu'on appelle des «Beurs») aux dernières élections municipales. «Quant à faire,° dit-il, je souhaiterais qu'une session parlementaire complète soit consacrée à l'immigration et qu'on mette tout à plat: l'école, le logement, l'emploi, les clandestins, le droit d'asile... Peut-être faudra-t-il crever° tous les abcès à la fois.»

as far as that goes

open up

Entre ceux pour qui l'immigration est une catastrophe pour la France et ceux pour qui elle est une chance, il y a tous ceux qui désirent être pleinement et clairement informés, et donc à même de décider ce qui leur paraît souhaitable pour leur pays. Mais «le problème est délicat, il est même parfois explosif. Ce devrait être précisément la raison pour les hommes qui ont l'honneur de penser et de gouverner de le regarder en face» (Jean Daniel dans *Le Nouvel Observateur*, op.cit.).

Adapté d'un article d'Alain Kimmel dans *Le Français dans le monde*

Mise au point

A. Le premier paragraphe sert d'introduction aux problèmes posés par l'immigration en France. Expliquez ce qu'est l'«affaire des foulards» et la raison pour laquelle elle a suscité tant de débats passionnés. Quels sont vos propres sentiments au sujet de la manifestation des croyances religieuses ou culturelles dans les écoles (publiques), soit par la parole (chants, prières, etc.), soit par le port d'un symbole (croix, étoile, chapeau, voile, etc.)?

B. Pourquoi est-il si difficile d'obtenir des statistiques sur le nombre d'étrangers résidant actuellement en France? A quel rythme les nouveaux immigrants officiels arrivent-ils en France selon l'Office des migrations internationales? Quelle est la politique officielle de la France depuis août 1974? Comment se fait-il qu'il y ait tant de nouveaux immigrés tous les ans, alors?

C. Le problème de l'immigration est parmi les plus graves que la France ait à résoudre aujourd'hui. L'absence de véritable débat national sur la question explique l'absence d'une politique définie de l'immigration en France, ce qui n'a pas empêché les discours d'avoir lieu. Quels sont les sujets de débat mentionnés dans le document? Comparez surtout la notion d'une «société multiculturelle» et celle d'une «identité nationale». Quel rapport y a-t-il entre ces deux concepts dans votre pays? Expliquez l'idée de la «libanisation» d'un pays. Que s'est-il passé au Liban au 20e siècle à cause de la présence de plusieurs cultures à l'intérieur du pays? A votre avis, est-ce la droite politique ou la gauche qui défend l'idée de l'identité nationale de la France?

D. Entre quelles deux positions l'intégration serait-elle «la troisième voie»? Que répondriez-vous à celui qui dit qu'une société doit être nécessairement «uniculturelle» ou «multiculturelle» et que l'intégration des cultures ne peut pas se réaliser? Que pensez-vous du point de vue de Claude Lévi-Strauss? Quelles sont les grandes questions qu'il faudrait soulever dans un grand débat parlementaire sur l'immigration?

LECTURE 4

Mise en train

A. Le titre de cette lecture vous surprend-il? Quelles sont les religions principales aux Etats-Unis?

B. Que savez-vous de l'islam? Dans quels pays pratique-t-on cette religion? Comment appelle-t-on un pratiquant de l'islam?

C. Le terme **le Maghreb** est utilisé pour parler de la partie nord-ouest de l'Afrique. Quels pays constituent le Maghreb?

L'Islam: deuxième religion de France

Malgré leurs activités professionnelles et familiales, plus d'un million et demi d'hommes et de femmes viennent, pendant un mois, de l'aube jusqu'au coucher du soleil, de s'abstenir de° manger, de boire, de fumer, d'avoir des relations sexuelles. Ils n'y étaient incités que par

s'abstenir de°: to abstain from

«L'islam est, par son importance numérique, la deuxième religion en France...»

leur foi religieuse. Il s'agit des membres de la communauté musulmane de France; deux millions quatre cent cinquante mille personnes dont les deux tiers, selon les estimations, ont jeûné° pendant le mois de ramadan.[1]

fasted

L'islam est, par son importance numérique, la deuxième religion en France, après le catholicisme et avant le protestantisme. Selon les estimations, les 2 450 000 musulmans habitant en France en 1982 se répartissaient ainsi: Algériens, 850 000; Marocains, 460 000; Tunisiens, 200 000; Africains noirs, 95 000; Turcs, 105 000; Yougoslaves, 60 000; Français musulmans (ex-harkis), 450 000; Français convertis à l'islam, 30 000; autres nationalités, 200 000. 75% sont des travailleurs manuels peu qualifiés, 5% des commerçants.

Le principal courant musulman reste celui de l'islam maghrébin populaire: mélange de traditions anciennes (comme le droit pour un père de marier sa fille sans le consentement de celle-ci) et de pratiques influencées par les confréries maraboutiques (organisées autour du culte d'un saint) ou par les *oulémas* (titre donné aux savants en matière religieuse). Il faut aussi mentionner

[1]Neuvième mois de l'année musulmane.

les anciens harkis, ces «Français musulmans» qui ont choisi de conserver la nationalité française après la guerre d'Algérie. L'islam d'Afrique noire, qui a aussi été façonné par les traditions africaines, comme les cultes de la nature ou l'animisme, est moins rigide que le courant maghrébin.

Alain Woodrow, *Le Monde*

Mise au point

A. Indiquez si les cultes mentionnés représentent la première, la deuxième ou la troisième religion de France.

_____ le protestantisme
_____ le catholicisme
_____ l'islam

B. Marquez la liste suivante pour indiquer la partie de la population française représenté par chacun des groupes indiqués. Si une étoile équivaut à 100 000 personnes, indiquez combien d'étoiles sont nécessaires pour représenter le nombre de musulmans en France dans chacune des catégories suivantes.

_____ Algériens
_____ Marocains
_____ Tunisiens
_____ Africains
_____ Français + convertis

C. Quelles sont les pratiques musulmanes observées pendant le mois de ramadan?

D. Quelle est la profession exercée par la majorité des musulmans en France?

E. Comment l'islam d'Afrique noire diffère-t-il de l'islam maghrébin?

LECTURE 5

Mise en train

A. L'auteur de cet extrait, Driss Chraïbi, est maghrébin. Qu'est-ce que cela veut dire?

B. Le titre du roman d'où est tiré cet extrait, *Les Boucs,* est un nom péjoratif pour les Maghrébins qui se trouvent en France. La fête du mouton dont il parle célèbre le début du printemps. Pensez-vous que Chraïbi critique «les Boucs» dans cet extrait?

La Fête du mouton°

sheep

Ils se rappelaient que c'était toujours ainsi, par un chant de grive,° que s'ouvrait la fête du sacrifice, dans leurs lointains douars,° où ils étaient peut-être nés en un passé immémorial, dont ils ne savaient plus rien, plus rien, pas même le nom. Tout ce qu'ils en avaient gardé—mais vivace, éternel 5 en eux—c'était ce chant de grive.

Toutes les fêtes, là-bas, débutaient ainsi: la fête du sacrifice, la fête de l'eau, la récolte° des dattes et les moissons, et les labours et les semailles,° circoncision, naissance et mort. Un Kabyle° saisissait une cornemuse° à pleines mains et en tirait un chant de grive. Ensuite c'étaient des chants 10 choraux et des danses rythmiques.

Franchi° le temps, franchi l'espace, cela se transformait tous les ans (au début du printemps pour la fête du mouton, en mai pour la récolte, en juillet pour la fête de l'eau—et, étrangement, la grive était toujours là, qui chantait exactement en temps voulu, comme si Mahomet en personne l'avait placée 15 là pour leur rappeler qu'ils n'étaient et ne seraient jamais que des esclaves de la Loi° et du Livre et que, les civilisations crouleraient-elles, ce Livre et cette Loi demeureraient) en un cercle de Boucs assis à même la terre, frappant dans leurs mains et psalmodiant avec des voix de machines-outils, de bulldozers et de perforeuses de chaussées,° des versets d'un Coran moderne, où 20 il était question d'os de la terre tranformés par l'homme en ciment et d'hommes tranformés en ciment armé:° tout comme, à travers une civilisation européenne, des chants d'initiations et de sorcellerie africaines ont donné naissance au jazz—à cette différence près que, chez les Boucs, c'était le jazz qui se transformait en sorcellerie.

25 Mais même ainsi, chacun d'eux, regardant le mouton cuire comme s'il eût regardé Mahomet même, avait la connaissance tout intérieure que ce n'était pas seulement un rite qui renaissait ainsi tous les ans, mais leur chair même, leurs organes et leurs instincts, leurs appétits de la vie: comme la marmotte° après l'hiver, comme les arbres morts en hiver et luxuriants au printemps. Ils 30 suivaient le rythme même de la terre et savaient que les misères, les mauvaises humeurs, les haines, la faim et la cruauté des hommes étaient aussi nécessaires qu'un émondement ou une taille° d'arbres, aussi utiles que la pauvreté ou la mort—mais qu'il fallait leur attribuer leur juste et stricte valeur. A cela, ils s'étaient toujours limités. La mission de l'homme n'est pas 35 de se détruire.

Bien des hivers avaient mordu° leurs os—mais jamais ils n'avaient élargi ni intensifié leurs souffrances aux dimensions d'une loi. Tout ce qu'ils en avaient extrait, c'était la connaissance que de tout temps, en tout lieu, toujours il y avait eu un lot d'hommes—et non seulement les Nord-Africains en 40 France—promus au sacrifice: nègres en Amérique, juifs dans le Proche-Orient, musulmans de l'Inde, esclaves de l'ancienne Rome ou de la Grèce

thrush
villages
harvesting / sowing
native of Algerian region / homemade Algerian musical instrument / across
Law
jackhammers
reinforced concrete
woodchuck
pruning
bitten

antique... inadaptés à une civilisation, quelle qu'elle fût, comme pour prouver qu'aucune création de l'homme n'a jamais été générale ou parfaite.

Extrait du roman marocain *Les Boucs* de Driss Chraïbi

Mise au point

A. Regardez bien la photo suivante qui représente une fête musulmane. Soulignez dans le texte de Chraïbi les images qui reflètent l'ambiance de la photo.

B. Citez quelques allusions à la culture musulmane dans cet extrait.

C. Comment la fête du mouton symbolise-t-elle la renaissance au printemps? Citez des images qui indiquent que la fête du mouton est une fête pour marquer un changement de saison.

D. Où sont les musulmans qui observent la fête du mouton dans cet extrait? Comment le savez-vous? Cherchez le mot **boucs** dans le dictionnaire. Quel est le sens de ce mot? Pourquoi a-t-il été adopté comme terme péjoratif pour les Arabes?

E. Si vous étiez un(e) Français(e) qui habitait le même quartier que le groupe décrit dans l'extrait, quelle serait votre attitude envers cette fête? Qu'est-ce que vous y trouveriez de bizarre, de différent?

F. Au dernier paragraphe, quels autres groupes l'auteur offre-t-il comme exemples d'«un lot d'hommes... inadaptés à une civilisation»? Pouvez-vous expliquer pourquoi chacun de ces groupes était inadapté à la civilisation en question?

Les Echos du français dans le monde

LECTURE 6

Mise en train

A. D'après vos connaissances, quels sont les pays d'Afrique qui ont connu une histoire coloniale française? Ont-ils tous obtenu leur indépendance? Quelle présence la France maintient-elle en Afrique noire actuellement?

B. A quels problèmes un pays récemment libéré de la domination coloniale doit-il faire face? A quelle sorte de personne est-ce qu'on confie souvent la présidence d'un nouveau pays: un enseignant? un militaire? un artiste? Citez des exemples.

Indépendants...

Mohamed-Alioum Fantouré est né en 1938 à Forécariah, en Guinée. Il a fait ses études secondaires et supérieures en France et en Belgique. Premier roman d'Alioum Fantouré, Le Cercle des Tropiques *(1972) évoque de manière dramatique deux épisodes récents de l'histoire contemporaine, d'une part, l'agonie de l'ère coloniale, d'autre part, à l'aube° des indépendances, l'arrivée au pouvoir des nouveaux maîtres de l'Afrique. Le passage qui suit se situe au moment où les Marigots du Sud viennent pré-*

dawn (line 5)

seesaw
draining

cisément de basculer° d'un état dans l'autre, mais dans des conditions telles—«j'avais l'impression d'assister à la vidange° d'une piscine»—qu'elles laissent le narrateur perplexe et inquiet pour l'avenir.

motorcycle police
militia / deceitful
haloed
though it be
ascribed

Bientôt nous entendîmes les bruits de motocyclettes, une voiture officielle, encadrée d'une vingtaine de motards,° arrivait par l'avenue de la Liberté. Des murmures, des ovations, des applaudissements s'élevaient de la foule. Baré Koulé était salué comme un nouveau dieu par ses compatriotes. On avait oublié déjà la cruauté de sa milice,° la fourbe° perfidie de ses méthodes d'ascension au pouvoir. Il apparaissait comme le porteur auréolé° du flambeau de la liberté, il était celui qui avait arraché par la force «notre Indépendance». La foule oubliait que l'indépendance était inéluctable depuis plusieurs années, que Baré Koulé avait forcé sa chance au bon moment et que même Dieu ne l'aurait pas empêché de la consolider fût-ce° au prix du sang de la nation entière. C'était un sauveur, disait-on, son mythe avait pris forme. Déjà depuis quelques jours, les habitants ne parlaient que de sa sagesse, de son éloquence, de son intelligence, de sa lutte contre les toubabs pour l'indépendance des Marigots du Sud. Tout lui était imputé,° tout lui était donné, tout lui était dû. Il était le maître. Le plus naïf des citoyens l'aurait senti. C'était bien ainsi, car nous, les enfants du soleil, avons besoin d'être mystifiés par nos dieux pour oublier le temps qui passe.

having forfeited
spotlights
overcome with emotion
hushed
very loudly
heartily

C'est peut-être à cela que pensait Baré Koulé au jour de l'indépendance. Et pourtant, au moment où le nouveau chef d'Etat faisait des signes à la foule, je ne pus m'empêcher de penser qu'également, sous le cercle des tropiques, les dieux sont mortels. Une divinité vénérée aujourd'hui peut se réveiller déchue° de ses pouvoirs surnaturels demain. Divinité ridicule, grotesque, elle disparaîtra comme tant d'autres pour n'avoir été qu'un vain espoir pour un instant matérialisé. Mais nos cœurs se consumaient d'espoir au moment où l'«indépendance» allait être déclarée. J'étais perdu dans mes pensées lorsque les projecteurs° éclairèrent la tribune. Les journalistes, photographes, reporters et cinéastes de tous les pays avaient pris place. Les clics des appareils et les ronronnements des caméras s'entendaient à souligner l'importance du moment historique. La foule émue° se mouvait doucement comme la mer par temps calme. Des discours furent prononcés, des médailles distribuées. Le ministre de la Métropole prit la parole d'une voix étouffée,° puis, crescendo, fit l'historique de l'arrivée des toubabs aux Marigots du Sud, parla du passé, de l'avenir teinté d'amitié entre le pays qui fut la Métropole et le nouvel Etat du cercle des tropiques. Au nom de son pays, de son gouvernement, du peuple qu'il représentait, il déclara «indépendant» le territoire des Marigots du Sud. Après le ministre toubab, Baré Koulé fit un long discours. Cela plut à la foule. Il fut applaudi à tout rompre.° Défiant la tradition, le nouveau chef nous invita à répéter après lui: «Nous sommes libres, indépendants! Vive notre République des Marigots du Sud!» Comme cela se doit, nous criions à gorge déployée.°

Nous étions indépendants, joyeux, optimistes, mais moi, je restais sur ma faim.° J'étais déçu. J'aurais aimé constater, comme par miracle, un changement brusque de la nature, le soleil qui passerait au noir, puis progressivement prendrait un ton clair, rouge, jaune, vert, puis d'une blancheur immaculée, nous enverrait des rayons cléments. J'aurais aimé qu'à l'instant où on nous déclarait «indépendants» les nuages prennent différentes couleurs, entreprennent une course rapide, que le vent souffle, le soleil soudain disparaisse, les tonnerres grondent,° les éclairs brillent, la pluie tombe, arrose la nature et fasse pousser les plantes, puis que tout redevienne normal, mais plus beau qu'avant. Il aurait fallu un miracle comme dans les religions pour célébrer l'indépendance des Marigots du Sud, mais les miracles ne prolifèrent que dans nos fantasmes.° Le rêve m'avait pendant quelques instants éloigné des réalités. J'étais heureux; je devais être heureux!

Puis le drapeau de la République des Marigots du Sud fut présenté au peuple. Le peuple applaudit, s'accroupit,° salua, très digne.

Le peuple est indépendant.

La nouvelle garde républicaine joua notre hymne national, le peuple se mit au garde-à-vous,° tête nue, silencieux, recueilli. Lorsque ce fut fait, le peuple applaudit, fier.

Le peuple est indépendant.

Le nouveau chef de l'Etat se présenta, leva le bras. Le peuple applaudit, content.

Le peuple est indépendant.

Le président présenta son gouvernement. Le peuple applaudit. Libre.

Le peuple est indépendant.

Le défilé commença. Les soldats, les gendarmes passèrent, les blindés° suivirent. Le peuple applaudit, détendu.

Le peuple est indépendant.

Le défilé continua. La milice de Baré Koulé et de son Parti Social de l'Espoir arriva à son tour, chemises rouges et pantalons bleus peu rassurants.

Le peuple murmura, les mains moites,° mais applaudit, craintif.

Le peuple est indépendant.

Lorsque le signal de la séparation fut donné, le peuple se demandait, à gauche et à droite, où se trouvait le lieu des banquets. Le peuple rêve de bombance,° heureux.

Le peuple est indépendant.

Pendant que la tribune officielle se vidait, le peuple s'éparpillait.° Il rejoignait sa niche. Parlait de la journée mémorable. Des légendes sur l'indépendance prenaient corps.

Alioum Fantouré, *Le Cercle des Tropiques,* dans Jacques Chevrier, *Anthologie africaine*

- faim: was not yet satisfied
- grondent: would rumble
- fantasmes: fantasies
- s'accroupit: crouched
- garde-à-vous: at attention
- blindés: armored vehicles
- moites: clammy
- bombance: reveling
- s'éparpillait: scattered

Mise au point

A. Dans la République mythique des Marigots du Sud, on connaît Baré Koulé depuis longtemps. Faites son portrait d'après les précisions que vous donne le texte.

B. Le narrateur paraît-il sceptique ou franchement optimiste devant le gouvernement de Baré Koulé au moment de l'indépendance? Donnez des exemples où le langage qu'il emploie nous révèle sa pensée.

C. Le peuple constitue un personnage collectif important dans cette nouvelle. Quelle est l'attitude du narrateur vis-à-vis de ses concitoyens? Sous quel aspect ceux-ci sont-ils présentés au lecteur?

D. Le ton change à partir du moment où l'indépendance est officiellement déclarée. Commentez le style choisi par l'auteur pour terminer cet extrait à partir de la première utilisation du passage «Le peuple est indépendant». L'image du peuple est-elle vraisemblable? Les sentiments de l'auteur sont-ils évidents? Expliquez.

LECTURE 7

Mise en train

A. Aimé Césaire, le poète qui a écrit «Cahier d'un retour au pays natal», est Antillais. Les Antilles, c'est les West Indies. Dans quels pays antillais parle-t-on français?

B. Dans ce poème, Césaire parle de sa **négritude.** Quelle définition donneriez-vous de la négritude? Qu'est-ce qui serait le contraire de négritude?

C. Puisque Césaire parle de sa négritude dans ce poème, pensez-vous qu'il y compare ou contraste sa condition à celle des blancs?

Cahier d'un retour au pays natal

ô lumière amicale
ô fraîche source de la lumière
ceux qui n'ont inventé ni la poudre ni la boussole° (compass)
ceux qui n'ont jamais su dompter° (conquer) la vapeur ni l'électricité

5 ceux qui n'ont exploré ni les mers ni le ciel
mais ceux sans qui la terre ne serait pas la terre
gibbosité° d'autant plus bienfaisante que la terre déserte davantage la terre — hump
silo où se préserve et mûrit° ce que la terre a de plus terre — ripens
ma négritude n'est pas une pierre, sa surdité° ruée contre la clameur du jour — deafness
10 ma négritude n'est pas une taie° d'eau morte sur l'œil mort de la terre — speck
ma négritude n'est ni une tour ni une cathédrale

elle plonge dans la chair° rouge du sol — flesh
elle plonge dans la chair ardente du ciel
elle troue l'accablement opaque de sa droite patience.

15 Eia pour le Kaïlcédrat royal!° — fetish tree
Eia pour ceux qui n'ont jamais rien inventé
pour ceux qui n'ont jamais rien exploré
pour ceux qui n'ont jamais rien dompté

mais ils s'abandonnent, saisis, à l'essence de toute chose
20 ignorants des surfaces mais saisis par le mouvement de toute chose
insoucieux de dompter, mais jouant le jeu du monde

véritablement les fils aînés° du monde — elder
poreux à tous les souffles° du monde — breaths
aire fraternelle de tous les souffles du monde
25 lit sans drain de toutes les eaux du monde
étincelle° du feu sacré du monde — spark
chair de la chair du monde palpitant du mouvement même du monde!

Tiède petit matin de vertus ancestrales

Sang! Sang! tout notre sang ému par le cœur mâle du soleil
30 ceux qui savent la féminité de la lune au corps d'huile
l'exaltation réconciliée de l'antilope et de l'étoile
ceux dont la survie chemine en la germination de l'herbe!
Eia parfait cercle du monde et close concordance!
Ecoutez le monde blanc
35 horriblement las° de son effort immense — weary
ses articulations rebelles craquer sous les étoiles dures
ses raideurs° d'acier bleu transperçant la chair mystique — tenseness
écoute ses victoires proditoires° trompeter ses défaites — disloyal
écoute aux alibis grandioses son piètre trébuchement° — stumbling

40 Pitié pour nos vainqueurs omniscients et naïfs!

Fragment d'un long poème d'Aimé Césaire, «Cahier d'un retour au pays natal»

Mise au point

A. Regardez la photo suivante qui représente une scène des Antilles. Cherchez dans le poème les images qui reflètent le mieux l'atmosphère de la photo.

B. Le poème de Césaire parle de son retour au pays natal. Est-il heureux d'y retourner? Quelles images du poème expriment son émotion envers son pays?

C. Est-ce que Césaire est fier d'être noir? Trouvez les vers *(lines)* à l'appui de votre réponse.

D. Expliquez comment les expressions négatives des premiers vers donnent un ton positif à l'extrait.

E. Reprenez la photo ci-dessus. Trouvez (ou dessinez) une image qui représente «le monde blanc» décrit dans le poème.

F. Césaire parle de «nos vainqueurs omniscients et naïfs». Relevez les images du poème qui indiquent la naïveté des blancs. Pourquoi sont-ils naïfs?

LECTURE 8

Mise en train

A. Le Canada français, et en particulier le Québec, défend depuis longtemps son droit à des origines qui sont différentes de celles des Canadiens anglophones, un fait culturel que beaucoup de Québécois soulignent avec passion. Que savez-vous à propos de la culture unique du Québec? Comment s'est-elle manifestée au cours des ans et surtout au 20e siècle?

B. Caractérisez les rapports actuels entre le Québec et l'ensemble du Canada.

Héritage

Claude Jasmin, romancier, dramaturge, essayiste et cinéaste, est né à Montréal en 1930. Il a reçu le Prix du Cercle du Livre de France pour son premier roman, La Corde au cou *(1960).*

Et on nous a enlevé la vieille patrie. Et nous avons fini par oublier que
5 nous étions fils de France, petit-fils de Navarre et de Normandie, de Bretagne et du Berry. Or, je me dresse° maintenant et je pose la main droite sur toute la France et je réclame mon héritage, ma part, j'ai droit à Corneille et à La Fontaine, Renan est mon parent, Pasteur est de ma famille, Lumière est français et je suis français aussi. On avait intérêt à me faire oublier l'héritage
10 le plus riche de la terre, celui de ma mère France. Je réclame fables et romans, Balzac et Daudet, j'ai droit au *Cid,* j'ai droit à Musset et à Lamartine, j'ai droit aux grands Ardennais, Taine, Michelet et toi, Rimbaud. Notre histoire est plus longue qu'ils le disaient. L'imposture est grave, ils faisaient de nous de tristes orphelins et on imaginait souvent, ma foi, que nous étions
15 nous-mêmes peaux-rouges arrosés° de baptêmes, habitants nés spontanément après que Cartier eût planté sa croix, en Gaspésie, au bout du golfe. Or nous sommes des colons, fils de colons et notre berceau° est tout entier là-bas, il est riche et puissant d'histoires navrantes° et exhaltantes. Il est gravé de misères et de périls, d'horreurs aussi bien entendu mais encore de grands
20 hauts faits. Et nous allions oublier à jamais d'être fiers. On nous a fait ramper° assez longtemps, il faut vite se dresser, il faut que jeunesse de France et jeunesse de Québec se rencontrent, il faut que l'esprit français puisse s'essayer encore une fois de ce côté-ci de l'Atlantique. Avec avions et satellites, nous irons au moins aussi vite que l'aviron,° sur le Mississippi, de
25 Joliette, Marquette et La Vérendrye.

dresse: rise
arrosés: sprinkled
berceau: cradle
navrantes: heartbreaking
ramper: crawl
aviron: oar

Claude Jasmin, *Rimbaud, mon beau salaud!*

Mise au point

A. Parmi les grands personnages auxquels Claude Jasmin et les francophones du Canada ont droit, quels sont ceux dont vous connaissiez déjà au moins le nom? A quels domaines culturels appartiennent-ils?

B. Dans les expressions «on nous a enlevé la vieille patrie», «notre histoire est plus longue qu'ils le disaient» et «ils faisaient de nous de tristes orphelins», qui sont «on» et «ils»? Comment ont-ils réussi à «enlever» la patrie et à cacher la vérité?

C. A quelles personnes l'auteur s'adresse-t-il surtout? Comment le cri du général de Gaulle, «Vive le Québec libre!», en 1967, a-t-il pu inspirer cet essai?

D. D'après le texte, les Québécois réclament-ils, à votre avis, l'intégration, l'assimilation ou la coexistence des cultures francophone et anglophone au Canada? Faites allusion au document pour appuyer votre réponse.

LECTURE 9

Mise en train

A. Dans l'expression «Speak white» du titre du poème qui suit, quel sens donnez-vous au mot «white»? Quelles en sont les connotations possibles?

B. Comment la langue et la culture anglo-américaines sont-elles perçues par les francophones du Canada? Mettez-vous à la place des Québécois pour répondre à la question.

Speak White

ichèle Lalonde, poète et licenciée en philosophie de l'université de Montréal, est née dans cette ville en 1937.

Speak white
il est si beau de vous entendre
5 parler de *Paradise Lost*
ou du profil gracieux et anonyme qui tremble
dans les sonnets de Shakespeare

unpolished / stammering
nous sommes un peuple inculte° et bègue°
mais ne sommes pas sourds au génie d'une langue
10 parlez avec l'accent de Milton et Byron et Shelley et Keats
speak white
et pardonnez-nous de n'avoir pour réponse
raucous
que les chants rauques° de nos ancêtres
French Canadian neo-romantic poet
et le chagrin de Nelligan°

15 *speak white*
parlez de choses et d'autres
parlez-nous de la Grande Charte
ou du monument à Lincoln
Thames
du charme gris de la Tamise°
20 de l'eau rose du Potomac
parlez-nous de vos traditions
nous sommes un peuple peu brillant
mais fort capable d'apprécier
toute l'importance des crumpets
25 ou du Boston Tea Party

mais quand vous *really speak white*
quand vous *get down to brass tacks*
pour parler du *gracious living*
et parler du standard de vie
30 et de la Grande Société
un peu plus fort alors *speak white*
foreman
haussez vos voix de contremaîtres°
nous sommes un peu durs d'oreille
nous vivons trop près des machines
breathing
35 et n'entendons que notre souffle° au-dessus des outils

speak white and loud
qu'on vous entende
de Saint-Henri à Saint-Domingue
oui quelle admirable langue
40 pour embaucher
donner des ordres
fixer l'heure de la mort à l'ouvrage
et de la pause qui rafraîchit
perks up
et ravigote° le dollar

45 *speak white*
tell us that God is a great big shot
and that we're paid to trust him
speak white
parlez-nous production profits et pourcentages
50 *speak white*
c'est une langue riche
pour acheter

mais pour se vendre
mais pour se vendre à perte d'âme
55 mais pour se vendre

ah!
speak white
big deal
mais pour vous dire
60 l'éternité d'un jour de grève
pour raconter
une vie de peuple-concierge
mais pour rentrer chez nous le soir
à l'heure où le soleil s'en vient crever° au-dessous des ruelles
65 mais pour vous dire oui que le soleil se couche oui
chaque jour de nos vies à l'est de vos empires
rien ne vaut une langue à jurons°
notre parlure° pas très propre
tachée de cambouis° et d'huile

70 *speak white*
soyez à l'aise dans vos mots
nous sommes un peuple rancunier°
mais ne reprochons à personne
d'avoir le monopole
75 de la correction de langage

dans la langue douce de Shakespeare
avec l'accent de Longfellow
parlez un français pur et atrocement blanc
comme au Viet-Nam au Congo
80 parlez un allemand impeccable
une étoile jaune entre les dents
parlez russe parlez rappel à l'ordre parlez répression
speak white
c'est une langue universelle
85 nous sommes nés pour la comprendre
avec ses mots lacrymogènes°
avec ses mots matraques°

speak white
tell us again about Freedom and Democracy
90 nous savons que la liberté est un mot noir
comme la misère est nègre
et comme le sang se mêle à la poussière des rues d'Alger
ou de Little Rock

crever: die (*slang*)
jurons: curses
parlure: way of talking
cambouis: axle grease
rancunier: grudge-bearing
lacrymogènes: tear gas
matraques: bludgeoning

speak white
95 de Westminster à Washington relayez-vous
speak white comme à Wall Street
white comme à Watts
be civilized
et comprenez notre parler de circonstance° — appropriate
100 quand vous nous demandez poliment
how do you do
et nous entendez vous répondre
we're doing all right
we're doing fine
105 *we*
are not alone

nous savons
que nous ne sommes pas seuls.

Michèle Lalonde, dans Michel LeBel et Jean-Marcel Paquette, *Le Québec par ses textes littéraires*

Mise au point

A. Par son ton ironique, le poème se moque de la culture anglophone en disant le contraire de ce qu'il veut faire entendre. Donnez quatre ou cinq exemples d'ironie tirés du texte et expliquez-les.

B. Le poème passe progressivement de l'ironie à l'invective. Où dans le poème avez-vous l'impression que ce glissement se fait sentir?

C. Quels sont les rapports socio-économiques entre les deux communautés, d'après le texte? Quelle image est la plus puissante dans ce contexte?

D. Les francophones, au nom desquels écrit Michèle Lalonde, sont-ils jaloux des anglophones? Pourquoi?

Expansions

A. Comparez la politique de l'immigration pratiquée par votre pays et celle de la France. Quelle attitude semble caractériser la position des gens vis-à-vis des immigrants? D'où viennent les plus grands problèmes?

B. Il y a un fil commun aux trois extraits tirés de la littérature francophone: la fierté. De quoi les auteurs sont-ils fiers? Quelles sortes de différences sentent-ils par rapport à ceux qui les ont colonisés?

Devinez le sens de l'expression *à partir de.*

Est-ce que la publicité vous propose des hôtels de luxe? Comment le savez-vous?

WEEK-ENDS A BARCELONE

AU DEPART DE MONTPELLIER

A PARTIR DE 310 F

WEEK-END 2 JOURS/1 NUIT

5-6 avril et 7-8 juin

Hôtel 1 étoile, petit déjeuner. **Prix : 310 F**

WEEK-ENDS PONTS PAQUES ET PENTECOTE 3 JOURS/2 NUITS

29-30 mars : Pâques.

17-18-19 mai : Pentecôte.

Visite guidée 1 journée Barcelone

Visite guidée 1 journée Montserrat

Hôtel 1 étoile, petit déjeuner. **Prix : 440 F**

WEEK-END PONTS 1er MAI ASCENSION 4 JOURS/3 NUITS

1-2-3-4 mai

8-9-10-11 mai

1 journée visite guidée Barcelone

1 journée visite Montserrat Monastère

Hôtel 1 étoile, petit déjeuner. **Prix : 565 F**

Renseignements - Réservations

nouvelles frontières

4, rue Jeanne d'Arc 34 000 Montpellier

Tél : 67.64.64.15.

Chapitre 10

N'importe où...

Evasion à New York

LECTURE 1

Mise en train

A. Qu'est-ce qui constitue l'évasion *(escape)* pour vous (votre famille, vos amis)?

1. Des vacances à la plage (dans une autre ville)?
2. Une résidence secondaire à la plage (à la montagne, dans une ville)?
3. Une excursion dans une grande ville?
4. Un changement de mode de vie?
5. Le camping ou un séjour dans une cabane à la montagne?
6. ???

B. Quand vous pensez à la ville de New York, à quoi pensez-vous?

1. L'activité et le mouvement?
2. La diversité des gens et des quartiers?
3. Le théâtre et les bons restaurants?
4. La sophistication de la vie?
5. Les magasins de luxe?
6. Une mode élégante (ou à la page)?
7. ???

C. Pour quelles raisons cherche-t-on à s'évader *(to escape)* de la «culture de masse» qui existe dans les grandes villes?

New York vu par un anthropologue

A New York, avions-nous coutume de dire entre nous, les femmes ne s'«habillent» pas: elles se déguisent. Quand on les voyait costumées en petit marin, en almée,° en pionnière du *Far West,* on savait qu'elles s'étaient mises sur leur trente-et-un. Cela nous amusait fort, mais il
5 suffit de visiter nos boutiques à la page pour constater que, là aussi, New York a trouvé beaucoup d'imitateurs. D'ailleurs, l'art des vitrines commerciales invitait à la discussion sans suite par son ingéniosité, son raffinement et ses audaces. Les grands magasins présentaient leurs collections sur des mannequins jouant des scènes dramatiques: assassinats, viols ou rapts,° réalisées

almée: exotic dancer

rapts: kidnappings

avec un art consommé des décors, des couleurs et des éclairages° à rendre jaloux les meilleurs théâtres. Dans la vie civile, les brusques changements de registres vestimentaires dont j'ai parlé traduisaient à leur façon le même besoin d'évasion qui nous frappait, en voyant nos amis new yorkais passer avec un zèle presque dévot de leur luxueux appartement sur l'*East Side* à une baraque en planches au bout de *Long Island,* ou même sur la dune étroite de *Fire Island* dont le sumac rampant, appelé là-bas lierre vénéneux,° constituait toute la végétation; ou bien encore, c'était quelque maison rustique dans le Connecticut comme celle qu'habita André Masson, ou celle que possédait non loin de là Calder. On s'y donnait l'illusion de vivre à la mode des premiers colons. J'ai bien connu un célèbre sociologue américain d'allure plutôt guindée° et qui, même en conversation, s'exprimait avec une solennité provinciale. Il m'emmena une fois passer la nuit dans sa maison de famille, ferme autrefois, mais depuis longtemps investie par l'expansion urbaine, enclavée, sur le bout de terrain qui lui restait, dans une banlieue déjà industrielle. C'était l'endroit le plus bohème qu'on pût imaginer; si le mot avait existé, on l'eût qualifié de *hippy.* Quelques arbres encore épargnés et une broussaille° confuse montaient à l'assaut d'une maison de bois dont toute la peinture s'écaillait.° A l'intérieur, la cuvette des lavabos était couverte d'une couche de crasse plus épaisse que je n'en vis jamais. Mais, pour mon hôte et sa famille, cet état d'abandon, cette négligence systématique valaient des quartiers de noblesse. En abjurant les rites d'hygiène et de confort sur lesquels l'Amérique se montre si pointilleuse° (et qu'eux-mêmes, sans doute, respectaient scrupuleusement à la ville), ils avaient le sentiment de conserver un lien avec des ancêtres qui, quelques générations auparavant, s'étaient établis sur ce terroir en *homesteaders,* c'est-à-dire en premiers occupants. Cela se passait à Chicago, mais, même à New York, on notait souvent un dédain très ostensible pour tout ce que des nouveaux venus admiraient comme l'efficacité américaine, et la manie propre à ce pays de pousser au plus haut degré de perfection les commodités de la civilisation.

Ce qu'en somme New York révélait à des Français récemment débarqués c'était l'image incroyablement complexe de modes de vie modernes et d'autres presque archaïques. Des collègues réfugiés, spécialistes de folklore, et qui, jusqu'à la guerre, traversaient les campagnes les plus isolées d'Europe centrale ou orientale à la recherche des derniers conteurs,° faisaient, en plein New York, des découvertes surprenantes chez leurs compatriotes immigrés: depuis un demi-siècle ou plus que ces familles étaient arrivées en Amérique, elles avaient conservé vivants des usages et des récits disparus sans laisser de trace au vieux pays. De même pour les spectacles que, pendant des heures, nous allions voir à l'Opéra chinois établi sous la première arche de *Brooklyn Bridge:* une troupe venue il y a longtemps de Chine y faisait école; tous les jours, du milieu de l'après-midi jusqu'à plus de minuit, elle perpétuait les traditions de l'opéra classique. Je ne me sentais pas moins voyager à travers les âges quand j'allais travailler chaque matin dans la salle des «Americana» de la *New York Public Library,* et que, sous ses arcades néo-classiques et entre

lighting
poison ivy
straight-laced
underbrush
was chipping
touchy
storytellers

paneled
beaded buckskin

55 ses murs lambrissés° de vieux chêne, je voisinais avec un Indien coiffé de plumes et vêtu de peau emperlée,° même s'il prenait des notes avec un stylo Parker...

Bien sûr, toutes ces survivances, on les savait, on les sentait menacées par une culture de masse prête à les écraser et à les faire disparaître; culture de 60 masse dont la progression, déjà très avancée là-bas, ne devait nous atteindre que quelques décennies plus tard: ce qui explique sans doute pourquoi tant d'aspects de la vie new yorkaise nous captivaient en mettant sous nos yeux, pour notre futur usage, la liste des recettes grâce auxquelles, dans une société chaque jour plus oppressante et inhumaine, ceux pour qui elle est déci-65 dément intolérable peuvent apprendre les mille et une façons de s'offrir, pendant de brefs instants, l'illusion qu'ils ont la faculté d'en sortir.

Extrait de Claude Lévi-Strauss, «New York post- et préfiguratif», dans *Le Regard éloigné*

Mise au point

A. Dans quel sens est-ce que les vêtements constituent un moyen d'évasion pour les femmes new yorkaises?

B. Quelle sorte de résidences secondaires est-ce que les New-Yorkais ont tendance à avoir? Quelle contradiction Lévi-Strauss perçoit-il parmi les Américains citadins qui se réfugient à la campagne?

C. Quel aspect de la ville de New York frappe les Français qui y arrivent pour la première fois?

D. Relisez le dernier paragraphe de l'extrait. Est-ce que l'auteur considère l'idée d'une «culture de masse» bonne ou mauvaise? Citez des expressions qui justifient votre opinion.

E. D'après ce que vous avez compris de vos lectures, pourquoi les Français trouvent-ils la diversité ethnique des Etats-Unis remarquable? Pourriez-vous reconstruire l'histoire de famille de l'Américain moyen et du Français moyen? Votre famille, par exemple, de quelle(s) origine(s) est-elle? Quand et comment est-elle venue en Amérique?

F. Comment les Américains conservent-ils un lien avec les premiers occupants du pays?

G. En quoi consiste la complexité et la contradiction dans les modes de vie américains?

Le Voyage

LECTURE 2

Mise en train

A. Connaissez-vous des individus qui n'aiment pas voyager? Quelles raisons donne-t-on souvent pour éviter le voyage? Vous situez-vous parmi les voyageurs ou les non-voyageurs? Pourquoi?

B. A quelles sortes de connaissances le voyage donne-t-il accès?

Voyager

1. Heureux qui, comme Ulysse, a fait un beau voyage...
Joachim du Bellay, *Les Regrets*

2. L'homme qui ne sort pas et ne visite pas dans toute son étendue la terre pleine d'une foule de merveilles est une grenouille de puits.°
Pantcha-tantra

well dweller

3. Voyager n'est pas tant aller loin que savoir comparer et partant,° mieux connaître son Pays, ce qui est aussi le plus aimer.
Michel de Montaigne, *Essais*

consequently

4. Le voyageur est encore ce qui importe le plus dans un voyage.
André Suarès, *Le Voyage du condottiere*

5. J'ai peine à croire à l'innocence des êtres qui voyagent seuls.
François Mauriac, *Journal*

6. Un voyage est comme un mariage; on se voit jour et nuit; on se pratique, on se contraint si peu qu'il en résulte souvent du malaise et quelquefois de l'humeur.°
Charles de Brosses, *Lettres italiennes*

moods

7. Le voyage est une suite de disparitions irréparables.
Paul Nizan, *Aden Arabie*

Que cherchez-vous en partant aux Antilles?

8. Je réponds ordinairement à ceux qui me demandent raison de mes voyages: que je sais bien ce que je fuis, et non pas ce que je cherche.

Michel de Montaigne, *Essais*

«Valises. Ennemies numéro 1 des vacances.»

9. Frotter et limer° votre cervelle contre celle d'autrui [en voyageant à l'étranger].

Michel de Montaigne, *Essais*

° polish

10. Ce que les Anglais cherchent surtout à l'étranger, c'est à rencontrer des gens. Des gens, c'est-à-dire, bien entendu, des Anglais qui habitent la maison ou la rue voisine.

George Mikes, *Comment peut-on être anglais?*

11. «Qu'est-ce que vous allez chercher là-bas?» J'attends d'être là-bas pour le savoir.

André Gide, *Voyage au Congo*

12. Tu fuis en compagnie de toi-même: c'est d'âme qu'il te faut changer, non de climat.

Sénèque, *Lettres à Lucilius*

13. Le vain travail de voir divers pays...

Maurice Scève, *Microcosme*

bitter

14. Amer° savoir, celui qu'on tire du voyage!
Le monde, monotone et petit aujourd'hui,
Hier, demain, toujours, nous fait voir notre image.
Charles Baudelaire, *Le Voyage*

15. Lorsqu'on est décidé à voir les nations comme on les veut, on n'a plus besoin de sortir de chez soi.
Astolphe de Custine, *La Russie en 1839*

filth

16. Ce que d'abord vous nous montrez, voyages, c'est notre ordure° lancée au visage de l'humanité.
Claude Lévi-Strauss, *Tristes Tropiques*

17. Lorsqu'on emploie trop de temps à voyager, on devient enfin étranger en son pays.
René Descartes, *Discours de la méthode*

18. Il n'y a d'homme complet que celui qui a beaucoup voyagé, qui a changé vingt fois la forme de sa pensée et de sa vie.
Alphonse de Lamartine, *Voyage en Orient*

19. On s'instruit en voyageant... Mais, d'un autre côté, l'on n'apprend jamais que ce que l'on sait déjà.
Alain, *Propos*

20. L'homme n'a pas besoin de voyager pour s'agrandir; il porte en lui l'immensité.
François René de Chateaubriand, *Mémoires d'outre-tombe*

21. Voyageur, voyageur, accepte le retour,
Il n'est plus place en toi pour de nouveaux visages.
Jules Supervielle, *Débarcadères*

faded

22. Ce qui reste de tous les voyages
Est le parfum d'une rose fanée...°
Cavidan Tumerkan, *Voyage*

Florence Montreynaud, *Dictionnaire de citations françaises et étrangères*

Mise au point

A. Faites deux listes, la première contenant les citations qui parlent des voyages d'une façon positive et la deuxième celles qui en parlent d'une manière moins positive. Comparez vos choix avec ceux de vos voisins et soyez prêt à défendre votre classement.

B. Les écrivains cherchent souvent à s'exprimer de façon spirituelle. Laquelle des citations vous semble avoir le plus de finesse? Laquelle est la plus humoristique? Laquelle vous semble le plus juste? Laquelle est la plus pessimiste? Justifiez votre choix.

C. Ecrivez une dissertation d'environ deux pages en vous servant d'une des citations comme sujet.

LECTURE 3

Mise en train

A. Le texte qui suit est un poème en prose de Charles Baudelaire, poète célèbre du dix-neuvième siècle. Définissez le terme **poème en prose.** Trouvez-vous une contradiction implicite dans ce genre littéraire?

B. A qui s'adressent très souvent les poètes dans leurs poèmes?

C. «Invitation au voyage» est un appel à un voyage imaginaire dans «un pays de Cocagne» *(Never-Never Land).* Quelle sorte de pays Baudelaire veut-il visiter?

Invitation au voyage

Il est un pays superbe, un pays de Cocagne, dit-on, que je rêve de visiter avec une vieille amie. Pays singulier, noyé dans les brumes de notre Nord, et qu'on pourrait appeler l'Orient de l'Occident, la Chine de l'Europe, tant elle l'a patiemment et opiniâtrement° illustré de ses savantes et délicates vé-
5 gétations.

Un vrai pays de Cocagne, où tout est beau, riche, tranquille, honnête; où le luxe a plaisir à se mirer dans l'ordre; où la vie est grasse et douce à respirer; d'où le désordre, la turbulence et l'imprévu° sont exclus; où le bonheur est marié au silence; où la cuisine elle-même est poétique, grasse et exci-
10 tante à la fois; où tout vous ressemble, mon cher ange.°

obstinately
unexpected
angel

Baudelaire: autoportrait

Tu connais cette maladie fiévreuse qui s'empare de nous dans les froides misères, cette nostalgie du pays qu'on ignore, cette angoisse de la curiosité? Il est une contrée qui te ressemble, où tout est beau, riche, tranquille et honnête, où la fantaisie a bâti et décoré une Chine occidentale, où la vie est
15 douce à respirer, où le bonheur est marié au silence. C'est là qu'il faut aller vivre, c'est là qu'il faut aller mourir!

Oui, c'est là qu'il faut aller respirer, rêver et allonger les heures par l'infini des sensations. Un musicien a écrit l'*Invitation à la danse;* quel est celui qui composera l'*Invitation au voyage,* qu'on puisse offrir à la femme aimée, à la
20 sœur d'élection?

Oui, c'est dans cette atmosphère qu'il ferait bon vivre, —là-bas, où les heures plus lentes contiennent plus de pensées, où les horloges° sonnent le bonheur avec une plus profonde et plus significative solennité.

Sur des panneaux luisants, ou sur des cuirs dorés et d'une richesse som-
25 bre, vivent discrètement des peintures béates,° calmes et profondes, comme les âmes des artistes qui les créèrent. Les soleils couchants, qui colorent si richement la salle à manger ou le salon, sont tamisés° par de belles étoffes° ou par ces hautes fenêtres ouvragées que le plomb° divise en nombreux compartiments. Les meubles sont vastes, curieux, bizarres, armés de serrures°
30 et de secrets comme des âmes raffinées. Les miroirs, les métaux, les étoffes, l'orfèvrerie et la faïence° y jouent pour les yeux une symphonie muette et mystérieuse; et de toutes choses, de tous les coins, des fissures des tiroirs et des plis des étoffes s'échappe un parfum singulier, un *revenez-y* de Sumatra, qui est comme l'âme de l'appartement.

clocks
smug
filtered / fabrics
lead
locks
decorated earthenware

35 Un vrai pays de Cocagne, te dis-je, où tout est riche, propre et luisant, comme une belle conscience, comme une magnifique batterie de cuisine, comme une splendide orfèvrerie, comme une bijouterie bariolée.° Les trésors du monde y affluent, comme dans la maison d'un homme laborieux et qui a bien mérité du monde entier. Pays singulier, supérieur aux autres, comme 40 l'Art l'est à la Nature, où celle-ci est réformée par le rêve, où elle est corrigée, embellie, refondue.

striped

Qu'ils cherchent, qu'ils cherchent encore, qu'ils reculent sans cesse les limites de leur bonheur, ces alchimistes de l'horticulture! Qu'ils proposent des prix de soixante et de cent mille florins pour qui résoudra leurs ambitieux 45 problèmes! Moi, j'ai trouvé ma *tulipe noire* et mon *dahlia bleu!*

Fleur incomparable, tulipe retrouvée, allégorique dahlia, c'est là, n'est-ce pas, dans ce beau pays si calme et si rêveur, qu'il faudrait aller vivre et fleurir? Ne serais-tu pas encadré° dans ton analogie, et ne pourras-tu pas te mirer, pour parler comme les mystiques, dans ta propre *correspondance?*

framed

50 Des rêves! toujours des rêves! et plus l'âme est ambitieuse et délicate, plus les rêves l'éloignent du possible. Chaque homme porte en lui sa dose d'opium naturel, incessamment sécrétée et renouvelée, et, de la naissance à la mort, combien comptons-nous d'heures remplies par la jouissance positive, par l'action réussie et décidée? Vivrons-nous jamais, passerons-nous jamais 55 dans ce tableau qu'a peint mon esprit, ce tableau qui te ressemble?

Ces trésors, ces meubles, ce luxe, cet ordre, ces parfums, ces fleurs miraculeuses, c'est toi. C'est encore toi, ces grands fleuves et ces canaux tranquilles. Ces énormes navires qu'ils charrient, tout chargés de richesses, et d'où montent les chants monotones de la manœuvre, ce sont mes pensées 60 qui dorment ou qui roulent sur ton sein. Tu les conduis doucement vers la mer qui est l'Infini, tout en réfléchissant les profondeurs du ciel dans la limpidité de ta belle âme; —et quand, fatigués par la houle° et gorgés° des produits de l'Orient, ils rentrent au port natal, ce sont encore mes pensées enrichies qui reviennent de l'Infini vers toi.

sea / laden

Charles Baudelaire,
Œuvres complètes

Mise au point

A. Dans chaque paragraphe de ce poème en prose,

1. soulignez l'idée principale.
2. soulignez les images qui se rapportent à l'idée centrale du paragraphe.
3. indiquez les concepts ou les images qu'on ne trouverait pas normalement dans un texte en prose.

B. Quels sont les éléments fondamentaux de cette vision de l'idéal de Baudelaire?

C. Dégagez du poème les images qui se rapportent à cette «vieille amie» que le poète mentionne dans le premier paragraphe. Quel est le rapport entre le poète et cette personne?

D. Ce paysage poétique s'inspire d'un endroit réel. Pouvez-vous deviner où se trouve la ville qui a inspiré cette description?

LECTURE 4

Mise en train

Vous avez appris quelques éléments de la versification française à la page 125 dans le Chapitre 7 en étudiant le poème «Réseau aérien». Sur quel rythme est composé le poème «L'Invitation au voyage»? Est-ce que le nombre de syllabes est pair ou impair? Est-il uniforme? Y a-t-il un refrain? En marquant la rime de chaque vers (a, b, c, etc.), quelle est la rime de chaque division du poème? Comment les rimes sont-elles groupées?

L'Invitation au voyage

Mon enfant, ma sœur,
Songe à la douceur
D'aller là-bas vivre ensemble!
Aimer à loisir,
5 Aimer et mourir
Au pays qui te ressemble!
Les soleils mouillés
De ces ciels brouillés
Pour mon esprit ont les charmes
10 Si mystérieux
De tes traîtres yeux
Brillant à travers leurs larmes.

Là, tout n'est qu'ordre et beauté,
Luxe, calme et volupté.

15 Des meubles luisants,
Polis par les ans,
Décoreraient notre chambre;
Les plus rares fleurs
Mêlant leurs odeurs

20 Aux vagues senteurs de l'ambre,
Les riches plafonds,
Les miroirs profonds,
La splendeur orientale,
Tout y parlerait
25 A l'âme en secret
Sa douce langue natale.

Là, tout n'est qu'ordre et beauté,
Luxe, calme et volupté.

Vois sur ces canaux
30 Dormir ces vaisseaux
Dont l'humeur est vagabonde;
C'est pour assouvir
Ton moindre désir
Qu'ils viennent du bout du monde.
35 —Les soleils couchants
Revêtant les champs,
Les canaux, la ville entière,
D'hyacinthe et d'or;
Le monde s'endort
40 Dans une chaude lumière.

Là, tout n'est qu'ordre et beauté,
Luxe, calme et volupté.

Charles Baudelaire, *Œuvres complètes*

Mise au point

A. Composez une liste des images qui sont les mêmes dans les deux textes de Baudelaire.

B. Quels sont les mots dans le poème en prose qui illustrent le refrain du poème que vous venez de lire:

Là, tout n'est qu'ordre et beauté,
Luxe, calme et volupté.

Et quels mots dans le reste du poème reflètent les mots du refrain?

C. Est-ce que le portrait de l'«amie» du poète est le même dans les deux poèmes? Pourquoi?

D. Que cherche le poète? Comment peut-on répondre à la question posée dans le poème en prose: «Vivrons-nous jamais, passerons-nous jamais dans ce tableau qu'a peint mon esprit, ce tableau qui te ressemble?» Est-ce que le poète cherche la même chose dans ce poème?

Lecture Libre

LECTURE 5 Thanatos Palace Hotel

—Combien, Steel? demanda Jean Monnier.
—59¼, répondit une des douze dactylographes.
Les cliquetis de leurs machines esquissaient un rythme de jazz. Par la fenêtre, on apercevait les immeubles géants de Manhattan. Les téléphones
5 ronflaient, et les rubans de papier, en se déroulant, emplissaient le bureau, avec une incroyable rapidité, de leurs sinistres serpentins couverts de lettres et de chiffres.
—Combien, Steel? dit encore Jean Monnier.
—59, répondit Gertrude Owen.
10 Elle s'arrêta un instant pour regarder le jeune Français. Prostré dans un fauteuil, la tête dans les mains, il semblait anéanti.
«Encore un qui a joué, pensa-t-elle. Tant pis pour lui!»
Car Jean Monnier, attaché au bureau de New York de la Banque Holmann, avait épousé, deux ans plus tôt, sa secrétaire américaine.

—Combien, Kennecott? dit encore Jean Monnier.

—28, répondit Gertrude Owen.

Une voix, derrière la porte, cria. Harry Cooper entra. Jean Monnier se leva.

—Quelle séance! dit Harry Cooper. Vingt pour cent de baisse sur toute la cote. Et il se trouve encore des imbéciles pour dire que ceci n'est pas une crise!

—C'est une crise, dit Jean Monnier.

Et il sortit.

—Celui-là est touché, dit Harry Cooper.

—Oui, dit Gertrude Owen. Il a joué sa chemise. Fanny me l'a dit. Elle va le quitter ce soir.

—Qu'est-ce qu'on y peut? dit Harry Cooper. C'est la crise.

Les belles portes de bronze de l'ascenseur glissèrent.

—Down, dit Jean Monnier.

—Combien, Steel? demanda le garçon de l'ascenseur.

—59, dit Jean Monnier.

Il avait acheté à 112. Perte: cinquante-trois dollars par titre. Et ses autres achats ne valaient pas mieux. Toute la petite fortune jadis gagnée dans l'Arizona avait été versée pour marge de ces opérations. Fanny n'avait jamais eu un cent. C'était fini. Quand il fut dans la rue, se hâtant vers son train, il essaya d'imaginer l'avenir. Recommencer? Si Fanny montrait du courage, ce n'était pas impossible. Il se souvint de ses premières luttes, des troupeaux gardés dans le désert, de sa rapide ascension. Après tout, il avait à peine trente ans. Mais il savait que Fanny serait impitoyable.

Elle le fut.

Lorsque, le lendemain matin, Jean Monnier se réveilla seul, il se sentit sans courage. Malgré la sécheresse de Fanny, il l'avait aimée. La négresse lui servit sa tranche de melon, sa bouillie de céréales et demanda de l'argent.

—Où est la maîtresse, Mister?

—En voyage.

Il lui donna quinze dollars, puis fit sa caisse. Il lui restait un peu moins de six cents dollars. C'était de quoi vivre deux mois, trois peut-être... Ensuite? Il regarda par la fenêtre. Presque chaque jour, depuis une semaine, on lisait dans les journaux des récits de suicides. Banquiers, commis, spéculateurs préféraient la mort à une bataille déjà perdue. Une chute de vingt étages? Combien de secondes? Trois? Quatre? Puis cet écrasement... Mais si le choc ne tuait pas? Il imagina des souffrances atroces, des membres brisés, des chairs anéanties. Il soupira, puis, un journal sous le bras, alla déjeuner au restaurant et s'étonna de trouver encore bon goût à des crêpes arrosées de sirop d'érable.

«Thanatos Palace Hotel, New Mexico... » Qui m'écrit de cette adresse bizarre?

Il y avait aussi une lettre de Harry Cooper, qu'il lut la première. Le patron demandait pourquoi il n'avait pas reparu au bureau. Son compte était débi-

teur de huit cent quatre-vingt-treize dollars... Que comptait-il faire à ce
60 sujet?...

Question cruelle, ou naïve. Mais la naïveté n'était pas l'un des vices de Harry Cooper.

L'autre lettre. Au-dessous de trois cyprès gravés, on lisait:

THANATOS PALACE HOTEL
65 Directeur: Henry Boerstecher

«Cher Mr. Monnier,

«Si nous nous adressons à vous aujourd'hui, ce n'est pas au hasard, mais parce que nous possédons sur vous des renseignements qui nous permettent d'espérer que nos services pourront vous être utiles.

70 «Vous n'êtes certainement pas sans avoir remarqué que, dans la vie de l'homme le plus courageux, peuvent surgir des circonstances si complètement hostiles que la lutte devient impossible et que l'idée de la mort apparaît alors comme une délivrance.

«Fermer les yeux, s'endormir, ne plus se réveiller, ne plus entendre les
75 questions, les reproches... Beaucoup d'entre nous ont fait ce rêve, formulé ce vœu... Pourtant, hors quelques cas très rares, les hommes n'osent pas s'affranchir de leurs maux, et on le comprend lorsqu'on observe ceux d'entre eux qui ont essayé de le faire. Tel qui a voulu se tirer une balle dans le crâne n'a réussi qu'à se couper le nerf optique et à se rendre aveugle. Tel autre,
80 qui a cru s'endormir et s'empoisonner au moyen de quelque barbiturique, s'est trompé de dose et se réveille trois jours plus tard le cerveau liquéfié, la mémoire abolie, les membres paralysés. Le suicide est un art qui n'admet ni la médiocrité, ni l'amateurisme, et qui pourtant, par sa nature même, ne permet pas d'acquérir une expérience.

85 «Cette expérience, cher Mr. Monnier, si, comme nous le croyons, le problème vous intéresse, nous sommes prêts à vous l'apporter. Propriétaires d'un hôtel situé à la frontière des Etats-Unis et du Mexique, affranchis de tout contrôle gênant par le caractère désertique de la région, nous avons pensé que notre devoir était d'offrir à ceux de nos frères humains qui, pour des
90 raisons sérieuses, irréfutables, souhaiteraient quitter cette vie, les moyens de le faire sans souffrances et, oserions-nous presque écrire, sans danger.

«Au *Thanatos Palace Hotel,* la mort vous atteindra dans votre sommeil et sous la forme la plus douce. Notre habileté technique, acquise au cours de quinze années de succès ininterrompus (nous avons reçu, l'an dernier, plus
95 de deux mille clients) nous permet de garantir un dosage minutieux et des résultats immédiats. Ajoutons que, pour les visiteurs que tourmenteraient de légitimes scrupules religieux, nous supprimons, par une méthode ingénieuse, toute responsabilité morale.

«Nous savons très bien que la plupart de nos clients disposent de peu
100 d'argent et que la fréquence des suicides est inversement proportionnelle aux

soldes créditeurs des comptes en banque. Aussi nous sommes-nous efforcés, sans jamais sacrifier le confort, de ramener les prix du *Thanatos* au plus bas niveau possible. Il vous suffira de déposer, en arrivant, trois cents dollars. Cette somme vous défraiera de toute dépense pendant votre séjour chez
105 nous, séjour dont la durée doit demeurer pour vous inconnue, paiera les frais de l'opération, ceux des funérailles et enfin l'entretien de la tombe. Pour des raisons évidentes, le service est compris dans ce forfait et aucun pourboire ne vous sera réclamé.

«Il importe d'ajouter que le *Thanatos* est situé dans une région naturelle
110 de grande beauté, qu'il possède quatre tennis, un golf de dix-huit trous et une piscine olympique. Sa clientèle étant composée de personnes des deux sexes et qui appartiennent presque toutes à un milieu social raffiné, l'agrément social du séjour, rendu particulièrement piquant par l'étrangeté de la situation, est incomparable. Les voyageurs sont priés de descendre à la gare
115 de Deeming, où l'autocar de l'hôtel viendra les chercher. Ils sont priés d'annoncer leur arrivée, par lettre ou câble, au moins deux jours à l'avance. Adresse télégraphique: *Thanatos,* Coronado, New Mexico.»

Jean Monnier prit un jeu de cartes et les disposa pour une réussite que lui avait enseignée Fanny.

120 Le voyage fut très long. Pendant des heures, le train traversa des champs de coton où, émergeant d'une mousse blanche, travaillaient des nègres. Puis des alternances de sommeil et de lecture remplirent deux jours et deux nuits. Enfin le paysage devint rocheux, titanesque et féerique. Le wagon roulait au fond d'un ravin, entre des rochers d'une prodigieuse hauteur. D'immenses
125 bandes violettes, jaunes et rouges rayaient transversalement les montagnes. A mi-hauteur flottait une longue écharpe de nuages. Dans les petites gares où s'arrêtait le train, on entrevoyait des Mexicains aux larges feutres, aux vestes de cuir brodé.

—Prochaine station: Deeming, dit à Jean Monnier le nègre du pullman...
130 Faire vos chaussures, Monsieur?

Le Français rangea ses livres et ferma ses valises. La simplicité de son dernier voyage l'étonnait. Il perçut le bruit d'un torrent. Les freins grincèrent. Le train stoppa.

—*Thanatos,* sir? demanda le porteur indien qui courait le long des
135 wagons.

Déjà cet homme avait sur sa charrette les bagages de deux jeunes filles blondes qui le suivaient.

«Est-il possible, pensa Monnier, que ces filles charmantes viennent ici pour mourir?»

140 Elles aussi le regardaient, très graves, et murmuraient des mots qu'il n'entendait pas.

L'omnibus du *Thanatos* n'avait pas, comme on aurait pu le craindre, l'aspect d'un corbillard. Peint en bleu vif, capitonné bleu et orange, il brillait au soleil, parmi les voitures délabrées qui donnaient à cette cour, où juraient

145 des Espagnols et des Indiens, un aspect de foire à la ferraille. Les rochers qui bordaient la voie étaient couverts de lichens qui enveloppaient la pierre d'un voile gris-bleu. Plus haut brillaient les teintes vives des roches métalliques. Le chauffeur, qui portait un uniforme gris, était un gros homme aux yeux exorbités. Jean Monnier s'assit à côté de lui, par discrétion et pour laisser seules
150 ses compagnes; puis, tandis que, par des tournants en épingles à cheveux, la voiture partait à l'assaut de la montagne, le Français essaya de faire parler son voisin:

—Il y a longtemps que vous êtes le chauffeur du *Thanatos?*

—Trois ans, grommela l'homme.

155 —Cela doit être une étrange place.

—Etrange? dit l'autre. Pourquoi étrange? Je conduis ma voiture. Qu'y a-t-il d'étrange?

—Les voyageurs que vous amenez redescendent-ils jamais?

—Pas souvent, dit l'homme, avec un peu de gêne. Pas souvent... Mais cela
160 arrive. J'en suis un exemple.

—Vous? Vraiment?... Vous étiez venu ici comme... client?

—Monsieur, dit le chauffeur, j'ai accepté ce métier pour ne plus parler de moi, et ces tournants sont difficiles. Vous ne voulez tout de même pas que je vous tue, vous et ces deux jeunes filles?

165 —Evidemment non, dit Jean Monnier.

Puis il pensa que sa réponse était drôle et il sourit.

Deux heures plus tard, le chauffeur, sans un mot, lui montra du doigt, sur le plateau, la silhouette du *Thanatos.*

L'hôtel était bâti dans le style hispano-indien, très bas, avec des toits en
170 terrasses et des murs rouges dont le ciment imitait assez grossièrement l'argile. Les chambres s'ouvraient au midi, sur des porches ensoleillés. Un portier italien accueillit les voyageurs. Son visage rasé évoqua tout de suite, pour Jean Monnier, un autre pays, les rues d'une grande ville, des boulevards fleuris.

175 —Où diable vous ai-je vu? demanda-t-il au portier, tandis qu'un page-boy prenait sa valise.

—Au *Ritz* de Barcelone, monsieur... Mon nom est Sarconi... J'ai quitté au moment de la révolution...

—De Barcelone au Nouveau-Mexique! Quel voyage!

180 —Oh! monsieur, le rôle du concierge est le même partout... Seulement, les papiers que je dois vous demander de remplir sont un peu plus compliqués ici qu'ailleurs... Monsieur m'excusera.

Les imprimés qui furent tendus aux trois arrivants étaient en effet chargés de cases, de questions et de notes explicatives. Il était recommandé
185 d'indiquer avec une grande précision la date et le lieu de naissance, les personnes à prévenir en cas d'accident:

«Prière de donner au moins deux adresses de parents ou d'amis et surtout de recopier à la main, dans votre langue usuelle, la formule A ci-dessous:

«Je soussigné, ________, sain de corps et d'esprit, certifie que c'est volon-
190 tairement que je renonce à la vie et décharge de toute responsabilité, en cas d'accident, la direction et le personnel du *Thanatos Palace Hotel*... »

Assises l'une en face de l'autre à une table voisine, les deux jolies filles recopiaient avec soin la formule A, et Jean Monnier remarqua qu'elles avaient choisi le texte allemand.

195 Henry M. Boerstecher, directeur, était un homme tranquille, aux lunettes d'or, très fier de son établissement.

—L'hôtel est à vous? demanda Jean Monnier.

—Non, monsieur, l'hôtel appartient à une Société Anonyme, mais c'est moi qui en ai eu l'idée et qui en suis directeur à vie.

200 —Et comment n'avez-vous pas les plus graves ennuis avec les autorités locales?

—Des ennuis? dit M. Boerstecher, surpris et choqué. Mais nous ne faisons rien, monsieur, qui soit contraire à nos devoirs d'hôteliers. Nous donnons à nos clients ce qu'ils désirent, tout ce qu'ils désirent, rien de plus... D'ailleurs,
205 monsieur, il n'y a pas ici d'autorités locales. Ce territoire est si mal délimité que nul ne sait exactement s'il fait partie du Mexique ou des Etats-Unis. Longtemps, ce plateau a passé pour être inaccessible. Une légende voulait qu'une bande d'Indiens s'y fût réunie, il y a quelques centaines d'années, pour mourir ensemble et pour échapper aux Européens, et les gens du pays
210 prétendaient que les âmes de ces morts interdisaient l'accès de la montagne. C'est la raison pour laquelle nous avons pu acquérir le terrain pour un prix tout à fait raisonnable et y mener une existence indépendante.

—Et jamais les familles de vos clients ne vous poursuivent?

—Nous poursuivre! s'écria M. Boerstecher, indigné, et pourquoi grand
215 Dieu? Devant quels tribunaux? Les familles de nos clients sont trop heureuses, monsieur, de voir se dénouer sans publicité des affaires qui sont délicates et même, presque toujours, pénibles... Non, non, monsieur, tout se passe ici gentiment, correctement, et nos clients sont pour nous des amis. Vous plairait-il de voir votre chambre?... Ce sera, si vous le voulez bien, le
220 113... vous n'êtes pas superstitieux?

—Pas du tout, dit Jean Monnier. Mais j'ai été élevé religieusement et je vous avoue que l'idée du suicide me déplaît.

—Mais il n'est pas et ne sera pas question de suicide, monsieur! dit M. Boerstecher d'un ton si péremptoire que son interlocuteur n'insista pas. Sar-
225 coni, vous montrerez le 113 à M. Monnier. Pour les trois cents dollars, monsieur, vous aurez l'obligeance de les verser en passant, au caissier, dont le bureau est voisin du mien.

Ce fut en vain que, dans la chambre 113, qu'illuminait un admirable coucher de soleil, Jean Monnier chercha trace d'engins mortels.

230 —A quelle heure est le dîner?

—A huit heures trente, Sir, dit le valet.

—Faut-il s'habiller?

—La plupart des gentlemen le font, Sir.

—Bien! Je m'habillerai... Préparez-moi une cravate noire et une chemise blanche.

Lorsqu'il descendit dans le hall, il ne vit en effet que femmes en robes décolletées, hommes en smoking. M. Boerstecher vint au-devant de lui, officieux et déférent:

—Ah! monsieur Monnier... Je vous cherchais... Puisque vous êtes seul, j'ai pensé que peut-être il vous serait agréable de partager votre table avec une de nos clientes, Mrs. Kirby-Shaw.

Monnier fit un geste d'ennui:

—Je ne suis pas venu ici, dit-il, pour mener une vie mondaine... Pourtant... Pouvez-vous me montrer cette dame sans me présenter?

—Certainement, monsieur Monnier... Mrs. Kirby-Shaw est la jeune femme en robe de crêpe-satin blanc qui est assise près du piano et qui feuillette un magazine... Je ne crois pas que son aspect physique puisse déplaire... Loin de là... Et c'est une dame bien agréable, de bonnes manières, intelligente, artiste...

* * *

A coup sûr, Mrs. Kirby-Shaw était une très jolie femme. Des cheveux bruns, coiffés en petites boucles, tombaient en chignon bas jusqu'à la nuque et dégageaient un front haut et vigoureux. Les yeux étaient tendres, spirituels. Pourquoi diable un être aussi plaisant voulait-il mourir?

—Est-ce que Mrs. Kirby-Shaw?... Enfin, cette dame est-elle une de vos clientes au même titre et pour les mêmes raisons que moi?

—Certainement, dit M. Boerstecher, qui sembla charger cet adverbe d'un sens lourd. Cer-tai-ne-ment.

—Alors, présentez-moi.

Quand le dîner, simple, mais excellent et bien servi, se termina, Jean Monnier connaissait déjà, au moins dans ses traits essentiels, la vie de Clara Kirby-Shaw. Mariée avec un homme riche, d'une grande bonté, mais qu'elle n'avait jamais aimé, elle l'avait quitté, six mois plus tôt, pour suivre en Europe un jeune écrivain, séduisant et cynique, qu'elle avait rencontré à New York. Ce garçon, qu'elle avait cru prêt à l'épouser dès leur arrivée en Angleterre, avait décidé à se débarrasser d'elle le plus rapidement possible. Surprise et blessée par sa dureté, elle avait tenté de lui faire comprendre tout ce qu'elle avait abandonné pour lui et l'affreuse situation où elle allait se trouver. Il avait beaucoup ri:

«Clara, en vérité, lui avait-il dit, vous êtes une femme d'un autre temps!... Si je vous avais sue à ce point victorienne, je vous aurais laissée à votre époux, à vos enfants. Il faut les rejoindre, ma chère... Vous êtes faite pour élever sagement une famille nombreuse.»

Elle avait alors conçu un dernier espoir d'amener son mari, Norman Kirby-Shaw, à la reprendre. Elle était certaine que, si elle avait pu le revoir seul, elle l'eût aisément reconquis. Entouré de sa famille, de ses associés, qui avaient exercé sur lui une pression constante, hostile à Clara, Norman s'était montré inflexible. Après plusieurs tentatives humiliantes et vaines, elle avait, un matin, trouvé dans son courrier le prospectus du *Thanatos* et compris que là était la seule solution, immédiate et facile, de son douloureux problème.

280 —Et vous ne craignez pas la mort? avait demandé Jean Monnier.

—Si, bien sûr... Mais moins que je ne crains la vie...

—C'est une belle réplique, dit Jean Monnier.

—Je n'ai pas voulu qu'elle fût belle, dit Clara. Et maintenant, racontez-moi pourquoi vous êtes ici.

285 Quand elle eut entendu le récit de Jean Monnier, elle le blâma beaucoup:

—Mais c'est presque incroyable! dit-elle. Comment! Vous voulez mourir parce que vos valeurs ont baissés?... Ne croyez-vous pas que dans un an, deux ans, trois ans au plus, si vous avez le courage de vivre, vous aurez oublié et peut-être réparé vos pertes?

290 —Mes pertes ne sont qu'un prétexte. Elles ne seraient rien, en effet, s'il me restait quelque raison de vivre... Mais je vous ai dit aussi que ma femme m'a renié... Je n'ai en France aucune famille proche; je n'y ai laissé aucune amie... Et puis, pour être tout à fait sincère, j'avais déjà quitté mon pays à la suite d'une déception sentimentale... Pour qui lutterais-je maintenant?

295 —Mais pour vous-même... Pour les êtres qui vous aimeront... et que vous ne pouvez manquer de rencontrer... Parce que vous avez constaté, en des circonstances pénibles, l'indignité de quelques femmes, ne jugez pas injustement toutes les autres...

—Vous croyez vraiment qu'il existe des femmes... Je veux dire des femmes 300 que je puisse aimer... et qui soient capables d'accepter, au moins pendant quelques années, une vie de pauvreté et de combat?

—J'en suis certaine, dit-elle. Il y a des femmes qui aiment la lutte et qui trouvent à la pauvreté je ne sais quel attrait romanesque... Moi, par exemple.

—Vous?

305 —Oh! je voulais seulement dire...

Elle s'arrêta, hésita, puis reprit:

—Je crois qu'il nous faudrait regagner le hall... Nous restons seuls dans la salle à manger, et le maître d'hôtel rôde autour de nous avec désespoir.

—Vous ne croyez pas, dit-il, comme il plaçait sur les épaules de Clara Kir-310 by-Shaw une cape d'hermine, vous ne croyez pas que... dès cette nuit?...

—Oh, non! dit-elle. Vous venez d'arriver...

—Et vous?

—Je suis ici depuis deux jours.

Quand ils se séparèrent, ils avaient convenu de faire ensemble, le lende-315 main matin, une promenade en montagne.

Un soleil matinal baignait le porche d'une nappe oblique de lumière et de tiédeur. Jean Monnier, qui venait de prendre une douche glacée, se surprit à penser: «Qu'il fait bon vivre!... » Puis il se dit qu'il n'avait plus devant lui que quelques dollars et quelques jours. Il soupira:

320 «Dix heures!... Clara va m'attendre.»

Il s'habilla en hâte et, dans un costume de lin blanc, se sentit léger. Quand il rejoignit, près du tennis, Clara Kirby-Shaw, elle était, elle aussi, vêtue de blanc et se promenait, encadrée des deux petites Autrichiennes, qui s'enfuirent en apercevant le Français.

325 —Je leur fais peur?

—Vous les intimidez... Elles me racontaient leur histoire.

—Intéressante?... Vous allez me la dire... Avez-vous pu dormir un peu?

—Oui, admirablement. Je soupçonne l'inquiétant Boerstecher de mêler du chloral à nos breuvages.

330 —Je ne crois pas, dit-il. J'ai dormi comme une souche, mais d'un sommeil naturel, et je me sens ce matin parfaitement lucide.

Après un instant, il ajouta:

—Et parfaitement heureux.

Elle le regarda en souriant et ne répondit pas.

335 —Prenons ce sentier, dit-il, et contez-moi les petites Autrichiennes... Vous serez ici ma Schéhérazade...

—Mais nos nuits ne seront pas mille et une...

—Hélas!... Nos nuits?...

Elle l'interrompit:

340 —Ces enfants sont deux sœurs jumelles. Elles ont été élevées ensemble, d'abord à Vienne, puis à Budapest, et n'ont jamais eu d'autres amies intimes. A dix-huit ans, elles ont rencontré un Hongrois, de noble et ancienne famille, beau comme un demi-dieu, musicien comme un Tzigane, et sont toutes deux, le même jour, devenues follement amoureuses de lui. Après quelques 345 mois, il a demandé en mariage l'une des sœurs. L'autre, désespérée, a tenté, mais en vain, de se noyer. Alors, celle qui avait été choisie a pris la résolution de renoncer, elle aussi, au comte Nicky et elles ont formé le projet de mourir ensemble... C'est le moment où, comme vous, comme moi, elles ont reçu le prospectus du *Thanatos.*

350 —Quelle folie! dit Jean Monnier. Elles sont jeunes et ravissantes... Que ne vivent-elles en Amérique, où d'autres hommes les aimeront?... Quelques semaines de patience...

—C'est toujours, dit-elle, mélancoliquement, faute de patience que l'on est ici... Mais chacun de nous est sage pour tous les autres... Qui donc a dit 355 que l'on a toujours assez de courage pour supporter les maux d'autrui?

Pendant tout le jour, les hôtes du *Thanatos* virent un couple vêtu de blanc errer dans les allées du parc, au flanc des rochers, le long du ravin. L'homme et la femme discutaient avec passion. Quand la nuit tomba, ils revinrent vers l'hôtel, et le jardinier mexicain, les voyant enlacés, détourna la tête.

360 Après le dîner, Jean Monnier, toute la soirée, chuchota dans le petit salon désert, près de Clara Kirby-Shaw, des phrases qui semblaient toucher celle-ci. Puis, avant de remonter dans sa chambre, il chercha M. Boerstecher. Il trouva le directeur assis devant un grand registre noir. M. Boerstecher vérifiait des additions et, de temps à autre, d'un coup de crayon rouge, barrait une ligne.

—Bonsoir, monsieur Monnier!... Je puis faire quelque chose pour vous?

—Oui, monsieur Boerstecher... Du moins, je l'espère... Ce que j'ai à vous dire vous surprendra... Un changement si soudain... Mais la vie est ainsi... Bref, je viens vous annoncer que j'ai changé d'avis... Je ne veux plus mourir.

M. Boerstecher, surpris, leva les yeux:

—Parlez-vous sérieusement, monsieur Monnier?

—Je sais bien, dit le Français, que je vais vous paraître incohérent, indécis... Mais n'est-il pas naturel, si les circonstances sont nouvelles, que changent aussi nos volontés? Il y a huit jours, quand j'ai reçu votre lettre, je me sentais désespéré, seul au monde... Je ne pensais pas que la lutte valût la peine d'être entreprise... Aujourd'hui, tout est transformé... Et, au fond, c'est grâce à vous, monsieur Boerstecher.

—Grâce à moi, monsieur Monnier?

—Oui, car cette jeune femme en face de laquelle vous m'avez assis à table est celle qui a fait ce miracle... Mrs. Kirby-Shaw est une femme délicieuse, monsieur Boerstecher.

—Je vous l'avais dit, monsieur Monnier.

—Délicieuse et héroïque... Mise au courant par moi de ma misérable situation, elle a bien voulu accepter de la partager... Cela vous surprend?

—Point du tout... Nous avons ici l'habitude de ces coups de théâtre... Et je m'en réjouis, monsieur Monnier... Vous êtes jeune, très jeune...

—Donc, si vous n'y voyez point d'inconvénient, nous partirons demain, Mrs. Kirby-Shaw et moi-même, pour Deeming.

—Ainsi, Mrs. Kirby-Shaw, comme vous, renonce à...

—Oui, naturellement... D'ailleurs, elle vous le confirmera tout à l'heure... Reste à régler une question assez délicate... Les trois cents dollars que je vous ai versés et qui constituaient à peu près tout mon avoir sont-ils irrémédiablement acquis au *Thanatos* ou puis-je, pour prendre nos billets, en récupérer une partie?

—Nous sommes d'honnêtes gens, monsieur Monnier... Nous ne faisons jamais payer des services qui n'ont pas été réellement rendus par nous. Dès demain matin, la caisse établira votre compte à raison du vingt dollars par jour de pension, plus le service, et le solde vous sera remboursé.

—Vous êtes tout à fait courtois et généreux... Ah! monsieur Boerstecher, quelle reconnaissance ne vous dois-je point! Un bonheur retrouvé... Une nouvelle vie...

—A votre service, dit M. Boerstecher.

Il regarda Jean Monnier sortir et s'éloigner. Puis il appuya sur un bouton et dit:

—Envoyez-moi Sarconi.

Au bout de quelques minutes, le concierge parut.

—Vous m'avez demandé, Signor Directeur?

—Oui, Sarconi... Il faudra, dès ce soir, mettre les gaz au 113... Vers deux heures du matin.

—Faut-il, Signor Directeur, envoyer du Somnial avant le Léthal?

410 —Je ne crois pas que ce soit nécessaire... Il dormira très bien... C'est tout pour ce soir, Sarconi... Et, demain, les deux petites du 17, comme il était convenu.

Comme le concierge sortait Mrs. Kirby-Shaw parut à la porte du bureau.

—Entre, dit M. Boerstecher. Justement, j'allais te faire appeler. Ton client 415 est venu m'annoncer son départ.

—Il me semble, dit-elle, que je mérite des compliments... C'est du travail bien fait.

—Très vite... J'en tiendrai compte.

—Alors, c'est pour cette nuit?

420 —C'est pour cette nuit.

—Pauvre garçon! dit-elle. Il était gentil, romanesque...

—Ils sont tous romanesques, dit M. Boerstecher.

—Tu es tout de même cruel, dit-elle. C'est au moment précis où ils reprennent goût à la vie que tu les fais disparaître.

425 —Cruel? C'est en cela au contraire que consiste toute l'humanité de notre méthode... Celui-ci avait des scrupules religieux... Je les apaise.

Il consulta son registre:

—Demain, repos... Mais, après-demain, j'ai de nouveau une arrivée pour toi... C'est encore un banquier, mais suédois, cette fois... Et celui-là n'est 430 plus très jeune.

—J'aimais bien le petit Français, fit-elle, rêveuse.

—On ne choisit pas le travail, dit sévèrement le directeur. Tiens voici tes dix dollars, plus dix de prime.

—Merci, dit Clara Kirby-Shaw.

435 Et, comme elle plaçait les billets dans son sac, elle soupira.

Quand elle fut sortie, M. Boerstecher chercha son crayon rouge, puis, avec soin, en se servant d'une petite règle de métal, il raya de son registre un nom.

André Maurois, *Pour Piano seul,* Librairie Ernest Flammarion, 1960

Expansions

A. Faites une description des vacances que vous avez passées ou que vous aimeriez passer.

B. Imaginez l'endroit idéal où vous aimeriez échapper à la réalité.

1. Est-ce que le paysage est tropical, forestier, urbain, etc.?
2. Comment est le ciel? Et le soleil?
3. Y a-t-il de la végétation? De quelle sorte?
4. Y a-t-il de l'eau (la mer, un fleuve, un ruisseau, un étang, etc.)?
5. Etes-vous à l'intérieur ou à l'extérieur?
6. Si vous êtes à l'intérieur, dans quelle sorte de bâtiment vous trouvez-vous?

7. Quel en est le décor?
8. Y a-t-il d'autres personnes autour de vous? Lesquelles?

C. Votre voisin voit que vous êtes en train de lire «Thanatos Palace Hotel» et vous demande de lui raconter ce dont il s'agit. En cinq ou six phrases, résumez l'essentiel de l'intrigue.

D. Vous allez tourner le film de «Thanatos Palace Hotel». Quels comédiens choisissez-vous pour le rôle de Jean Monnier et Mrs. Kirby-Shaw? Justifiez votre choix d'après le caractère des personnages du texte.

Appendix: Literary Tenses

There are four literary verb tenses in French. Their use is usually limited to written contexts; they are almost never heard in conversation.

It is unlikely that you will be called upon to produce these tenses, but you should be able to recognize them. They appear in classical and much of the contemporary literature that you will read, especially in the **je** and **il** forms. Passive recognition of these tenses is not difficult because the verb endings are usually easy to identify.

The **passé simple** and the **passé antérieur** belong to the indicative mood; the two other tenses are the imperfect subjunctive and the pluperfect subjunctive.

The passé *simple*

As its name indicates, this is a simple past tense, involving no auxiliary verb. You will find the **passé simple** easiest to recognize if you become familiar with the endings of the three regular conjugations and certain irregular forms.

1. Regular Forms To form the **passé simple** of regular **-er** verbs, take the stem of the infinitive and add the appropriate endings: **-ai, -as, -a, -âmes, -âtes, -èrent.**

parler	
je parl**ai**	nous parl**âmes**
tu parl**as**	vous parl**âtes**
il/elle/on parl**a**	ils/elles parl**èrent**

To form the **passé simple** of regular **-ir** and **-re** verbs, take the stem of the infinitive and add the appropriate endings: **-is, -is, -it, -îmes, -îtes, -irent.**

réfléchir	
je réfléch**is**	nous réfléch**îmes**
tu réfléch**is**	vous réfléch**îtes**
il/elle/on réfléch**it**	ils/elles réfléch**irent**

rendre	
je rend**is**	nous rend**îmes**
tu rend**is**	vous rend**îtes**
il/elle/on rend**it**	ils/elles rend**irent**

2. Irregular Forms Most verbs with an irregularly formed **passé simple** have an irregular stem to which you add one of the following groups of endings.

-is	**-imes**	**-us**	**-ûmes**
-is	**-îtes**	**-us**	**-ûtes**
-it	**-irent**	**-ut**	**-urent**

Below is a partial list of the most common verbs in each of the above categories.

-is		-us	
faire	**je fis**	**boire***	**je bus**
mettre*	**je mis**	**croire***	**je crus**
prendre*	**je pris**	**devoir***	**je dus**
rire*	**je ris**	**plaire***	**il plut**
voir	**je vis**	**pleuvoir***	**il plut**
écrire	**j'écrivis**	**pouvoir***	**je pus**
conduire	**je conduisis**	**savoir***	**je sus**
craindre	**je craignis**	**falloir***	**il fallut**
naître	**il naquit**	**valoir**	**je valus**
peindre	**je peignis**	**vouloir***	**je voulus**
vaincre	**je vainquis**	**vivre***	**je vécus**
		connaître*	**je connus**
		mourir	**il mourut**

Avoir and **être,** which are frequently seen in the **passé simple,** have completely irregular forms.

avoir		être	
j'**eus**	nous **eûmes**	je **fus**	nous **fûmes**
tu **eus**	vous **eûtes**	tu **fus**	vous **fûtes**
il/elle/on **eut**	ils/elles **eurent**	il/elle/on **fut**	ils/elles **furent**

*Note that the past participles of these verbs may be helpful in remembering the irregular **passé simple** stems.

Two additional common verbs with irregular forms in the **passé simple** are **venir** and **tenir.**

venir		tenir	
je **vins**	nous **vînmes**	je **tins**	nous **tînmes**
tu **vins**	vous **vîntes**	tu **tins**	vous **tîntes**
il/elle/on **vint**	ils/elles **vinrent**	il/elle/on **tint**	ils/elles **tinrent**

3. Use of the *passé simple* The **passé simple** is often thought of as the literary equivalent of the **passé composé.** To an extent this is true. Both tenses are used to refer to specific past actions that are limited in time.

Victor Hugo **est né** en 1802. **(passé composé)**
Victor Hugo **naquit** en 1802. **(passé simple)**

The fundamental difference between these two tenses is that the **passé simple** can never be used to refer to a time frame that has not yet come to an end. There is no such limitation on the **passé composé.**

Consider the sentence: **J'ai écrit deux lettres aujourd'hui.** This thought can be expressed only by the **passé composé** because **aujourd'hui** is a time frame that is not yet terminated. In contrast, the statement **Robert Burns a écrit des lettres célèbres à sa femme** could also be expressed in the **passé simple—Robert Burns écrivit des lettres célèbres à sa femme** because the time frame has come to an end.

Descriptions in the past that are normally expressed by the imperfect indicative are still expressed in the imperfect, even in a literary context.

The *passé antérieur*

1. Formation The **passé antérieur** is a compound tense that is formed with the **passé simple** of the auxiliary verb **avoir** or **être** and a past participle.

parler	j'**eus parlé,** etc.
sortir	je **fus sorti(e),** etc.
se lever	je **me fus levé(e),** etc.

2. Use of the *passé antérieur* The **passé antérieur** is used to refer to a past action that occurred prior to another past action. It is most frequently found in a subordinate clause following a temporal conjunction such as **quand, lorsque, après que, dès que, aussitôt que.** The conjunction indicates that the action in question immediately preceded another action in the past. The latter action will generally be expressed in the **passé simple.**

Hier soir, après qu'il **eut fini** de manger, il **sortit.**

The Imperfect Subjunctive

1. Formation The imperfect subjunctive is most often encountered in the third-person singular. The imperfect subjunctive is formed by taking the **tu** form of the **passé simple,** doubling its final consonant, and adding the endings of the present subjunctive. The third-person singular **(il/elle/on)** does not follow the regular formation. To form it, drop the consonant, place a circumflex accent **(ˆ)** over the final vowel, and add a *t.*

aller (tu allas → allass-)	
que j'all**asse**	que nous all**assions**
que tu all**asses**	que vous all**assiez**
qu'il/elle/on all**ât**	qu'ils/elles all**assent**

2. Use of the Imperfect Subjunctive Like the other tenses of the subjunctive, the imperfect subjunctive is most often found in a subordinate clause governed by a verb in the main clause that requires the use of the subjunctive. The verb of the main clause is either in a past tense or in the conditional. For the imperfect subjunctive to be used in the subordinate clause, the action expressed in this clause must occur at the same time as the action of the main verb or later on.

Je **voulais qu'**elle me **répondît.**
Elle **voudrait qu'**on l'**écoutât.**

The Pluperfect Subjunctive

1. Formation The pluperfect subjunctive is formed with the imperfect subjunctive of the auxiliary verb **avoir** or **être** and a past participle. Like the imperfect subjunctive, this tense is mostly used in the third-person singular.

que j'eusse parlé, qu'il eût parlé, etc.
que je fusse sorti(e), qu'il fût sorti, etc.
que je me fusse lavé(e), qu'elle se fût lavée, etc.

2. Use of the Pluperfect Subjunctive The pluperfect subjunctive, like the imperfect subjunctive, is usually found in a subordinate clause. It is used when the main verb is either in a past tense or in the conditional and the action expressed in the subordinate clause has occurred prior to the action of the main clause.

Il **déplora qu'**elle **fût** déjà **partie.**

In reading, you may occasionally encounter a verb form identical to the pluperfect subjunctive that does not follow the usage outlined above. In such cases, you will be dealing with an alternate literary form of the past conditional, and you should interpret it as such.

Ce n'était pas un baba au rhum qu'il m'**eût fallu,** mais un vrai rhum, celui des condamnés.

In lighter prose and conversation, the imperfect subjunctive is replaced by the present subjunctive, and the pluperfect subjunctive is replaced by the past subjunctive.

Bien qu'elle **eût** beaucoup **voyagé,** j'insistai pour qu'elle m'**accompagnât.**
(Bien qu'elle **ait** beaucoup **voyagé,** j'insistai pour qu'elle m'**accompagne.)**

The following excerpt is taken from a twentieth-century French novel by Raymond Radiguet. Here, the author makes liberal use of the **passé simple** and the imperfect subjunctive. Locate and identify these tenses in the passage.

Jusqu'à douze ans, je ne me vois aucune amourette, sauf pour une petite fille, nommée Carmen à qui je fis tenir, par un gamin plus jeune que moi, une lettre dans laquelle je lui exprimais mon amour. Je m'autorisais de cet amour pour solliciter un rendez-vous. Ma lettre lui avait été remise le matin avant qu'elle se rendît en classe. J'avais distingué la seule fillette qui me ressemblât, parce qu'elle était propre, et allait à l'école accompagnée d'une petite sœur, comme moi de mon petit frère. Afin que ces deux témoins se tussent, j'imaginai de les marier, en quelque sorte. A ma lettre, j'en joignis donc une de la part de mon frère, qui ne savait pas écrire, pour Mlle Fauvette. J'expliquai à mon frère mon entremise, et notre chance de tomber juste sur deux sœurs de nos âges et douées de noms de baptême aussi exceptionnels. J'eus la tristesse de voir que je ne m'étais pas mépris sur le bon genre de Carmen, lorsque après avoir déjeuné avec mes parents qui me gâtaient et ne me grondaient jamais, je rentrai en classe.

Raymond Radiguet, *Le Diable au corps:* Grasset, 1962

Lexique français-anglais

abandonner to give up; to abandon **s'____** to give oneself up
abîmer to ruin; to damage **s'____** to be sunk; to be spoiled
abjurer to abjure; to remove
abolir to abolish; to repeal
abord: d'____ at first
aboutir to come to; to lead to; to result in
abri: à l'____ sheltered
abstenir: s'____ to abstain from
académicien(ne) *m, f* academician
académie *f* academy; society **l'Académie** *f* **française** the French society of letters
accablement *m* extreme discouragement
accabler to overpower; to overwhelm; to crush
accéder (à) to have access (to)
accepter to accept **____ de** to accept to do something; to agree to do something
accessibilité *f* accessibility
accommoder to suit, to make comfortable **s'____** to accommodate oneself; to make the best of something
accompagner to accompany **s'____** to be accompanied; to accompany oneself
accord *m* agreement
accrocher to hook
accros fans *(slang)*
accroupir: s'____ to crouch
accru(e) increased
accueillir to receive; to greet
acharné(e) stubborn; keen
acharner: s'____ to persist
achat *m* purchase
achever to finish; to achieve
acier *m* steel
acquérir to purchase
acquisition *f* acquisition
acquitter to pay; to discharge
actif/active active
activité *f* activity
actualité *f* actuality; news
actuel(le) current; present day; actual
adapter to adapt **s'____** to adapt oneself
adhérer to adhere; to join
admettre to admit
admissibilité *f* admissibility
adresser to address **s'____ à** to address oneself; to speak to; to be directed
adulé(e) flattered
aérien(ne) air; overhead
aérodrome *m* airport
affaiblir to weaken
affaire *f* business; affair
affaissement *m* collapse
affectif/affective affective
affectivité *f* affectivity
affiche *f* poster; sign
afficher to post
affirmer to affirm
affleurer to level; to make even
affluer to come in great quantity
affronter to confront; to face
afin de so that
agaçant(e) irritating
agacement *m* irritation
agacer to annoy
âgé(e) old
agencer: s'____ to organize; to harmonize
agir to act **s'____** to concern; to be in question *(impersonal)*
agité(e) rough; shaken up
agrégatif/agrégative aggregative
agréger to admit into a society; to incorporate
agrémenter to adorn
agressivité *f* aggressiveness
agricole agricultural
agriculteur *m* agriculturist
agronome *m* agronomist **ingénieur ____** *m* agricultural engineer
agronomique agronomic(al)
aide *f* help; assistance **à l'____!** help!

ailleurs elsewhere **d'_____** besides
aimable friendly; nice
aîné(e) elder; eldest
aînés *m pl* elders
ainsi que in the same way (as); at the same time (as)
air *m* air **en plein _____** outdoors
aire *f* area
alchimiste *m* alchemist
alcoolique alcoholic
alentour around
alimentaire pertaining to food
alimentation *f* groceries
alimenter to provide; to feed
allégorique allegorical
aller to go **_____ aux cabinets** to go to the w.c. **s'en _____** to leave
allongement *m* lengthening
allonger to make longer; to lengthen
allure *f* aspect; style
almée *f* exotic dancer
alors then **_____ que** while; whereas
altérer to adulterate; to lose
amant/amante *m, f* lover
ambigu(ë) ambiguous
ambiguïté *f* ambiguity
ambitieux/ambitieuse ambitious
âme *f* soul
amélioration *f* improvement
améliorer to improve; to better **s'_____** to get better; to improve; to ameliorate
aménagement *m* development; arrangement; fitting out
amende *f* fine
amener to bring **_____ à** to bring someone along
amer/amère bitter
américaniser: s'_____ to become Americanized
amour *m* love
amphi (*abbrev. of* **amphithéâtre)** *m* lecture hall
ampoulé(e) exaggerated
an *m* year
analogie *f* analogy
analyse *f* analysis
anathème *m* curse **jeter l'_____ sur** to condemn
ancêtre *m, f* ancestor
ancien(ne) old; former
ange *m* angel
angoisse *f* anguish; agony
animateur/animatrice *m, f* animator; leader
animation *f* talk show; animation; liveliness
animer to animate; to move oneself **s'_____** to come to life
animisme *m* animism
année *f* year
annonce *f* announcement; declaration; ad **à l'_____** at the announcement
annuel(le) annual
annuler to annul
anomalie *f* irregularity; anomaly
ânonner to mumble
anonyme anonymous
antenne *f* radio-broadcasting antenna; TV channel
antérieur anterior; prior
anthropologue *m* anthropologist
apatride *m, f* stateless person
apercevoir to perceive; to catch sight of **s'_____** to find out; to remark; to be aware of
apogée *f* height; zenith; acme
apôtre *m* apostle
apparaître to appear
apparence *f* appearance; likelihood
apparition *f* appearance
appartenir to belong
appel *m* appeal **appels d'offres** bids **faire _____ à** to appeal to someone
appendicite *f* appendicitis
appétit *m* appetite
appliquer to apply; to use **s'_____** to apply oneself
apport *m* contribution
apporter to bring
appréciable appreciable; perceptible
apprécier to appraise; to appreciate
apprendre to learn
apprenti/apprentie *m, f* apprentice
âpre sharp; harsh; bitter
après after **d'_____** according to
approcher to bring near **s'_____** to come near
aquaculture *f* aquatic culture
arborer to put on; to put up; to hoist
arcanes *m pl* secrets
arceau *m* arch of a bridge
archaïque archaic
arche *f* arch
ardent(e) intense; burning hot
argent *m* money **_____ de poche** spending money

arme *f* weapon
armé(e) armed; equipped
Armée du Salut *f* Salvation Army
armoire *f* cabinet
arracher to tear off; to uproot
arrêter: s'_____ to stop
arrière back **_____-pays** *m* back country **_____-pensée** *f* ulterior motive
arrivant *m* arriver; comer
arrivée *f* arrival
arriver to arrive
arrondissement *m* district of a French city
arrosé(e) sprinkled
articulation *f* articulation
articulé(e) articulate; clear
artisan/artisane *m, f* artisan; craftsmaker
ascendant(e) ascending; rising
ascétique ascetic
aseptiser to sterilize
assassinat *m* murder
assassiner to assassinate; to murder
assaut *m* assault; onset **monter à l'_____** to attack; to creep up
asséner to strike
asseoir to seat **s'_____** to sit down
assesseur *m* assistant judge; assessor
assiéger to surround; to lay siege
assise *f* seating; foundation
assister to be present
assurément certainly; assuredly
assurer to assure
astuce *f* cunning; craft
atelier *m* workshop
atomisé(e) specialized
atout *m* winning card; trump
âtre *m* hearth
attaquer to attack
atteindre to attain; to reach
attendre to wait **s'y_____** to expect something
attentif/attentive attentive
atterrir to land
atterrissage *m* landing
attestation *f* excuse
attitré(e) recognized
aube *f* dawn
aucun(e) any
aucunement not at all
audace *f* audacity
auditeur/auditrice *m, f* listener
auditoire *m* audience
augmentation *f* increase **en _____** on the increase
augmenter to increase
auparavant before
auprès next to
auréolé(e) haloed
aussitôt (que) immediately; as soon as
autant so many **d'_____ plus que** all the more because
automate *m* automaton
automobiliste *m, f* motorist
autonome autonomous
autonomie *f* autonomy
autruche *f* ostrich
autrui others
auxiliaire auxiliary; less important
avance *f* advance **d'_____** in advance
avancé(e) advanced
avant before **_____ tout** before all; first
avantage *m* advantage **avoir _____ à** to be beneficial
avènement *m* arrival; coming
avenir *m* future
aveugle blind
aviron *m* oar
aviser to inform; to warn **s'_____** to notice
avoir to have **_____ à** to have to **_____ affaire à** to deal with **_____ besoin de** to need **_____ confiance en** to trust **_____ envie** to want; to desire **_____ horreur** to hate **_____ l'idée de** to have the idea of **_____ lieu** to take place **_____ recours à** to have recourse to **_____ son mot** to have one's say **_____ tendance à** to have a tendency to **_____ valeur de** to have a value as/of **en _____ assez** to be tired of; fed up
avouer to acknowledge

baba *(adj., invar.)* hippie
baba *m, f* hippie
bac *m* **baccalauréat** *(abbrev.)*
baccalauréat *m* diploma based on exam at the end of secondary school
bachelier/bachelière *m, f* recipient of a **baccalauréat**
bachot *m* **baccalauréat** *(slang)*
bagage *m* baggage; luggage
bagagiste *m* bellhop
bagarre *f* scuffle; brawl

baiser *m* kiss
baisse *f* decrease
baisser to lower; to decrease
balayer to search; to sweep; to cover
balbutiement *m* mumbling
balbutier to stammer; to mumble
balle à blanc *f* blank cartridge
banalisation *f* act of rendering something common
banc *m* bench
bande *f* tape; band **_____ dessinée** comic strip
banderole *f* streamer
banlieue *f* suburbs
bannir to outlaw
banque *f* bank
banquier/banquière *m, f* banker
baptiser to baptize
baraque *f* hut; shed
barbare incorrect; ungrammatical; barbarous
bardé(e) (de) covered (with)
bariolé(e) striped
baromètre *m* barometer
barre *f* scale
bas low **_____ de gamme** lowbrow **à _____** down with **au _____** at the bottom **en _____** below **là-_____** over there
bas *m* stocking
basculer to tilt; to see-saw
base *f* base; basis; bottom **à _____ de** based on; made with; with
bataille *f* battle
bateau *m* boat **_____ de plaisance** *m* pleasure boat; yacht
bâtir to build
batterie *f* drum; battery **_____ de cuisine** *f* complete set of kitchen utensils
bavard(e) talkative
bavard *m* babbler
bave *f* dribble; drool
baver to drool; to dribble
bavolet *m* bonnet
béant(e) wide open
béat(e) smug
bébé *m* baby
bégayer to stutter
bègue stammering
bel et bien undoubtedly
Belle au bois dormant *f* Sleeping Beauty
bénéfice *m* profit; gain
bénéfique beneficial
berceau *m* cradle
besogne *f* task
besoin *m* need **au _____** if necessary; **avoir _____ de** to need
bêtement stupidly
betterave *f* beet
biblique biblical
bien well; good
bien *m* good; possession
bienfaisant charitable; beneficial
bientôt soon
bijouterie *f* jewelry
bipolarité *f* bipolarity
blessure *f* wound
bleu ciel sky-blue
blindé *m* armored vehicle
bloquer to block up **_____ ses réservations** to book
blouson *m* jacket; vest
bohème *m, f* Bohemian
boire to drink
bois *m* wood **toucher du _____** to knock on wood
boisson *f* drink
boîte *f* box; worthless place **_____ aux lettres** *f* mailbox
bombance *f* reveling
bon(ne) good; fine; well **pour de _____** once and for all; for good **à quoi _____** it doesn't matter after all
Bon Chic Bon Genre (B.C.B.G.) preppie *(slang)*
bond *m* leap
bonheur *m* happiness
bonne *f* maid
bord *m* edge; side
bordeaux *(invar.)* dark red
border to tally; to border **_____ les écoutes** to tally a sheet
bosse *f* bump
bossu/bossue *m, f* hunchback
bouc *m* goat **un Bouc** pejorative term for North African Arab in France **_____ émissaire** *m* scapegoat
bouche *f* mouth
boucher to fill up; to clog
boucher *m* butcher
bouclé(e) curly
boucle d'oreille *f* earring
bouffi(e) bloated
bouger to move
bougie *f* sparkplug; candle
bouillie *f* porridge
bouillonner to bubble

boulanger/boulangère *m, f* baker
bouleversement *m* upheaval
boulot *m* job *(colloquial)*
bouquin *m* book *(colloquial)*
bourgeois(e) of the middle class
bourgeoisie *f* middle class
bourgogne *m* burgundy wine
bousculade *f* jostling; hustling
bousculer to turn upside down; to jostle **se ____** to jostle each other
boussole *f* compass
bout *m* end; tip **au ____ de** at the bottom of; at the end of
boutade *f* quip
bouton *m* button
branché(e) trendy, in *(slang);* plugged in
brancher to tune into; to plug in
bref/brève brief
bretelles *f pl* suspenders
bribes *f pl* bits
briller to shine
britannique British
brosse *f* brush **____ à dents** *f* toothbrush
broussaille *f* underbrush
broutille *f* trifle
bruit *m* noise
brûler to burn; to burn out
brume *f* haze; fog
bruyant(e) noisy
bulgare Bulgarian
but *m* aim; goal
buter to run into
cabine *f* phone booth; cabin
cabinet *m* minister's department staff; **aller aux ____s** to go to the w.c.
cacher to hide **se ____** to lie in hiding
cachet *m* fee; seal; capsule
caddy *m* caddy
cadeau *m* gift
cadre *m* executive; trained personnel; frame **____ moyen** *m* middle class **____ supérieur** *m* upper-middle class
cahier *m* diary; notebook **____ des charges** specifications
caisse *f* cash register; box
calé(e) smart; competent
cambouis *m* axle grease
camion *m* truck
campagne *f* open country; campaign
canaille *f* scoundrel; scum
canal *m* canal; watercourse
canapé *m* sofa; hors d'œuvre
canard *m* duck
cancre *m* dunce
candidature *f* candidacy
cantatrice *f* soprano
cantine *f* school cafeteria
cantonade *f* wings **à la ____** offstage
capacité *f* capacity
captif/captive captive
caractère *m* character
carafe *f* pitcher
cardiaque *m, f* person suffering from a heart complaint
carnet *m* book; notebook **____ de chèques** *m* checkbook **____ de notes** *m* notebook
carreau *m* checkered material
carrière *f* career
carte *f* map; card **____ de visite** calling card **____ postale** *f* postcard
cas *m* case; instance **en tous les ____** in any case
cassé(e) broken
casser to break; to lower dramatically
casserole *f* saucepan
castrat *m* castrato; castration
catastrophe *f* catastrophe
cauchemar *m* nightmare
cause: à ____ de because of
caution *f* guarantee; security (deposit)
céder to give way
ceinture *f* belt
célèbre famous
célébrer to celebrate
célibataire single
celui/celle (*pl* **ceux/celles)** the one, those
censé(e) supposed
censure *f* censorship
centime *m* cent
centrale *f* plant **____ à béton** cement plant
centralisation *f* centralization
cependant however
céramique *f* ceramics
céréale *f* cereal plants
cerisier *m* cherry tree
certes to be sure!
cervelle *f* brain

cesser to stop
cession *f* transfer
c'est-à-dire that is to say; i.e.
chacun(e) each; every one
chahuter to be rowdy
chaîne *f* channel; assembly line; chain
chair *f* flesh **en ____ et en os** in flesh and bone
chameau *m* camel **poil de ____** camel's hair
champ *m* shot (in a movie)
chance *f* likelihood; chance; luck
change *m* exchange
changement *m* change
chanson *f* song
chant *m* chant
chantage *m* blackmail
chanter to sing
chanteur/chanteuse *m, f* singer
chantier *m* construction site
chapeau *m* hat
charge *f* load
chargé(e) charged; responsible for; loaded
charger to charge; to load **se ____ de** to saddle oneself with
chariot *m* grocery cart; wagon; stage coach
charrier to convey
chasse *f* the hunt
château *m* castle
chaussée *f* pavement **perforeuse de ____** *f* jackhammer
chaussette *f* sock
chauve bald-headed
chavirer to capsize
chef *m* chief
chemin *m* path **____ de fer** *m* railroad
cheminée *f* fireplace
cheminer to find one's way
chemise *f* shirt
chêne *m* oak
chèque *m* check
cher/chère expensive; dear
chercheur/chercheuse *m, f* researcher
cheval *m* horse
chevelure *f* hair; head of hair
cheveux *m pl* hair of the head
cheville *f* ankle
chez at the place of; to
chiffon *m* rag
chiffre *m* figure **____ d'affaire** sales volume **____ de vente** *m* sales figure
chirurgien(ne) *m, f* surgeon
choc *m* shock
chœur *m* chorus **en ____** in chorus
choir to fall; to drop
choisir to choose
choix *m* choice
chômeur/chômeuse *m, f* unemployed person
chorale *f* choral
chronique chronic
chute *f* fall
ciel *m* sky
cil *m* eyelash
ciment *m* concrete **____ armé** *m* reinforced concrete
cimetière *m* cemetery
cinéaste *m* scenario-writer; film producer
cinéma *m* cinema
cinématographie *f* film production; cinematography
cinématographique cinematographic
cinéphile *m* movie lover
circoncision *f* circumcision
circonstance *f* circumstance **de ____** appropriate
circulation *f* circulation; traffic
circuler to circulate; to move about
ciseaux *m pl* scissors
citer to cite
citoyen/citoyenne *m, f* citizen
citoyenneté *f* citizenship
clair(e) light; clear
clairsemé(e) scattered; thinly sown
clameur *f* clamour; outcry
claque *f* slap *(slang)*
claquer to click; to slam
classe classic style *(slang)*
classement *m* classification
clef or **clé** *f* key
clément(e) clement; merciful
climat *m* climate
clip *m* video
cliquetis *m* clicking
cloche *f* bell
clocher *m* steeple; bell tower
clos(e) closed
clouté(e) hobnailed; spiked
Cocagne *f* Never-Never Land
cocasse funny
cocon *m* cocoon

cocu(e) cheated; cuckolded; deceived *(slang)*
cœur *m* heart **presse du ___** *f* romance-gossip newspaper
coffre *m* safe
coiffer to put on the head
coin *m* corner
col *m* saddle; pass; twisting mountain road; collar **faux ___** *m* detachable collar
colère *f* anger
collaborateur/collaboratrice *m, f* collaborator; co-worker
collégien(ne) *m, f* schoolboy/schoolgirl
collègue *m, f* co-worker; colleague
coller to glue; to stick together
colmater to fill up; to seal
colon *m* colonist; settler
colonie *f* colony **___ de vacances** summer camp
colonisateur/colonisatrice colonizing
colonisateur/colonisatrice *m, f* colonizer
colorer to color
comédien/comédienne *m, f* actor; comedian
commandant *m* commander
commerçant/commerçante *m, f* merchant
commerce *m* commerce; trade
commis *m* clerk
commission *f* message; errand
commodité *f* convenience, comfort
communauté *f* community
communiquer to communicate
comparaison *f* comparison
comparer to compare
compatriote *m, f* fellow countryman
compenser to compensate
compétitif/compétitive competitive
compétitivité *f* competitiveness
complaisamment complacently
complaisance *f* kindness; complacency
complémentaire complementary
complet/complète sold out; full
compliquer to complicate **se ___** to become complicated
comportement *m* behavior
comporter: se ___ to behave
compréhension *f* understanding
comprendre to understand
compris: y ___ inclusive of
compromettre to compromise
comptabilité *f* bookkeeping
compte *m* account; reckoning; due **___ en banque** bank account **___ tenu** taken into account **y trouver son ___** to get something out of it; to find out what one is expecting
compter to count
concentrer to concentrate
concerner to concern
concevoir to conceive; to imagine
concierge *m, f* doorkeeper
concitoyen/concitoyenne *m, f* fellow citizen; fellow townsperson
concours *m* coincidence; competitive examination
concurrence *f* competition; concurrence
concurrent(e) cooperative
concurrent/concurrente *m, f* competitor
condamner to condemn; to convict
conduire to lead; to bring; to drive
cône *m* cone
conférence *f* conference; lecture
confondre to confuse
confort *m* comfort
confrère/consœur *m, f* colleague; fellow member
confronter to confront with
congé *m* leave; holiday **___ payé** paid holiday
connaissance *f* knowledge
connaisseur *m* expert; connoisseur
connaître to know
connu(e) well-known; known; famous
conquérir to win over; to conquer
consacrer to devote; to consecrate **se ___** to devote oneself
conscience *f* conscience

conscienciEux/consciencieuse conscientious
conscient(e) conscious; aware
consécration *f* public acknowledgment
conseil *m* council ____ **général** *m* regional council
conseiller to advise
consentement *m* consent
conservateur/conservatrice conservative
conserver to conserve; to keep
considérer to consider
consoler to console **se** ____ to console oneself
consolidant(e) consolidating
consommable consumable
consommateur/consommatrice *m, f* consumer
consommation *f* consummation
consommer to consume
constatation *f* statement
constater to state; to remark
constituer to form; to constitute **se** ____ to form oneself; to set up
constructeur *m* engineer; constructor
construire to build
conte *m* fable
contenir to contain
contenter to content; to satisfy **se** ____ to be content
contenu *m* inside; content
contestation *f* contestation; dispute
conteur/conteuse *m, f* storyteller
contigu(ë) contiguous; adjoining
continuer to continue
contourner to go around
contradictoire contradictory
contraire contrary; opposite **au** ____ on the contrary
contre versus; against
contre-attaque *f* counterattack
contrée *f* country
contremaître *m* foreman
contribuer to contribute
contrôler to monitor; to control
convaincre to convince
convenablement suitably; right
convenir to be fitting; to be advisable; to suit; to agree on something
convention *f* agreement
convertir to convert
copain/copine *m, f* pal; friend
coq-à-l'âne *m* nonsense
coquetterie *f* flirtation
corde *f* rope; cord
cordelette *f* small cord; string
cordial *m* cordial
cornemuse *f* homemade musical instrument
corollaire *m* corollary
corps *m* body
correspondance *f* correspondence
corriger to rectify; to correct
corser: se ____ to get serious
costumé(e) dressed up
côte *f* coast
côté *m* side **à** ____ **de** beside; near
cou *m* neck
couche *f* layer; diaper **fausse** ____ miscarriage
coucher to lie down **se** ____ to go to bed
couches *f pl* childbirth; labor
coude *m* angle; bend; elbow
couffin *m* wicker baby carrier
couler to run; to sink **se** ____ to slip
couloir *m* hall
coup *m* blow ____ **de génie** stroke of genius **dans le** ____ in on something; up to date **du premier** ____ right away **tout à** ____ suddenly
coupable *m, f* guilty party
coupe *f* cut
couper to turn off; to cut (off) ____ **l'herbe sous le pied** to cut out
coupure *f* cut
couramment fluently; often
courant(e) ordinary; usual
courant *m* movement; current **au** ____ **de** informed about
courbé(e) curved
courir to run
cours *m* course **au** ____ **de** during
course *f* race
court(e) short **à** ____ **de** out of **tout** ____ simply; merely
cousin/cousine *m, f* cousin

coussin *m* pillow; cushion
coûter to cost
coûteux/coûteuse costly
coutume *f* custom; habit
couvert(e) covered
couvrir to cover
cracher to spit
craie *f* chalk
craindre to fear
crâne *m* skull
craquer to creak; to break
crasse *f* dirt
cravate *f* tie
créateur/créatrice creative
créateur/créatrice *m, f* creator
créatif/créative creative
créativité *f* creativity
créer to create
créneau *m* opportunity
crépusculaire crepuscular
creuset *m* melting pot
creux/creuse hollow; slack; empty
crever to open up; to die, to croak *(slang)*
cri *m* shout; cry **dernier** ____ last word
crier to cry; to scream
crise *f* crisis; recession
critère *m* criterion
critiquer to criticize
croire to believe
croisière *f* cruise
croître to increase
crouler to give way; to collapse **faire** ____ to bring down
cru(e) plainly
cruauté *f* cruelty
cuir *m* leather
cuire to cook
cuisinier/cuisinière *m, f* cook
cuite *f* intoxication; one too many **prendre une** ____ to have one too many *(slang)*
culbuter to fail
culte *m* cult
culture *f* culture ____ **de masse** mass culture
cursif/cursive running; cursive
cursus *m* course
cuvette *f* washbasin
cynique cynical

daim *m* suede; buckskin
dansant(e) dancing
datte *f* date (fruit)
davantage more
déballer to unpack
débarqué(e) disembarked; on the ground
débarras *m* lumber room; junk room
débarrasser to clear; to rid
déblayer to clean up
débordement *m* overflowing
déborder to extend beyond
débouché *m* outlet; opening
debout standing up
débrouiller to clear up; to unravel **se** ____ to manage; to get out of difficulties
début *m* beginning
débuter to open; to begin
décharger to unload
déchiffrer to decipher
décennie *f* decade
décevoir to disappoint; to deceive
déchirer to tear
déchu(e) having forfeited
décidément definitely; resolutely
décider to decide **se** ____ to make up one's mind
décisif/décisive decisive; crucial
déclarer to declare **se** ____ to declare itself or oneself
déclassement *m* decrease in use or popularity
déclencher to start; to set off
déclic *m* click; trigger
déclin *m* wane
décollage *m* takeoff
décoller to unstick **se** ____ to take off
décolorer to discolor
déconcertant(e) disconcerting
déconseiller to advise against something
décontracté(e) relaxed
décorateur/décoratrice *m, f* stage designer
décorer to dignify; to decorate
découvreur/découvreuse *m, f* discoverer
découvrir to uncover; to discover
décrocher to unhook
dédain *m* scorn; disdain
dédié(e) dedicated
déduire to deduce
défaire to demolish; to unpack
défaite *f* defeat
défaut *m* absence; flaw; shortcoming
défavorable unfavorable
défavorisé(e) disfavored
défendre to forbid; to defend ____ **de** to defend from **se** ____ to defend oneself

défi *m* challenge
défilé *m* parade
défiler to march
définir to define
définitif/définitive definitive
définitivement definitively; finally
dégagé(e) apart from
dégager to find; to extricate
dégâts *m pl* disaster *(slang)*
déglinguer to go wrong
dégonfler to empty; to deflate **se** ____ to back down
degré *m* degree
déguiser to disguise **se** ____ to disguise oneself
déguster to taste
dehors beside; outside **en** ____ **de quoi** beside which
déjeuner *m* lunch
delà: au ____ beyond
délai *m* extension of time; delay
délaisser to abandon
délégué/déléguée *m, f* delegate
délesté(e) de relieved of
délicat(e) delicate; exquisite
délivrer to deliver; to set free
démagogie *f* demagogy
demain tomorrow
demander to ask **se** ____ to wonder
démarche *f* approach
démarrer to cast off; to drive away
demeurer to remain
démission *f* resignation
démodé(e) old-fashioned
démystifier to demystify
dénigrer to disparage; to run down
dénonciation *f* denunciation
départ *m* departure
département *m* administrative subdivision of France
dépassé(e) passed; beyond youth
dépassement *m* overstepping
dépasser to pass beyond
dépense *f* expenditure
dépenser to spend
dépit: en ____ **de** in spite of
déplacement *m* trip
déplaire to displease; to dislike
dépliant *m* folder; leaflet; brochure
déplorer to deplore
déporter to deport
déposé(e) filed
dépotoir *m* refuse dump
dépourvu(e) (de) without, unprovided; devoid of
déprime *f* depression
depuis since; for
dérailler to derail
déranger to derange; to disturb **se** ____ to turn
dérive *f* drift; **à la** ____ drifting
dernier/dernière last
déroulement *m* unfolding
dérouler to unroll **se** ____ to happen; to unroll; to take place
derrière behind
dès from this moment; from ____ **que** as soon as
désarroi *m* disarray; confusion
désarticuler to become disjointed
désastreux/désastreuse disastrous
désavantage *m* disadvantage
descendant/descendante *m, f* descendant
descendre to go down
déséquilibre *m* lack of balance
déserter to desert; to abandon
désespérant(e) driving one to dispair; apalling
déshabiller to undress; to strip **se** ____ to get undressed
désigner to designate; to point out; to choose
désœuvrement *m* idleness
désolé(e) desolate; very sorry
désordre *m* disorder
désormais henceforth; once and for all
desserte *f* servicing
dessin *m* drawing; sketch
dessiner to draw
dessous *m* underwear; lingerie **en** ____ underneath
dessus on; upon **au-**____ **de** above
destin *m* fate; destiny
destinataire *m, f* addressee; receiver
destiner to destine **se** ____ to be destined
détacher: se ____ to come undone
détail *m* detail
détailler to detail

détendre to relax
détenir to hold; to be in possession; to have
détente *f* calm; relaxation
détériorer to deteriorate
déterminer to determine
détournement *m* fraudulent misuse
détourner to turn away
détriment *m* detriment **au ____ de** to the prejudice of
détrôner to dethrone; to supersede
détruire to destroy **se ____** to destroy oneself
dette *f* debt
devant before; in front of
devant *m* front
dévastateur/dévastatrice *m, f* devastator
développer to develop **se ____** to spread out
devenir to become
dévisager to stare someone down
devise *f* currency; motto
devoir to have to; to owe; should; must
devoir *m* homework
dévorer to devour
dévot(e) pious; devout
dévoué(e) devoted
dévouement *m* devotion to duty
dialoguiste *m, f* screenwriter
dictée *f* dictation
différer to differ
diffus(e) not clear
diffuser to broadcast; to diffuse **____ à profusion** to broadcast in profusion
diffusion *f* diffusion
digérer to digest
dilemme *m* dilemma
diminuer to diminish; to decrease
diplôme *m* diploma
diplômer to grant a diploma
dire to say **à vrai ____** to tell the truth **se ____** to say to each other; to be said
directeur de revue *m* manager of a magazine
directive *f* rules of conduct; directive
dirigeant/dirigeante *m, f* leader
diriger to lead **se ____** to go toward
discrètement discretely
discrétion *f* discretion; small quantities **avec ____** in moderation
disjoint(e) disjoined; disunited
disparaître to disappear
disparition *f* disappearance
dispenser to scatter; to disperse; to spread
disponibilité *f* availability; release
disponible available
disposer to dispose
disque *m* record
dissentiment *m* disagreement
distancer to distance
distiller to distill
distinguer to distinguish; to discern **se ____** to be noticeable; to be conspicuous
distribuer to distribute; to divide **se ____** to distribute oneself
dithyrambique laudatory
divers(e) diverse; different; varied
diversifier to diversify
diversité *f* diversity
diviser to divide; to separate **se ____** to break apart
doigt *m* finger
domaine *m* domain
dominer to dominate
dompter to conquer
don *m* gift
donc therefore
donnée *f* information; known quantity; data **____ télématique** *f* data
doré(e) golden
dorénavant from now on
dorloté(e) pampered
dormeur/dormeuse *m, f* sleeper
dos *m* back
dose *f* dose; quantity
dossier *m* documents; file
doté(e) endowed
doter to give a dowry; to make a grant **se ____** to equip oneself
douane *f* border; customs
douar *m* village
doubler to double; to do again; to redo
douceur *f* kindness; softness
doux/douce soft
drain *m* drain
drainer to drain
drap *m* sheet
dresser: se ____ to rise
droguer to drug
droit *m* right; law **____ de cité** right to be worn
drôle (de) funny; strange
dû *past participle of* **devoir** to owe
duché *m* duchy

duplicata *m* duplicate
durer to last

eau *f* water
éblouir to dazzle
éblouissant(e) dazzling; amazing
écailler: s'_____ to chip
écart *m* stepping aside; difference **à l'_____** apart; in a lonely place; in solitude
écarter to hold apart; to separate **s'_____** to make way
échancrure *f* notch; opening; cut
échanger to exchange **s'_____** to exchange
échapper to escape **s'_____** to get away
écharpe *f* scarf
échec *m* failure
échouer to fail
éclairage *m* lighting
éclairé(e) intelligent, well informed
éclairer to light; to illuminate
éclatant(e) bright
éclater: s'_____ to go wild
écolier/écolière *m, f* schoolchild
économe thrifty
économie *f* economy
économique economic
écossais(e) Scottish
écran *m* screen
écraser to flatten out; to crush; to squelch **s'_____** to crash
écrier: s'_____ to exclaim; to cry out; to shout
écrire to write
écriture *f* writing
écrivain *m* writer; author **sous-_____** *m* secondary writer
édifice *m* edifice; building; monument
éducatif/éducative educational
éducation *m* education
effacer to erase
effarement *m* bewilderment
effectivement actually
effectuer to accomplish; to execute
effet *m* effect **en _____** as a matter of fact
efficace effective
efficacité *f* effectiveness
effleurer to touch lightly; to graze
effondrer to crumble **s'_____** to collapse; to crumble; to break
efforcer to strain; to strive **s'_____** to exert oneself
égal(e) equal; regular
égaliser to equal
égalitaire egalitarian
égard *m* respect **à cet _____** in this respect **à l'_____ de** toward; with regard to/for
église *f* church
élancer to throb; to shoot **s'_____** to spring forward
élargir to enlarge
élection *f* choice; election
élevage *m* raising
élève *m, f* pupil
élevé(e) high **bien _____** well-raised
élever to raise
éliminer to eliminate
élire to elect
élite *f* select few; elite
éloge *f* praise **faire l'_____** to speak in praise
éloigner to put far; to remove **s'_____** to move away from; to go away
élu/élue *m, f* one chosen, elected
emballage *m* packaging
embarquer to embark; to take on board
embauché(e) hired
embellir to embellish; to beautify
emblée: d'_____ right away
embouteillage *m* backup; traffic jam
embrasser to embrace; to kiss **s'_____** to kiss each other
émerger to emerge; to come into view
émerveillement *m* amazement
éminent(e) eminent; high
émission *f* broadcast **_____ de télévision** *f* television broadcast
emmener to lead; to take away
émondement *f* trimming
emparer: s'_____ to possess oneself
empêcher to put a stop to; to prevent; **s'_____** to prevent oneself
emperlé(e) ornamented with pearls or beads
empêtrer: s'_____ to get entangled
emploi *m* use; employment
employé(e) *m, f* employee

employer to use **s'____** to occupy oneself; to spend time doing something
employeur/employeuse *m, f* employer
emporter to carry away; to take; to bring
empreint(e) full of; marked
empresser to hurry **s'____ (de)** to be eager (to)
emprunt *m* loan
emprunter to go on; to take; to borrow; to use
ému(e) moved; touched; overcome with emotion
émulation *f* emulation; rivalry; competition
encadré(e) framed
enchanteur/enchanteresse *m, f* enchanter
enchassé(e) inserted
enclavé(e) enclosed
encore still; yet **pas ____** not yet
en dessous underneath
endiguer to check; to stop
endive *f* chicory
endormi(e) asleep
endormir to put to sleep; to sleep **s'____** to fall asleep
endroit *m* place
enduit(e) coated
énerver to enervate; to get on the nerves
enfance *f* childhood
enfanter to bring forth; to give birth to
enfantin(e) infantile; easy
enfermé(e) shut in
enfermer to lock up
enflammer to set on fire **s'____** to be incensed
enfler to swell
enfoncer to thrust; to beat in; to put down **s'____** to become mired in the ground; to go deep
enfouir to bury
enfreindre to break
engagement *m* obligation; engagement; contract
engager to hire **s'____** to pledge one's word
enjeu *m* stake
enlever to take away
enneigement *m* state of being snow-covered
ennemi *m* enemy
ennui *m* boredom; anxiety
énormité *f* enormity
enquête *f* investigation; survey
enquêter to inquire
enregistrement *m* recording
enregistrer to register; to record
enrichi(e) enriched
enrichir to enrich
enseignant/enseignante *m, f* teacher; professor
enseignement *m* teaching
enseigner to teach
ensemble together; whole **dans l'____** on the whole
ensevelir to bury; to absorb
ensuite after; afterward
ensuivre: s'____ to follow
entamé(e) entered into
entendre to hear **____ parler de** to hear of; to hear talk of **s'____** to understand one another; to get along
enthousiaste enthusiastic
entier/entière entire; whole
entièrement entirely; totally
entourer to surround
entours *m pl* surroundings; surrounding people
entraîner to train; to drag along; to carry away
entraver to block
entrechoquer: s'____ to collide
entrée *f* entering; entrance; ticket **à l'____** at the entrance
entreprendre to adventure; to undertake
entreprise *f* company
entrer to enter
entretenir to take care of; to keep; to maintain
entrevoir to catch a glimpse of; to catch sight of
entrouvert(e) partly open
envahisseur *m* invader
envie *f* desire; envy
environ approximately
envisager to stare
envoyer to send
épais(se) thick
épanouir: s'____ to blossom
épargner to save
éparpiller to spread around **s'____** to scatter
épater to shock
épaule *f* shoulder
épée *f* sword
épicier/épicière *m, f* grocer
épique epic
époque *f* epoch; time

épouser to marry
époux/épouse *m, f* spouse
épreuve *f* proof; test
éprouver to feel
épuration *f* expurgation; purification
équilibre *m* balance
équitation *f* equitation
équité *f* equity
érotisme *m* eroticism
errer to wander
erreur *f* error; mistake
érudition *f* scholarship
escarcelle *f* purse
esclave *m, f* slave
espace *m* space
espèce *f* kind; sort
espérer to hope; to trust
espoir *m* hope
essayiste *m* essayist
essence *f* gasoline
essor *f* rise
estimer to value
estival summer
estivant/estivante *m, f* summer visitor
estomac *m* stomach
estompé(e) blurred
établissement *m* establishment
étage *m* floor **à l'____** upstairs **de bas ____** low; third-rate
étape *f* leg (of a journey)
état *m* state
étayer to back up
été *m* summer
étendre: s'____ to spread; to stretch
étendue *f* expanse
ethnique ethnic
ethnologique ethnologic
étincelle *f* spark; brilliance
étiquette *f* label
étoffe *f* fabric
étoile *f* star
étonnant(e) astonishing
étonnement *m* astonishment
étonner to astonish
étouffé(e) hushed
étouffer to choke
étrangement strangely
étranger/étrangère foreign
étranger/étrangère *m, f* foreigner **à l'étranger** abroad
être en train de to be in the act of
étriqué(e) narrow
étude *f* study **____s supérieures** graduate school; higher-level studies
euphorie *f* well-being
européen(ne) European
évacuer to get rid of
évaluation *f* valuation
évaluer to estimate; to appraise
évanouir: s'____ to faint
évasé(e) flared
évasion *f* escape
événement *m* event
éventail *m* range
évertuer: s'____ to exert oneself
évocateur/évocatrice evocative
évoluer to evolve; to develop
évoquer to evoke; to conjure up
exaspérant(e) exasperating
exaspérer to exasperate
exclamer: s'____ to exclaim
exclure to exclude
excursionniste *m, f* traveler
exécutif/exécutive executive
exégète *m* exegete
exemplaire *m* copy (of a book, etc.)
exercer to exercise
exigeant(e) difficult; demanding
exigence *f* unreasonable claim; exigency
exiger to exact; to demand; to require
expatrier: s'____ to leave one's own country
expéditeur/expéditrice *m, f* sender
explication *f* explanation
expliquer to explain
exploitant/exploitante *m, f* owner; operator; cultivator
exploitation *f* exploitation; sales
exploratoire exploratory
explorer to explore
exprès on purpose
exprimer to express; to squeeze out **s'____** to express one's thoughts
extérieur(e) exterior
extrait *m* excerpt; extract
Extrême-Orient *m* Far East
exubérant(e) exuberant; luxuriant
fabricant/fabricante *m, f* manufacturer
fabriquer to manufacture; to make
face à facing
fâcher: se ____ to get angry
façon *f* way
façonné(e) wrought
facture *f* bill

faculté *f* ability; faculty; university
faible weak
faiblesse *f* weakness
faïence *f* decorated earthenware
faille *f* fault
faire to make; to do ____ **face à** to face ____ **mal** to hurt ____ **partie de** to belong to ____ **peur** to scare ____ **semblant** to pretend ____ **signe** to contact; to get in touch
faiseur/faiseuse *m, f* bluffer
fait *m* fact ____**s divers** news items
fameux/fameuse famous; first rate
fané(e) faded
fantaisie *f* fantasy
fantasmagorie *f* weird spectacle; phantasmagoria
fantasmatique ghostly
fantasme *m* fantasy
fard à paupières *m* eye shadow
farfouiller to rummage
faste favorable; lucky
fatigué(e) tired
fatiguer: se ____ to get tired
faubourg *m* suburb (of Paris)
fauché(e) broke; cut down *(slang)*
fausser to falsify
faute *f* lack; fault ____ **de** for lack of
fauteuil *m* armchair
faux/fausse false ____ **col** *m* detachable collar ____ **couche** *f* miscarriage
féerie *f* enchantment; fairy
féerique fairy; fairyland; enchanting
féliciter to congratulate
féminin(e) feminine
féminiser: se ____ to feminize oneself
féminité *f* femininity
femme *f* woman; female ____ **de chambre** maid
ferme *f* farm
fermer to close; to shut up
fermeture *f* closing
ferroviaire pertaining to railroads
fête *f* celebration ____ **quotidienne** daily holiday
fétiche *m* fetish; mascot
féticher to consider something as a fetish
feu *m* fire **prendre** ____ to catch fire
feuilleton *m* soap opera; series
feutre *m* felt; felt hat
ficelé(e) wrapped up
ficelle *f* string; twine; trick
fiche *f* card
ficher: s'en ____ to not really care
fidèle faithful
fier/fière proud
fièrement proudly
fiévreux/fiévreuse feverish
figé(e) stiff
figurant/figurante *m, f* extra (in film, theater)
figure *f* face
filière *f* degree program
fille *f* daughter ____ **unique** *f* only child
fils *m* son ____ **unique** *m* only child
fin *f* end
financer to finance
financier/financière financial
financier *m* financier
finir to finish ____ **par** to finish by
fiole *f* flask; vial
fissure *f* crack
flambeau *m* torch; candle
flânerie *f* stroll
flaque *f* puddle ____ **d'eau** *f* puddle of water; swampy land
fleur *f* flower **en** ____ in bloom
fleurir to flower; to flourish
fleuve *m* river
floraison *f* florescence; flowering
florin *m* florin (Dutch coin)
florissant(e) prosperous; blooming
flou(e) loose; blurry
flou *m* haziness
fluidité *f* fluidity
foi *f* faith; trust; creed
foie *m* liver
fois *f* time **à la** ____ at the same time; at once
foisonnement *m* expansion
fomenter to stir up (strife); to foment
fonctionnaire *m, f* civil servant
fond *m* bottom; content
fondateur/fondatrice *m, f* founder
fondement *m* foundation; basis
fonder to found

forain/foraine *m, f* entertainer
force est one is obliged
forcément necessarily
forcer to force **_____ la porte** to force one's way in
forêt *f* forest
forger to build; to forge
formalité *f* formality
formation *f* formation
formel(le) formal; strict
former à to form at
formidable terrific
formule *f* formula
fort(e) strong; very
fossé *m* gap; gulf; ditch
fossiliser to fossilize
fou/folle crazy
fouet *m* whip **donner un coup de _____** to lash with a whip
foulard *m* silk scarf
foule *f* crowd
fouler to trample
fourbe deceitful
fournir to provide; to supply
fourré *m* bush
foyer *m* home **femme au _____** *f* homemaker
fraîcheur *f* freshness; coolness
frais/fraîche fresh
frais *m pl* expenses
franc(he) pure; honest; bold
franchement really; quite
franchi(e) across
franchir to leap; to go beyond
frapper to hit; to strike
frayeur *f* fear
frémir to shudder
fréquentation *f* frequenting of
fréquenter to frequent **se _____** to keep company with each other
frigo *m* fridge, refrigerator *(slang)*
fringale *f* sudden hunger pang
friser to border; to curl
frisson *m* thrill; shiver
frites *f pl* french fries
frivolité *f* frivolousness
froid *m* cold
frôler to graze; to touch slightly; to skim
front *m* forehead
fuir to desert; to abandon; to run away
fuite *f* leak; escape; fleeing
fulgurant(e) spectacular; flashing
fumer to smoke
fur: au _____ et à mesure along with
furtif/furtive furtive
fût-ce though it be

gâcher to bungle; to waste
gagner to gain; to win
galon *m* gold braid
galoper to gallop
gamin *m* street kid
gant *m* glove
garagiste *m, f* garage mechanic
garantie *f* guarantee
garantir to guarantee
garde-à-vous *m* attention
garder to keep **_____ en mémoire** to remember
garderie *f* day-care center
gardien(ne) *m, f* guardian **_____ de bébé** babysitter
gare *f* train station
garni(e) garnished; furnished
gaspillage *m* waste
gaspiller to waste
gastronomie *f* gastronomy
gâteux/gâteuse idiotic; crazy
gauche *f* left
gauchisme *m* leftist politics; communism
gazeux/gazeuse carbonated
géant(e) gigantic
géant/géante *m, f* giant
gênant(e) embarrassing; annoying
gendarme *m* police officer
gêne *f* constraint; embarrassment; discomfort
gêné(e) hampered
gêner to trouble; to obstruct; to embarrass
générateur/génératrice *m, f* generator
génie *m* genius
génocide *m* genocide
genou *m* knee
genre *m* gender; kind; sort
gens *m pl* people **_____ de connaissance** friends **_____ du pays** inhabitants; natives
géographe *m, f* geographer
gérant/gérante *m, f* manager
gésir to lie down
geste *m* gesture
gestion *f* management
gibbosité *f* hump
giboulée *f* sudden shower; hail storm
gigantesque gigantic
gilet *m* cardigan
gisant *m* lying figure
glacé(e) frozen
glaciale icy; cold

glisser to slide; to slip
gloire *f* glory
goguenard(e) mocking; bantering
gonflé(e) swollen
gonflement *m* swelling
gorge *f* throat **à ____ déployée** heartily
gorgé(e) laden
gorger to stuff; to gorge
goulot *m* bottleneck
gourmandise *f* gluttony
goût *m* taste
goutte *f* drop **____ d'eau** *f* drop of water
grâce *f* grace; charm **____ à** thanks to
grain *m* seed
graisse *f* fat; grease **seringue à ____** *f* grease gun
grande surface *f* supermarket
grand-messe *f* worship service
gras(se) fat; greasy
gratter to scratch; to write down
grave serious; grave
grec(que) Greek
grenouille *f* frog **la ____ de puits** well dweller
grève *f* strike
grever to burden
gribouillage *m* scribbling
grive *f* thrush
grommeler to mutter
gronder to rumble
gros(se) large; stout **____ commerçant** merchant **____ lot** prize
grossesse *f* pregnancy
grossir to enlarge
guère much; not much
guérir to cure
guérissement *m* recovery; healing; cure
guerre *f* war **après-____** *f* postwar years
gueule *f* mouth; muzzle
gueuler to bellow
guide *m, f* guide
guindé(e) straight-laced

habillement *m* clothes
habiller: s'____ to dress
habitation *f* housing
habits *m pl* clothes
habitude *f* habit **d'____** usually
habituer to accustom
haine *f* hatred
hanté(e) haunted
hanter to haunt
harcelé(e) harrassed
hardi(e) bold
hargne *f* bad temper; anger
hasard *m* chance
hasarder to risk
hasardeur/hasardeuse hazardous; risky
hâter to hasten; to expedite **se ____** to hurry
hausser to shrug; to raise **____ les épaules** to shrug one's shoulders
haut(e) tall; high **de ____** haughtily
hautain(e) haughty
hauteur *f* height
hebdomadaire *m* weekly; weekly paper
hectare *m* hectare; 2.47 acres
hélice *f* propeller
helvétique Helvetic; Swiss
henné *m* henna
herbe *f* herb; plant; grass **mauvaise ____** weed
hésiter to hesitate
hétérogène heterogeneous
heure *f* hour **____s de bureaux** office hours
heurt *m* clash
hier yesterday
hispanité *f* Spanish language; Spanish culture
hispanophone *m, f* Spanish-speaking person
histoire *f* story; history
hiver *m* winter
homme *m* man **____ d'affaires** *m* businessman **____ de lettres** *m* man of letters **____ d'Etat** *m* statesman
homogénéiser to homogenize
honnête honest
honnêteté *f* honesty
honte *f* shame
honteux/honteuse shameful; ashamed
hoquet *m* gasp
horaire hourly
horaire *m* schedule
horloge *f* clock
hormis except
hors outside; out
horticulture *f* horticulture
hôte/hôtesse *m, f* host
hôtelier/hôtelière *m, f* innkeeper
houle *f* sea
huée *f* boo; hoot
huile *f* oil
humeur *f* mood
humoristique humorous
humour *m* humor
hygiène *f* hygiene; health
hypermarché *m* supermarket

idéal(e) ideal
iguane *m* iguana

illisible illegible
illustré(e) illustrated
il y a ago; there is/are
image *f* image; picture
imaginer to imagine
s'_____ to imagine oneself
imbécile imbecile; idiotic
imiter to imitate
immémorial(e) immemorial
immigrant/immigrante *m, f* immigrant
immigré/immigrée *m, f* settler; immigrant
impartial(e) impartial
impatienter: s'_____ to grow impatient
impérial(e) imperial
implantation *f* implantation
implanter: s'_____ to take root
impliquer to implicate
importe: n'_____ quel no matter what
imposer to impose
s'_____ to assert oneself; to impose oneself
impressionnant(e) impressive
imprévu *m* unforeseen
improviser to improvise
impudeur *f* lewdness
impureté *f* impurity
imputé(e) ascribed
inadapté(e) maladjusted
inanimé(e) inanimate
inaperçu(e) unperceived
inassouvi(e) ungratified; unsatiated
incertitude *f* uncertainty
incessamment at once; immediately
incliner to slope; to incline
inclure to include
incompris(e) not included
inconnu(e) strange; unknown
inconnu/inconnue *m, f* stranger
inconscient(e) unconscious
incroyablement incredibly
inculte unpolished
indésiré(e) unwanted; undesirable
indicatif *m* call letter
indice *m* rating; clue
indiqué(e) indicated
indiquer to show
indispensable indispensable
industrialiser to industrialize
industriel *m* industrialist
inégal(e) unequal
inemploi *m* the unuse
inexistant(e) nonexistent
inexorable inexorable; unrelenting
infantilisme *m* infantilism; childishness
inférieur(e) inferior; lower
infini *m* infinity
infinitude *f* infinity; infiniteness; infinitude
infirmité *f* weakness; infirmity
informations *f pl* news
ingénieur *m* engineer
ingéniosité *f* ingenuity
ingérence *f* interference; meddling
ingurgiter to ingest
inhumain(e) inhuman
inimaginable unimaginable
injure *f* injury; insult
innombrable innumerable
innovateur/innovatrice *m, f* innovator
inquiétant(e) disturbing
inquiéter: s'_____ to be anxious
inscrire: s'_____ to have oneself registered
insensé(e) insane
insérer to insert; to put in
s'_____ to insert oneself
insolent(e) insolent; imprudent
insolite unusual
insomnie *f* sleepless night
insoucieux/insoucieuse careless
inspirer to inspire
s' _____ de to draw one's inspiration from
installer to install; to establish **s'_____** to install oneself; to settle oneself in
instar: à l'_____ de like; in imitation of
insuffisant(e) insufficient
intégration *f* integration
intégrer to integrate
intensifié(e) intensified
interdiction *f* prohibition; interdiction
interdire to forbid; to prohibit
intérêt *m* interest **avoir _____ à** to be in one's interest to
intérieur *m* interior **à l'_____** inside
interpeller to interpolate; to call upon
interprète *m, f* actor; interpreter
interrogation *f* questioning; interrogation; question

interroger to interrogate **s'____** to question oneself
interrompre to interrupt
intervenir to intervene
intrinsèque intrinsic
introduire to introduce
inverse inverse
investir to invest; to surround
investisseur *m* investor
invité/inviteé *m, f* guest
inviter to invite
invivable impossible to live in; unbearable
irremplaçable irreplaceable
islam *m* Islam
issu(e) (de) sprung (from)
issue *f* escape; exit; issue
itinéraire *m* itinerary; route

jaloux/jalouse jealous
jamais never; ever
jambe *f* leg
japonais(e) Japanese
jardin *m* garden
jaune yellow
jeter to throw **____ un coup d'œil** to cast a glance at **se ____** to throw oneself
jeu *m* game; gambling **____ de mots** *m* pun; play on words
jeune young
jeune *m, f* young person
jeûner to fast
joie *f* joy
joue *f* cheek
jouer to play **se ____** to happen
jouir to enjoy
jouissance *f* enjoyment; pleasure
jour *m* day **de nos jours** nowadays **du ____ où** from the day when **d'un ____ à l'autre** from one day to another
journal *m* newspaper
journaliste *m, f* journalist
juger to judge
juif/juive Jewish
jupe-culotte *f* culottes
juridique judicial
juron *m* curse
jusqu'à until; as far as
justement justly
juvénile juvenile

Kabyle *m, f* native of Algerian region
kermesse *f* country fair
kilo *m* kilogram (2.2 pounds)

labour *m* ploughing
lac *m* lake
lâcher to let out; to loosen
laïcité *f* secularity
laine *f* wool
laisser to let; to leave **se ____** to allow oneself to
lambrissé(e) paneled
lambrisser to panel
lancer to throw; to start **se ____** to launch out into
langage *m* language
langue *f* tongue
largement widely
largué(e) set adrift
larme *f* tear
las(se) weary
latéral(e) lateral; side
lave *f* lava
laver to wash
lecture *f* reading
légende *f* legend
léger/légère light; easy **à la légère** inconsiderately; carelessly
légèrement slightly; lightly
législateur/législatrice *m, f* legislator
légume *m* vegetable
lendemain *m* next day **au ____** on the day following; shortly after
lent(e) slow
lenteur *f* slowness
lessive *f* detergent
leurre *m* trap; lure
lever to raise **se ____** to get up
lexique *m* glossary
liaison *f* connection; relationship
libéralisme *m* liberalism
libre free
licence *f* undergraduate degree
lien *m* bond; link
lier to bind; to thicken
lierre *m* ivy **____ vénéneux** poison ivy
lieu(x) *m (pl)* place
limer to polish
limpidité *f* limpidity
linge *m* laundry
lingerie *f* laundry room
lit *m* bed
livrer to deliver; to surrender **se ____** to devote oneself to; to give oneself up
livreur/livreuse *m, f* deliverer
locuste *f* locust
locuteur/locutrice *m, f* speaker
loden *m* loden
logement *m* lodging

loi *f* law
loin far **de** _____
en _____ at long intervals
lointain distant
loisir *m* leisure
longtemps long
lorgner to covet
lorsque when
lot *m* prize **gros** _____ grand prize
louer to rent
lourd(e) heavy
lucide lucid; clear (mind)
lucidité *f* lucidity; clairvoyance
ludion *m* imp
lueur *f* rays; gleam
luire to shine
luisant(e) bright; shiny
lumière *f* light; daylight
lune *f* moon; impossible
lunettes *f pl* eyeglasses
lutter to struggle
luxe *m* luxury
lycée *m* French high school
lycéen/lycéenne *m, f* pupil
Lyonnais/Lyonnaise *m, f* native of Lyon

machine *f* machine
_____ **à écrire** *f* typewriter _____**-outil** *f* machine tool
maçon *m* bricklayer; mason
Madeleine: la _____ landmark Parisian church
magasin *m* shop **grand** _____ department store
Maghrébin/Maghrébine *m, f* North African
magistral(e) authoritative; pompous
magnétoscope *m* video cassette recorder (VCR)
maigre skinny; lean
maintenir to maintain; to keep
maison *f* house _____ **de disque** record company
maître *m* master; best _____ **d'hôtel** head waiter
maîtresse *f* mistress
majeur(e) main; major
majoritaire pertaining to a majority
majorité *f* majority; coming of age
mal *m* pain; evil _____ **de mer** *m* seasickness
malade sick
maladie *f* sickness; disease
malaise *m* uneasiness
mâle male
malentendu *m* misunderstanding
malgré in spite of
malheur *m* misfortune
malhonnête dishonest
manche *m* stick; control *f* stick; sleeve
manchette *f* gauntlet; wristband
mangeur/mangeuse *m, f* eater
manie *f* mania
manière *f* manner **à la** _____ in the style
manifestation *f* demonstration; manifestation
manifester to show; to manifest **se** _____ to manifest oneself
manitou *m* V.I.P.; big shot
manne *f* sustenance
mannequin *m* model
manœuvre *f* maneuver
manque *m* lack
manquer: se _____ to miss each other
manteau *m* overcoat
manuel(le) manual
maoïsme *m* Maoism
marchandise *f* goods; merchandise
marché *m* market **bon** _____ inexpensive _____ **aux puces** flea market _____ **du travail** work-force market _____ **noir** black market
marcher to walk; to be successful; to be famous
mari *m* husband
marié/mariée *m, f* groom/bride
marier to marry **se** _____ to get married
marin *m* sailor
marine *f* navy **bleu** _____ navy blue
marmite *f* pot
marmotte *f* woodchuck
marque *f* characteristic; brand
marquer to mark; to defy; to flout
marron *(invar.)* brown
marteau *m* hammer
massacrer to massacre
masse *f* mass
matériel(le) material
maternel(le) maternal
matraques bludgeoning
maturité *f* maturity; completion
mécanicien/mécanicienne *m, f* mechanic
méchant/méchante *m, f* bad person
mèche *f* lock of hair

méconnaissance *f* misappreciation
mécontentement *m* dissatisfaction
médecin *m* physician; doctor
médias *m pl* media
médicament *m* medicine
méfiance *f* distrust
meilleur(e) better
mélanger to mix
même same **de ____** same **en ____ temps** at the same time
mémento *m* agenda; memento; memo book
menace *f* threat
menacer to threaten
ménage *m* household; housekeeping
ménagement *m* caution; care
ménager/ménagère pertaining to the house
ménagère *f* housekeeper
menée *f* maneuver
mener to lead
mentalité *f* mentality
mentir to lie
menu(e) insignificant
menuisier *m* cabinet maker; carpenter
mépris *m* contempt
mer *f* sea **haute ____** open sea
mériter to merit
merveilleux/merveilleuse beautiful; marvelous
mesure *f* measure **à la ____** in proportion **à ____ que** as; in proportion **au fur et à ____** gradually; along with **dans la ____ où** to the extent that
mesuré(e) prudent
métal *m* metal
météorologiste *m, f* meteorologist
méthodiquement methodically
métier *m* profession; job
mètre *m* meter
métropolitain/métro *m* Paris subway
mettre to put **se ____** to begin; to go **s'en ____ plein la lampe** to guzzle *(slang)*
meuble *m* furniture
michet *m* mug; sucker *(slang)*
midi *m* noon
mieux better
milice *f* militia
milieu *m* middle; social sphere **au ____ de** in the middle of
millésime vintage
milliard *m* billion
mimosa *m* mimosa
minable *m* a nobody
minet(te) trendy *(slang)*
mineur/mineure *m, f* underaged person; minor
minoritaire pertaining to a minority
minutieusement scrupulously
miraculeux/miraculeuse miraculous
mirer to aim at; to examine **se ____** to look at oneself; to admire oneself
miroir *m* mirror
mise en scène staging; production
miser to bet
misère *f* misery
mitraillette *f* submachine gun
mocassin *m* moccasin
modalité *f* modality; methods
mode *m* mode; form; method **____ de vie** life-style
mode *f* fashion; style
modèle *m* model
modernité *f* modernity; modernness
modifier: se ____ to become modified
mœurs *f pl* morals; customs
moindre less; least
moins less **à ____ que** (+ *subjunctive*) unless **au ____** at least **du ____** at least
mois *m* month
moisson *f* harvest
moite clammy
moitié *f* half **de ____** (by) half
mollement indolently; softly
mondanité *f* worldliness; society gossip
monde *m* world
mondial(e) worldwide
moniteur/monitrice *m, f* monitor
monopole *m* monopoly
monotone monotonous
montant *m* sum total
montant(e) climbing; going up
montrer: se ____ to appear
moquer: se ____ to mock; to make fun
moquerie *f* mockery
moraine *f* moraine
moraliste *m, f* moralist
morceau *m* piece
morcelé(e) split up
mordant(e) caustic

mordre to bite
mordu(e) bitten
mort *f* death
mortel(le) deadly; causing death
mortel/mortelle *m, f* mortal
mot *m* word ____ **à** ____ word for word ____ **clé** key word
motard *m* motorcycle police officer
mou/molle soft; flabby; limp
mourir to die
mousse *f* foam; lather
moustachu(e) moustached
moustique *m* mosquito
mouton *m* sheep; lamb
moyen *m* way; mean
moyenne *f* average
muet(te) silent; mute
multiplicité *f* multiplicity
multiplier to multiply **se** ____ to multiply
mur *m* wall
mûr(e) ready
mûrir to ripen; to mature
musulman(e) Muslim
mutisme *m* silence; muteness
mystère *m* mystery
mystique mystical; mystic

nageur/nageuse *m, f* swimmer
naguère in the past; before
naissance *f* birth **donner** ____ to give birth **prendre** ____ to be invented; to take birth
naître to be born
narcissiquement narcissistically
national(e) national
nationaliste nationalistic
nationaliste *m, f* nationalist
naturellement naturally
navire *m* ship
navrant(e) heartbreaking
né(e) born
néanmoins nevertheless
néant *m* nothingness; obscurity
nébuleuse *f* nebula
nébuleux/nébuleuse cloudy; obscure; nebulous
néfaste disastrous; unfortunate
négativité *f* negative aspect
néophyte *m, f* novice; neophyte
net(te) clean; clear; obvious
netteté *f* clarity
nettoyer to clean
nez *m* nose
nier to deny
niveau *m* level
noblesse *f* nobility
Noël *m* Christmas
noir(e) black
nombreux/nombreuse numerous
nonante ninety *(Belgian/Swiss)*
non-conformiste nonconformist
non-seulement not only
normal(e) normal **École** ____ **Supérieure** teacher-training college
nostalgie *f* nostalgia
nostalgique nostalgic
note *f* grade
noter to note
nouilles *f pl* noodles
nourrisson *m* infant
nourriture *f* food
nouveau/nouvelle new ____**x riches** *m pl* newly rich people ____ **venu** *m* newcomer
nouvelle *f* piece of news
noyer to drown
nuage *m* cloud
nuance *f* suggestion; tinge; hint
nuée *f* sky; cloud
nuit *f* night
nul(le) dumb; worthless
nullité *f* nullity
numérique numerical

obligatoire compulsory
obliger to oblige; to compel
obscurcir to darken; to cloud; to obscure
obséder to obsess
obtenir to obtain
occasion *f* opportunity **d'**____ second-hand; part-time
Occident *m* West; occident
occidental(e) occidental; Western
ode *f* ode
odorat *m* smell
œil *m* eye
œuf *m* egg
œuvre *f* work **chef d'**____ *m* masterpiece ____ **d'art** work of art
offrir to offer **s'**____ to offer oneself
oisif/oisive *m, f* idle person
oisiveté *f* idleness; indolence
ombre *f* shadow
omniscient(e) omniscient
onde *f* wave

opérer to operate
opiniâtrement obstinately
opposer: s'____ to oppose each other; to be opposed
opposition *f* opposition
oppressant(e) oppressing
orage *m* storm; thunderstorm
oranger *m* orange tree
ordinateur *m* computer
ordre *m* order
ordure *f* filth
ores now **d'____ et déjà** already
orfèvrerie *f* silversmith's or goldsmith's craft; silverware or goldware
organiser to organize **s'____** to become organized
organisme *m* organism
oriental(e) oriental
orientalisme *m* orientalism
orienter to position; to orientate **s'____** to take one's bearings; to orient oneself
originaire originally; native
original(e) original
origine *f* origin **à l'____** originally **d'____** from the beginning; authentic
orner to decorate; to adorn **s'____** to adorn oneself; to be dressed up
ORTF former state agency governing French radio and television
os *m* bone
oser to dare
ostensible fit to be seen; open
où where **d'____** from which, where
oublier to forget **s'____** to forget oneself
ouïe *f* hearing
oulémas *m pl* Koran teachers
outrance *f* extreme; excess **à ____** to the death
outrancier/outrancière carrying things to extreme
outre further; beyond
ouvert(e) open
ouverture *f* opening
ouvrage *m* work
ouvrier/ouvrière *m, f* worker
ouvrir to open; to turn on

pacte *m* pact; deal
pactole *m* gold mine
page *f* page **à la ____** in the know; up to the minute
paillette *f* sequin
paix *f* peace **en ____** at peace; in peace; alone
pâle pale
palpitant(e) palpitating
panne *f* engine trouble **en ____** broken down
panneau *m* panel; road sign
pantoufle *f* slipper
papier *m* paper **____ gras** greasy paper
Pâques *m* Easter
par by **____ contre** in contrast; on the other hand **____ excellence** preeminent **____ rapport à** in comparison to
paraître to appear
paravant *m* screen
parcourir to cover
parcours *m* distance covered; length
pardessus *m* overcoat
pareil(le) alike; similar
paresse *f* laziness
parfois sometimes
parfumerie *f* perfumery
pari *m* bet; wager
Parisien/Parisienne *m, f* Parisian
parlant(e) spoken
parler *m* language; speech
parlure *f* way of speaking
paroi *f* wall
parole *f* spoken word
part *f* part; share **à ____** apart; separately; not counting **à ____ entière** wholly **d'autre ____** on the other hand **d'une ____** on the one hand
partage *m* sharing
partager to share
partant consequently
partenaire *m, f* partner
particularité *f* particularity
particulier/particulière particular **en ____** especially
particulièrement particularly
partie *f* part
partir to leave **à ____ de** starting from
partout everywhere
parvenir to manage; to attain
pas *m* step
passant(e) passerby
passé *m* past
passéiste attached to the past

passer to pass **se ____** to pass; to happen
passionnant(e) thrilling; fascinating
patiemment patiently
patient(e) patient
pâtir to suffer (because of others)
patois *m* local dialect
patrie *f* native land
patron/patronne *m, f* owner; boss
patronner to patronize
pauvreté *f* poverty; lack
paver to pave
pays *m* country
paysan/paysanne *m, f* peasant; farmer
peau *f* skin **bien dans sa ____** well at ease **____ de porc** *f* pigskin **____ emperlée** *f* beaded buckskin
péché *m* sin
pêcheur/pêcheuse *m, f* fisher
pédicure *m, f* chiropodist; pedicure
peindre to paint
peine *f* penalty; pain; grief **à ____** hardly **être en ____** to be difficult; to be in trouble
peintre *m* painter
peinture *f* painting
pèlerin/pèlerine *m, f* pilgrim
pellicule *f* film
pencher to bend (over) **se ____ sur** to examine
pendant during
pendre to hang
pendule *f* clock
pénible laborious; painful
péniblement hardly
pensée *f* thought
pente *f* downward path
percée *f* breakthrough; cutting
percepteur/perceptrice perceiving
percevoir to perceive
perdre to lose **____ de vue** to lose sight
perfectionner to perfect
perforeuse *f* drilling machine
période *f* period **____ de pointe** *f* high season
périodique *m* periodical
péripéties *f pl* ups and downs
périphérique peripheral; outside; transmitting from abroad
périr to perish
permettre to permit; to allow
permissionnaire *m* soldier on leave
perpétuer to perpetuate
persécuter to persecute
personnage *m* character; great person; person
personne *f* person; no one; anyone
perte *f* loss
pervers(e) perverse
peser to weigh
peseta *f* Spanish currency
petit(e) small **____ à ____** little by little
petit/petite *m, f* child; small one
peu little **____ de** not much **____ importe** does not matter **____ reconnu** slightly acknowledged
peuple *m* (the) people; nation
peuplé(e) heavily populated
peuplier *m* poplar
phénomène *m* phenomenon
pièce *f* part; piece; coin
pied *m* foot **au ____ de** at the foot of **pointe des ____s** tiptoe
piège *m* trap; trick
piètre poor; pitiful
pilule *f* pill
pimenter to flavor
pince *f* pinch
pionnier *m* pioneer
pirate *m* pirate
pire worse
piste *f* runway; clue; track
pitié *f* pity
placard *m* closet
placer to place; to invest **se ____** to place oneself; to take one's seat
plafond *m* ceiling
plage *f* beach
plaindre: se ____ de to complain about
plainte *f* complaint
plaire to please; to be agreeable
plaisanter to joke
plaisir *m* pleasure
plan *m* plane; plan
planche *f* wood
plancher to study *(slang)*
plaque tournante *f* hub
plat(e) flat; level **à ____** flat
plat *m* dish
plateau *m* tray; platform; stage **____ de jeu** game board
plate-bande *f* flower bed
platine *m* platinum
plausible plausible

plein(e) full **en ____ air** outdoors
pleurer to cry
pli *m* fold
plier to fold
plomb *m* lead
plombier *m* plumber
plonger to dive; to plunge
pluie *f* rain
plume *f* feather
plupart *f* the most
plus more **de ____ en ____** more and more **en ____** in addition
plusieurs several
plutôt rather
poche *f* pocket
poète *m* poet
poétique poetic
poids *m* weight
poigne *f* fist
poignée *f* handful; handle
poil *m* hair; skin **____ de chameau** camel hair
point *m* point; extent **à quel ____** to what extent
pointe *f* point **de ____** peak **période de ____** *f* high season
pointer to clock in; to punch in
pointilleux/pointilleuse touchy
poireau *m* leek
poissonnier/poissonnière *m, f* fish seller
poitrine *f* chest
pôle *m* pole
polluer to pollute
pomme de terre *f* potato
pomper to pump
ponction *f* levy
ponctuellement punctually
poreux/poreuse porous
port *m* wearing
portatif/portative portable
porte *f* door **____ à ____** door-to-door
porte-parole *m* spokesperson
porter to carry; to wear
poser to state; to put; to cause; to set **se ____** to play the part; to set up
posséder to possess; to be possessed of
poste *m* police station
potager *m* vegetable garden
poudre *f* powder
poumon *m* lung
poupée *f* doll
pourboire *m* tip
pourcentage *m* percentage
poursuite *f* pursuit
poursuivre to pursue; to go after **se ____** to go on
pourtant however
pourvu(e) (de) provided (with)
pourvu que provided that
pousser to push
poussif/poussive short-winded
pouvoir *m* power **____ d'achat** *m* buying power
pratique *f* practice
pratiquer to practice; to exercise
préalable prior
préalablement previously
précédé(e) preceded
précipiter to hurl; to precipitate
précoce precocious; early
préétablir to preestablish
préfigurer to foreshadow
premier/première first **du ____ coup** right away
prenant(e) taking
prendre to take **____ forme** to take form
préoccuper to preoccupy
préparer to prepare **se ____** to get ready
près (de) near **à peu ____** almost; in these terms
présenter to present **se ____** to present oneself
presque almost; nearly
presse *f* press
pressé(e) in a hurry
pressentir to have a hunch
presse-papiers *m* paperweight
presser to press; to squeeze **se ____** to hurry
pression *f* pressure
prestigieux/prestigieuse marvelous; prestigious
prêt(e) ready; all set
prétendre to claim (as a right)
prétendu(e) so-called
prêter to attribute; to lend
prétexte *m* pretense; pretext
prêtre *m* priest; main media
preuve *f* proof **faire la ____** to prove **faire ____ de** to demonstrate
prévision *f* expectation; prevision
prévoir to foresee
prier to request; to pray
primaire *m* simpleton

primer to excel; to take the lead
priorité *f* priority
privé(e) private
privilégié(e) privileged
prix *m* price; prize
procédé *m* proceeding; method
procéder to proceed
procès *m* lawsuit
processus *m* process
prochain(e) next
proche near
prodige *m* prodigy
producteur/productrice *m, f* producer
produire to produce **se** _____ to happen
profane *m* profanation; profane vocabulary
profiter to take advantage
profond(e) deep
profondément deeply
profondeur *f* depth
programmation *f* programming
programme *m* program
programmer to program
progrès *m* progress
progresser to progress
projecteur *m* projector; spotlight
prolongé(e) continued
promenade *f* walk
promener to go for a walk
promoteur/promotrice *m, f* promoter
promouvoir to advance; to promote
prôner to boost; to recommend; to extol
propos *m* purpose **à** _____ **de** about; with regard to; in connection with
propre clear; own
proprement dit itself
propreté *f* cleanliness
propriétaire *m, f* owner
prostituée *f* prostitute
protectorat *m* protectorate
protéger to protect
protocole *m* protocol
prouesse *f* prowess; valiant deeds
prouvant(e) proving
prouver to prove
province *f* the country **en** _____ in the country
provincial(e) provincial
provision *f* fund; provision; supply
provisions *f pl* groceries
provisoire temporary
provoquer to provoke; to arouse; to cause
proximité *f* proximity **à** _____ **de** close to
psalmodier to recite
psyché *f* psyche; swing mirror
psychanalyse *f* psychoanalysis
psychose *f* psychosis
pub *f* publicity
publicitaire concerned with advertising
publicité *f* publicity
pudique chaste; modest; prudish
puiser to take; to draw; to derive something from someone
puissance *f* power; force
puissant(e) powerful
pulsion *f* impulse; urge
punition *f* punishment

qualifier to qualify; to style
qualité *f* quality
quant à as for _____ **faire** as far as that goes
quart *m* fourth
quartier *m* neighborhood
quelque some; any _____ **chose** something; anything _____ **part** somewhere
quelqu'un(e) *m, f* someone
questionner to interrogate; to question
quête *f* quest; search
queue *f* line (of people); tail
quitter to leave
quoi what _____ **qu'il en soit** no matter what
quotidien(ne) daily
quotidien *m* daily paper
quotidienneté *f* daily life

rabattre to beat down **se** _____ **sur** to fall back on; to have to be satisfied with
rabbinique rabbinical
raccordement *m* hookup
raccrocher to hang up (again)
raccrocheur/raccrocheuse fetching
racine *f* root
raconter to tell
raffinement refinement
raffiner to refine
raffoler (de) to be wild (about)
rafler to sweep off; to carry off
rage *f* rabies
rageur/rageuse angry
rageur/rageuse *m, f* ill-tempered person
rai or **rais** *m* ray of light

raide straight and wiry
raideur *f* tenseness
raisonné(e) rational
râler to complain
ramasser to gather up; to pick up
rame *f* train car; oar
ramener to bring back
ramper to crawl
rancunier/rancunière grudge-bearing
ranger: se ____ to settle down; to pull into
râpé(e) worn out; shredded; grated
rappeler to recall; to remind **se** ____ to recollect
rapport *m* relation; contact
rapporter to earn; to bring back
rapprochement *m* rapprochement; bringing together
rapprocher to bring near; to bring together **se** ____ to come near again; to approximate
rapt *m* kidnapping
raréfaction *f* rarefaction
ras *m:* **au** ____ **de** level with
raser to shave **se** ____ to shave oneself
ras-le-bol *m* feeling of being fed up
rassembler to gather together
rassurer to reassure
rater to fail; to miss
rattraper to catch (again)
rature *f* erasure; crossing out
rauque raucous
ravager to ravage
ravigoter to perk up
ravir to ravish; to carry off
ravissant(e) entrancing
rayé(e) striped
rayon *m* shelf; radius; ray
rayonnement *m* influence; diffusion; radiance
réalisateur/réalisatrice *m, f* director
réalisation *f* production
réaliser to do; to execute
rebattre to beat again; to reshuffle ____ **les oreilles** to repeat incessantly
recalé(e) failed
récemment recently
recensement *m* census
recette *f* recipe; tip
recevoir to receive
rechange *m* spare; change
recherche *f* search **à la** ____ **de** in search of
rechercher to search for
réciproque reciprocal
récit *m* story; narration
réclamation *f* objection; complaint; protest; request
réclamer to claim
récolte *f* harvest; vintage
recommander to recommend
recommencer to begin again
réconcilier to reconcile
reconnaissance *f* gratitude
reconnaître to recognize
reconquérir to reconquer
reconquête *f* reconquest
reconstituer to reconstitute; to restore
reconstitution *f* reconstruction
recours *m* recourse; refuge
recouvrer to recover; to find again
rectifier to straighten up; to rectify
rectiligne rectilinear
reculé(e) distant
reculer to draw back; to retreat
récupérer to retrieve; to recover; to recuperate
rédacteur/rédactrice *m, f* staff writer ____ **en chef** editor
rédaction *f* editing; editorship
redevenir to become again
redoublement *m* redoubling
redouter to dread; to fear
redressement *m* reerecting
redresser to pull on the joystick; to reerect **se** ____ to flatten out
réduit(e) reduced; cheap
réel(le) real
réellement really
refaire to do again; to redo
refermer to close
réfléchissant(e) reflecting
refléter to reflect **se** ____ to reflect back
réflexe *m* reflex
refondre to remodel; to improve
réformateur/réformatrice *m, f* reformer
réfugié/réfugiée *m, f* refugee
refus *m* refusal
regagner to go back; to return to

regain *m* renewal; revival
regard *m* look; glance
régie *f* administration
régisseur *m* guide
registre *m* book; register
règle *f* rule
réglé(e) controlled
règlement *m* regulation
régler to regulate
règne *m* sway; reign
regretter to regret
regrouper: se ____ to get together with each other
rejeter to reject; to throw back
relance *f* relaunch
relation *f* relation
relayer: se ____ to take turns
relever to stand up; to be ascribable ____ **de** to spring from
relief *m* contrast
relier to bind again; to join; to bind
reluisant(e) shining
remarquable remarkable
remarquer to remark; to note
remettre to put back; to get over (recover) ____ **en cause** to question ____ **en question** to call into question
remise *f* pantry; putting back
remonter to go up; to be on the rise
remords *m* remorse
remplacer to replace
remplir to fill **se** ____ to become full
remuer to move
renaître to be born again
renard *m* fox
rencontrer to meet
rendre to yield; to render; to give back ____ **service** to help **se** ____ to surrender **se** ____ **compte** to realize; to render an account
renier to disown; to disavow
renoncer to renounce
renouer to take up again
renouveau *m* revival
renouveler to renew; to renovate; to change **se** ____ to be renewed; to be revived
rénover to renovate; to restore
renseignement *m* (piece of) information
renseigner: se ____ to make inquiries; to ask about something
rentabilité *f* profitability
rentable producing revenue; income
rentrer to go home; to reenter
renverser to turn upside down
renvoyer to send back
répandre to diffuse; to scatter; to spread **se** ____ to be poured out
répandu(e) widespread
réparation *f* repair
réparer to refrain; to fix
répartir to divide; to share
repas *m* meal
repasser to go by again; to iron
repérer to mark; to spot
répétiteur/répétitrice *m, f* tutor
reporter to carry back **se** ____ **à** to refer to
repos *m* rest
reposer to rest; to live **se** ____ to take a rest
reprendre to retake; to take back
représenter to represent
reprocher to reproach
répugnant(e) repugnant
RER *m* subway serving Paris region
réseau *m* network; system
réserver to reserve
réservoir *m* tank; reservoir ____ **de secours** emergency tank
résistance *f* resistance **La Résistance** *f* the resistance movement (1939–1945)
résolument determinedly
respiratoire respiratory
respirer to breathe
responsable *m, f* person in charge; boss **être** ____ to be liable
ressembler to look like; to be like **se** ____ to be like each other; to look like each other; to be alike
ressort *m* department; province; line
restauration *f* restoration
reste *m* leftover; remainder; rest **du** ____ besides; moreover
rester to stay; to remain ____ **sur sa faim** to be not yet satisfied
restituer to restore; to give back
résultat *m* result
résumer to summarize
rétabli(e) restored; reestablished

rétablir to restore; to reestablish
retard *m* delay; lateness **en ___** late
retarder to delay
retenir to keep; to retain
retenue *f* deduction
réticent(e) unwilling
retomber to fall back
retour *m* return
retraité/retraitée *m, f* retiree
rétrécissement *m* shrinking; contracting
retrouver to find again **se ___** to find oneself in the same position again
réussir to succeed
réussite *f* success
revanche *f* revenge **en ___** in compensation
rêve *m* dream
réveil *m* waking; awakening
réveille-matin *m* alarm clock
réveiller to awake
réveillon *m* New Year's Eve celebration
révéler: se ___ to reveal oneself
revendiquer to claim
revenir to decline; to hark back to something
rêver to dream
rêverie *f* reverie; dreaming
revêtir to take on
rêveur/rêveuse dreaming; dreamy
revoir to see again; to meet again
révolter to revolt
révolu(e) finished
rhume *m* cold
ricanant(e) sneeringly
ricaner to sneer; to laugh unpleasantly
richesse *f* riches; wealth
rideau *m* curtain
rien nothing **en ___** in no way; in anyway
rigide rigid
rigoureux/rigoureuse rigorous; strict
rigueur *f* strictness; rigor
Rimmel *m* mascara
ringard(e) old-fashioned *(slang)*
rire to laugh
rire *m* laughter
risquer to risk
rivaliser to vie with someone; to rival someone
riverain(e) *m, f* local inhabitant
robe *f* dress **___ de chambre** *f* housecoat; dressing gown; bathrobe
robinet *m* faucet
robot *m* robot
robotiser to automate; to computerize
roche *f* stone
rocher *m* stone
rôder to prowl about
Romain/Romaine *m, f* Roman
roman *m* novel **___ feuilleton** serial novel
rompre to break **à tout ___** very loudly
rompu(e) experienced
rond(e) round
rougeâtre reddish
rouler to roll; to taxi; to drive
routier/routière highway
royaume *m* kingdom
Royaume-Uni *m* United Kingdom
RPR *m* Rassemblement pour la République; rightist political party
ruban *m* ribbon
rubrique *f* feature; head; heading; title; type of program
ruche *f* hive
ruer: se ruer vers to rush
ruiner to ruin
rupture *f* breaking; separation; split
rural(e) rural
rusé(e) cunning
rythme *m* rhythm

sac *m* bag
sachet *m* small bag
sacré(e) sacred; holy
sagesse *f* wisdom
sain(e) healthy
saisir to seize; to catch
saisissant(e) gripping; striking
saison *f* season
sale dirty
salé(e) salty
salle *f* auditorium; room **___ à manger** dining room **___ de bain** bathroom
salon *m* drawing room; living room
saluer to salute
salut bye; see you later; hello
salutaire advantageous; salutary
sanction *f* sanction
sanctionner to sanction; to penalize; to punish
sang *m* blood
sans without **___ doute** no doubt; maybe; perhaps

santé *f* health
satisfaire to satisfy
sauf except
saugrenu(e) nonsensical
sauter to jump
sauver to save
savant/savante *m, f* scholar
savoir to know
scénariste *m, f* scriptwriter
scepticisme *m* scepticism
scie *f* saw
scientifique scientific
scolaire scholarly
scolarité *f* attendance at school **____ obligatoire** *f* compulsory attendance at school
scruter to scrutinize
séance *f* show; session
sécheresse *f* dry conditions
secouer to shake up
secousse *f* jolt
secrétariat *m* secretaryship
secréter to secrete
secteur public *m* public sector
séduire to seduce
sein *m* breast **au ____ de** in the bosom of; within; among
sel *m* salt
selon according to
semailles *f pl* sowing
sémantique semantic
sembler to seem; to look
semelle *f* sole
Sénégalais/Sénégalaise *m, f* Senegalese
sens *m* direction; way; sense
sensation *f* sensation
sensible sensitive; slow
sentir to smell; to sense **se ____** to feel
septuagénaire *m, f* 70-year-old person
sérac *m* crevasse
sérieux/sérieuse serious
seringue *f* syringe **____ à graisse** *f* grease gun
serré(e) close set; packed; tightened
serrer to hold tight; to tighten
serrure *f* lock **trou de ____** *m* keyhole
serviable willing; obliging
servilité *f* servility
servir to serve **____ de** to serve as **se ____ de** to use
seuil *m* threshold; doorsill
seul(e) on one's own; alone; only
sévère severe
sévir to act severely
sexualisme *m* sexualism
si yes (in response to a negative question)
siècle *m* century
siège *m* seat
sien(ne) one's own
signe *m* sign
sillage *m* wake; trail
silo *m* silo
simuler to simulate
simultanément simultaneously
singulier/singulière singular; strange
sinon otherwise; if not
situé(e) situated
situer: se ____ to situate oneself
société *f* company; society
sociologue *m, f* sociologist
sœur *f* sister
soi oneself **en ____** in itself **____-même** by oneself
soie *f* silk
soigner to care for; to nurse; to look after
soigneusement carefully; neatly
soin *m* care
soirée *f* evening
sol *m* ground
soleil *m* sun **coucher du ____** *m* sunset
solennité *f* solemnity
solidarité *f* solidarity
solidité *f* solidity
solliciter to solicit; to incite
solonnel(le) solemn
sombre dark
somme *f* amount **en ____** in short; on the whole
sommet *m* summit
somptueux/somptueuse sumptuous
son *m* sound
sondage *m* survey
sonder to survey; to search
songer (à) to think (about)
songeur/songeuse deep in thought
sonner to sound; to ring
sonore silent
sorcellerie *f* sorcery
sortie *f* exit
sortir to come out; to go out **s'en ____** to pull through; to make it **____ de** to leave
sottise *f* foolishness
sou *m* centime; cent; money
souci *m* worry
soudain suddenly
soudoyer to bribe

souffle *m* breath; breathing
souffrance *f* suffering
souffrir to suffer
souhaiter to wish for
soulager to relieve
soulier *m* shoe
souligner to underline
source *f* source; spring
sourire to smile
souris *f* mouse
sournois(e) underhanded
sous under **____-préfet** *m* subprefect
souscrire to subscribe; to sign
soutenant(e) upholding
soutenir to hold up
souterrain(e) underground
souvenir to remember **se ____** to remember
souvenir *m* remembrance; souvenir
souverain(e) sovereign
spécialité *f* specialty
spectateur/spectatrice *m, f* spectator; audience
spontané(e) spontaneous
stabiliser to stabilize
stade *m* stadium
stage *m* period of instruction; internship
stagiaire *m, f* intern
statistique *f* statistics
statut *m* status; statute
stigmatiser to stigmatize; to mark
stimuler to stimulate
store *m* window shade
stylo *m* fountain pen
subir to feel; to undergo; to come under the influence
subit(e) sudden
subvention *f* subsidy; subvention; grant
succéder to follow after; to succeed; to inherit **se ____** to succeed each other; to follow each other
suffire to suffice; to be enough
suffisamment enough
suicidaire suicidal
suivant(e) following
suivre to follow
sumac *m* sumac
superflu(e) needless; unnecessary
supérieur(e) superior
super-production *f* super-production
supplémentaire supplementary
supporter to bear
suprématie *f* supremacy
sur on; upon **____ place** on location
sûr(e) sure **bien ____** of course
surdité *f* deafness
surestimer to overestimate
surface *f* surface **refaire ____** to break surface; to surface
surnaturel *m* supernatural
surprenant(e) astonishing; extraordinary
surtout above all
surveiller to supervise; to monitor **se ____** to keep watch on oneself
survie *f* survival; survivorship
survivance *f* survival; reversion
synchronisation *f* synchronization

tableau *m* painting
tache *f* stain
tâche *f* work
tâcher to try
tacite tacit; implied
taie *f* speck
taille *f* cutting; pruning; height; size
taillé(e) cut out
tailleur/tailleuse *m, f* tailor
taire to say nothing of **se ____** to be silent
talon *m* heel
Tamise *f* River Thames
tamisé(e) filtered
tamiser to soften
tandis que while; whereas
tant many **____ de** so many; so much **____ pis** too bad
tante *f* aunt
tantôt soon; later
tapis *m* surface; carpet
tapoter to pat
tard late
tarder to put off
tare *f* blemish; depreciation
tarif *m* fare; ticket **____ réduit** *m* half-fare ticket; cheap fare
tarte *f* pie
tatillonner to meddle; to niggle
taux *m* rate
technicien/technicienne *m, f* technician
teinte *f* tint; color
tel(le) such
témoigner to prove; to bear witness; to testify
témoin *m* witness
temps *m* time; weather **à ____ partiel** part time **à ____ plein** full time **dans le ____** in times past; in the old days **de ____ en ____** now and then

tenace stubborn; tenacious
tendre to stretch; to strain
ténèbres *f pl* darkness; gloom
tenir to hold
tentative *f* attempt
tenue *f* care; holding; outfit
terrain *m* land
terrassement *m* earthwork
terre *f* soil; ground **par ____** on the ground
tester to test
tête *f* head; look **être en ____** to be ahead; to be first; to be in front
thérapeute *m, f* therapist
thèse *f* thesis
tiède lukewarm
tiens well; hey *(exclamation)*
tiers third
timidité *f* shyness
tintement *m* ringing sound
tirelire *f* face and mouth; money box
tirer to pull; to shoot; to draw **s'en ____** to make it; to pull through
tiroir *m* drawer **à ____s** multi-layered
titre *m* title
toile *f* screen; cloth
toilette *f* toilet set; lavatory
toit *m* roof
tôle *f* sheet metal
tomber to fall; to hang
tôt soon
totaliser to total
toucher to touch **____ du bois** knock on wood **____ son mois** to collect one's pay
tour *m* turn; tour; tower **être au ____ de** to be one's turn
tourbillonnant(e) whirling
tournant *m* turn
tourner to turn; to shoot (a film) **____ autour de** to be in the neighborhood of
tout(e) all **en ____** in all **en ____ cas** in any case **pas du ____** not at all **____ à fait** completely; totally **____ de même** in the same manner; all the same
toutefois however
tracasser to worry
tracasserie *f* worry
traction *f* traction; motor traction
traduire to translate
trait *m* trait; feature **avoir ____ à** to have reference
traitement *m* treatment; pay
traiter to treat
traiteur *m* caterer
traître treacherous
trajet *m* distance; journey
tranche *f* slice
tranquilliser to make easy; to soothe; to tranquilize
tranquillité *f* quietness
transformer to transform **se ____** to be transformed
transfuge *m, f* fugitive
transperçant(e) piercing through; transpired
transpirer to perspire
transversal(e) transversal; transverse
traquer to round up; to track down
travail *m* work
travailleur/travailleuse *m, f* worker
travers *m* breadth **à ____** through
traversée *f* crossing
traverser to cross
trébuchement *m* stumbling
tremplin *m* stepping-stone
trésor *m* treasure
tressaillir to thrill
tresse *f* braid
tricoter to knit
trier to sort out
trimestre *m* trimester
triste sad
tromper to betray; to be unfaithful **se ____** to be mistaken
trompeter to proclaim *(rare)*
trompeur/trompeuse elusive; false; misleading
tronquer to mutilate
trop too; too much
trou *m* hole; quiet place **____ de serrure** keyhole
troué(e) filled with holes
trouer to bore
trousse *f* case of instruments; toilet articles
trouvable that can be found
trouvaille *f* lucky find; find
trouver to find **se ____** to turn out; to find oneself
tuer to kill **se ____** to kill oneself
tulipe *f* tulip
type *m* guy

UDF *f* Union pour la démocratie française; rightist political party

ultime ultimate
unifier to unify; to make one
unique only; unique **fille** ____ *f* only child **fils** ____ *m* only child
unité *f* unity
univers *m* universe
untel so and so
usage *m* use; the good thing (to be done)
usagé(e) used or worn
usager(-ère) *m* user
usine *f* factory
utilisable usable
utiliser to use

vacances *f pl* vacation **colonie** *f* **de**____ summer camp
vache *f* cow
vague *f* wave **nouvelle** ____ new wave
vainqueur *m* winner
vaisseau *m* ship
vaisselle *f* dirty dishes **faire la** ____ to do the dishes
valable valid
valeur *f* value
valise *f* suitcase
valoir to be worth
valoriser to valorize
vanter to praise; to vaunt
vapeur *f* steam
variété *f* variety; show
variétés *f pl* musical variety programs
vecteur *m* vector
vedette *f* main character; star
végétation *f* vegetation
véhicule *m* vehicle
veille *f* the day before
veiller to look out for; to watch over
veine *f* luck *(exclamation)*
velours *m* velvet **jouer sur le** ____ to be in an advantageous position
vendange *f* vintage
vendeur/vendeuse *m, f* seller
vendre to sell
venger to avenge
venir to come ____ **de** to have just
vent *m* wind
vente *f* sale
verglas *m* thin coating of ice; frost
véritable true; real; genuine
vérité *f* truth
verre *m* glass
vers toward
verser to pour
verset *m* verse
vertigineux/vertigineuse dizzy
veste *f* short jacket
vestimentaire pertaining to clothing **mode** ____ *f* fashion
veston *m* man's jacket
vêtu(e) dressed
viande *f* meat
vibration *f* vibration
vidange *f* draining
vide empty
vider to empty
vieillard *m* old man
vieillot(te) old-fashioned; quaint
vif/vive vivid
villa *f* villa; country home
villégiature *f* sojourn in the country
vin *m* wine ____ **de pays** local wine
viol *m* rape
violer to violate; to transgress (a law)
virer: se faire ____ to be fired
visage *m* face
vis-à-vis toward
vitrine *f* shop window
vitupérer to reprimand; to vituperate
vivace long-lived; perennial
vivant(e) living; alive
vivre to live
vœu *m* good wish
voie *f* track; orientation; way ____ **ferrée** track
voile *f* sail
voire and even
voisin/voisine *m, f* neighbor
voisiner to visit one's neighbors
voix *f* voice
vol *m* theft; flight
voler to steal; to fly
volonté *f* will
volontiers gladly
volupté *f* voluptuousness
vomir to vomit
vouvoyer to use the **vous** form to address someone
voyeur *m* voyeur
voyons let's see; come on
vrai(e) true **à** ____ **dire** if the truth must be told; to tell the truth
vraiment really
vue *f* sight; view

wagon *m* carriage ____**-lit** *m* sleeping car

yeux *m pl* eyes

zèle *m* ardor; enthusiasm
zouave *m* Zouave; member of French military unit composed of Algerians **faire le** ____ to try to be funny